Musizieren mit Kindern

in der Sozialpädagogik

von Ute Meinig

unter Mitarbeit von Birte Reuver

3., aktualisierte Auflage

Handwerk und Technik – Hamburg

Zum Geleit

**Kinder machen Musik,
laute, leise, starke Töne,
Kinder machen Musik,
sanfte, schrille, wunderschöne,
Kinder machen Musik,
Kinder machen Musik,
in ihnen brennt ein heißes Feuer,
sie erleben Abenteuer
und die Langeweile plagt sie nie,
denn ihre Welt ist voller Fantasie.**

Damit viel mehr Kinder als bisher so früh wie möglich erfahren, welche Wunderwelt sich für sie und ihre Gemeinschaft durch aktives Singen und Musizieren auftut, braucht es ambitionierte junge Menschen, die Mut, Lust haben, ihnen von klein auf Musikerlebnisse zu vermitteln. Dabei wird dieses Buch bestimmt eine wertvolle Hilfe sein. Ich habe mich sehr gefreut, es in seiner anregenden Vielfalt zu lesen und empfehle es aus vollem Herzen.

Rolf Zuckowski (Kinderliedermacher, Vorstand der Stiftung „Kinder brauchen Musik")

Das Buch macht neugierig auf die Praxis!
Wer Ute Meinigs Buch „Musizieren mit Kindern" zur Hand nimmt, bekommt einen grundlegenden Überblick über die Wirkkräfte musikalischer Elemente und den Umgang mit diesen in Krippe und Kindertagesstätte. Durch spielerische Beispiele und Anregungen wird angehenden Pädagoginnen und Pädagogen der unschätzbare Wert der Musik und gleichzeitig der Spaß am gemeinsamen Musizieren nahegebracht.
Ein Blick in das Buch motiviert zum Weiterlesen und macht sofort Lust, das Gelesene in der Praxis mit Kindern auszuprobieren! Der Autorin ist mit diesem Buch – inklusiv hilfreicher theoretischer Ausführungen – ein spannendes und überaus anregendes Buch gelungen!

Rale Oberpichler (Sängerin und Texterin)

Vorwort zur 3., aktualisierten Auflage

Schon immer ist es ist es mir ein großes Anliegen, dass die Freude am Musizieren, Tanzen, Gestalten und das aktive, bewusste Hören einen angemessen großen Platz in jeder Biografie erhalten kann (auch Ihrer!). Weil heute digitale Medien und „künstliche Intelligenz" rasant in Kinderlebenswelten eindringen, sollte sichergestellt werden, dass Kinder genügend Anreize erhalten, sich im musisch-kreativen Kompetenzbereich zu entfalten.

Ute Meinig, im Frühjahr 2024

Über die Autorin Ute Meinig

Pensionierte Oberstudienrätin, Musik- und Kunstlehrerin der Anna-Warburg-Schule für Sozialpädagogik in Hamburg. Studium der Kunst und visuellen Kommunikation, Hamburg. Seminare an der Musikhochschule und dem Pädagogischen Institut für Lehrerfortbildung, Hamburg. Arbeit in der Musikpädagogik (Haus der Jugend, Strafvollzugsanstalt). Kinderliedermacherin. Aktiv für die musikalische und künstlerische Frühförderung, u.a.in der Kindermusikband „Hoppla“ (www.hoppla-kindermusik.de) mit Birte Reuver. Bassistin in verschiedenen Bands und Projekten wie „Die Fälscher“, „Patina Blue“.
Bildende Künstlerin (Kunst und Musik: https://utemeinig.de).

Zur Benutzung des Buchs

Wortfeld

Wenn man sich Kindern mit einem Thema nähert, sollte man sich sprachlich differenziert ausdrücken. Die Wortfelder stellen wichtige Begriffe dar, die das Sprechen über Musik erleichtern.

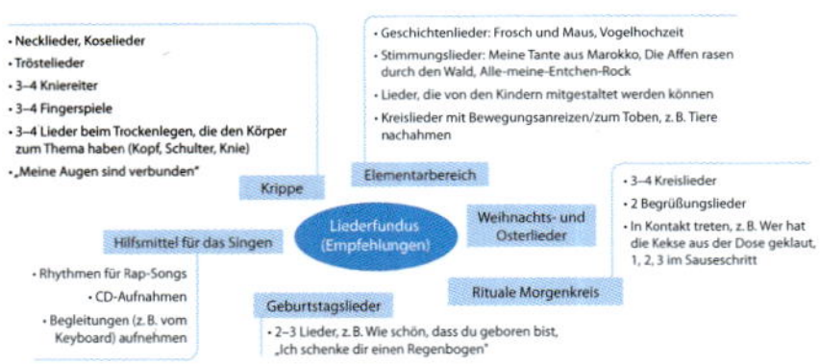

Mindmap

Aufgeschlüsselt nach Kompetenzbereichen (z.B. forschen, fühlen, sich sozial verhalten, spielen) bieten die Mindmaps auf kleinem Raum eine Vielzahl von Ideen für die praktische Arbeit mit Kindern.
Ideal zum Abheften in einem Praxisordner.

Praxis Praxis Kindergarten

Übungen und Beispiele mit diesem Symbol können direkt mit der Kindergruppe umgesetzt werden.

Merke

Definition

Liedbeispiel

Verweis auf Audiotrack (getrennt erhältlich)

➤ Siehe auch
Verweis auf Textstellen

Hinweis: Bei Berufsbezeichnungen sind immer auch alle übrigen Geschlechter eingeschlossen.

Inhaltsverzeichnis

Lieder mit diesem Symbol sind in der Audio-Sammlung zum Buch enthalten, siehe Seite 182.

1 Musik hören

„Musik ist Nahrung
für Geist und Seele"

1.1 Sensibilisierung für die Arbeit mit Kindern

1 a) Bilden Sie Dreiergruppen und tauschen Sie sich darüber aus, bei welchen Gelegenheiten Sie welche Musik hören und warum Sie dies tun. Unterscheiden Sie zwischen gewolltem und ungewolltem Musikhören.
b) Notieren Sie Ihre Ergebnisse auf einzelnen Zetteln. Bewerten und markieren Sie die Hörerlebnisse dann als positiv oder negativ.
c) Tauschen Sie sich in der Klasse darüber aus, welche Ergebnisse und Fragestellungen sich aus Ihrer Sammlung ergeben.

Musizieren mit Kindern früher: Die Entdeckung der Kindheit begann erst in der letzten Hälfte des 19. Jahrhunderts. In früheren Zeiten unterschieden die Menschen praktisch noch gar nicht zwischen Kinder- und Erwachsenenwelt. Auch die Erkenntnis und das Bewusstsein darüber, dass Musik für die weitere Entwicklung eines Kindes eine besondere Bedeutung hat, sind relativ neu. Das Angebot an spezieller Kindermusik wird seitdem immer größer.

Pädagogisch handeln: Es ist notwendig, dass Sie als Fachkraft unterscheiden zwischen Ihrer Erwachsenenwelt und der Kinderwelt, für die Sie tätig werden. Wenn Sie mit Kindern musizieren möchten, müssen Sie vom Entwicklungsstand und von den Möglichkeiten und Interessen der Kinder ausgehen. Dabei werden Sie vielfältige Angebote machen, die durchaus mit Ihren eigenen musikalischen Vorlieben kollidieren können.

Lautes Lachen, Schreien, Kreischen, Juchzen, Brüllen sind zumeist Ausdruck reiner Lebensfreude. Dies ist auf dem Spielplatz gut zu beobachten, wenn Kinder schaukeln, Fangen spielen, Trampolin springen o. a. Solche Formen der Lebensäußerung benötigen Freiräume, denn sie gehören zur freien kindlichen Entwicklung unbedingt dazu. Selbst bei Erwachsenen ist die Lieblingsmusik oder manch andere Freizeitbeschäftigung gern einmal etwas lauter. Dauernder Zwang zur Geräuschvermeidung steht den kindlichen Entfaltungs- und Entwicklungsbedürfnissen entgegen.

> Laut-Sein und Leise-Sein sind gleichermaßen wichtig – pädagogisch Verantwortliche sollten beides organisieren und realisieren können.

❷ Bilden Sie Kleingruppen und sammeln Sie in einer Tabelle die Unterschiede zwischen den musikalischen Interessen von Kindern und von Erwachsenen.

❸ **Themenfeld Musik.** Sie benötigen kleine Papierzettel, Stifte, Klebestift, große Papierbögen.

a) Sammeln Sie in Dreier- oder Vierergruppen Begriffe, die Ihnen spontan zum Begriff „Musik" einfallen. Notieren Sie einen Begriff je Zettel. Das obige Wortfeld bietet eine erste Sammlung – suchen Sie weitere Begriffe.
b) Welche Begriffe passen mehr in den Lebensbereich der Kinder, welche mehr in die Erwachsenenwelt? Markieren Sie die Zettel entsprechend (mit Zeichen oder Farbe).
c) Stellen Sie Ihre Gruppenergebnisse in der Großgruppe vor: als Plakat mit sortierten, aufgeklebten Zetteln. Welche eigenen Schlussfolgerungen ziehen Sie hieraus?

1.2 Musik und ihre Bedeutung in der frühen Kindheit

1. Versuchen Sie, sich in Partnerarbeit zu erinnern, ob, wann und warum Eltern, Verwandte, Erzieherinnen o. a. mit Ihnen gesungen und musiziert haben.

Situation: Sina und das Praktikum

Sina macht seit 2 Monaten ein Praktikum in einer Kita. Demnächst soll sie musikalisch aktiv werden, da Gruppenleitung und Eltern das frühe Musizieren mit Kindern sehr wichtig finden. Als Sina selbst Kindergartenkind war, wurde in der Einrichtung sehr selten gesungen oder musiziert. Sie fühlt sich bei dem Gedanken an die neue Herausforderung unsicher, freut sich aber gleichzeitig darauf, denn Singen macht ihr eigentlich Spaß. Sie würde gern wissen, warum das Musizieren im Kindergarten heute wieder wichtiger ist.

Kinder lieben Musik. Sie kann ihnen Glücksgefühle verschaffen, sie kann beruhigen, seelisches Gleichgewicht herstellen helfen, kreativ machen, soziale, rhythmische, sprachliche Kompetenzen und Fähigkeiten fördern. Sie ist ganz normaler Bestandteil menschlicher Entwicklung.

Nach heutigem wissenschaftlichem Forschungsstand liegen die für die musikalische Entwicklung besonders sensiblen und prägenden Entwicklungszeitfenster in der vorgeburtlichen Phase und in der frühen Kindheit, besonders gerade im Krippen- und Kindergartenalter.

Nicht nur Hörfähigkeit, Musikalität, Sprachfähigkeit und Bewegungsgeschicklichkeit, sondern auch soziale Kompetenz, Kreativität, Lebensfreude und Lernfähigkeit werden durch musikalische Betätigungen und Anregungen innerhalb dieser Altersphasen besonders stark gefördert und entwickelt. Es ist davon auszugehen:

> Musikalische Aktivitäten von der Geburt bis zur Schulzeit begünstigen nachhaltig die Kindesentwicklung in fast allen Entwicklungsbereichen.

Lehrplan Sozialpädagogische/r Assistent/-in

Jedes Bundesland hat einen eigenen Lehrplan für die Berufe der sozialpädagogischen Erstausbildung, hier am Beispiel von Hamburg (2012) dargestellt.

„Lernfeld 12 Mit Kindern musizieren“

Zielformulierung für das Lernfeld

Die Absolventinnen und Absolventen fördern das musikalische Erleben und den musikalischen Ausdruck von Kindern und führen sie entwicklungsangemessen an Lieder, Instrumente und musikbezogene Bewegung heran. Dazu verfügen sie über ein grundlegendes Wissen der Atem- und Stimmfunktion. Sie besitzen Grundwissen über die Anatomie der Erwachsenen- und der Kinderstimme. Sie kennen Kinderlieder zu verschiedenen Themen und setzen diese situativ und altersgerecht ein.

Die Absolventinnen verfügen über ein fachtheoretisch vertieftes Grundverständnis der altersbezogenen musikalischen Fähigkeiten von Kindern und über fachtheoretisch vertiefte Kenntnisse bezüglich begründeter Liedauswahl für unterschiedliche Altersgruppen, bezüglich der Bedeutung von Musik für andere Entwicklungsbereiche (z. B. Sprache und Sozialverhalten) und der sinnstiftenden Bedeutung von Singen und Musizieren mit Kindern.

Sie vermitteln Lieder und geben Impulse für die Zusammenführung von Lied, Bewegung und Körperausdruck. Sie sensibilisieren Kinder für das Wahrnehmen unterschiedlicher Klänge und Geräusche.

Die Absolventinnen kennen die Handhabung und Spieltechnik einfacher Instrumente, sie geben Anweisungen zum Umgang damit und leiten die gestalterische Nutzung der Instrumente an.

Lehrplan Sozialpädagogischer Assistent, Hamburg (2012)

Bildungspläne für die frühe Bildung von Kindern

Jedes Bundesland veröffentlicht auch einen eigenen Bildungsplan für die kindliche Förderung. Ein Ausschnitt aus den „Hamburger Bildungsempfehlungen für die Bildung und Erziehung von Kindern in Tageseinrichtungen" (2012) nennt Ziele für Kinder (und pädagogische Fachkräfte) in der Musikerziehung:

„Ziele Bildungsbereich Musik"

Ich-Kompetenzen entwickeln

- Die eigene Stimme auch als Ausdrucksmittel für Emotionen erleben und einsetzen
- Spaß am Musizieren entwickeln, Singen wollen und können
- Differenzieren können zwischen laut/leise, schnell/langsam, hoch/tief
- Akustische Qualitäten und Wirkungen empfinden: Was ist mir angenehm, was erschreckt mich? Welches Instrument gefällt mir und macht mir am meisten Spaß?
- Sich der eigenen Ausdrucksmöglichkeiten bewusst werden
- Erkennen, dass Musik direkt die Gefühle anspricht

Soziale Kompetenzen entwickeln

- Die eigene Gefühlslage anderen musikalisch mitteilen
- Sich mitteilen, wenn es zu laut/zu leise wird
- Andere an ihrer Stimme erkennen: aufeinander hören
- Die Gefühlslagen der anderen an ihrer Stimme erkennen
- Gemeinsam musizieren – Harmonie und Disharmonie durch Töne und Musik ausdrücken, auf den anderen achten
- Sich selbst als Teil einer bestimmten musikalischen Tradition verstehen, indem andere Traditionen kennengelernt werden

Sachkompetenzen entwickeln

- Kenntnisse über die eigene Stimme. Wie fühlt es sich an, wenn man laut, leise, allein oder mit anderen singt?
- Viele Lieder kennen (Text, Melodie)
- Melodie und Rhythmus einhalten
- Kenntnisse über verschiedene Instrumente und Klangkörper
- Erste Einschätzung zur Qualität der benutzten Musikinstrumente: Welches Instrument klingt gut, welches schlecht?

- Ein Instrument genauer kennen und nutzen; außergewöhnliche Instrumente auch aus anderen Kulturen (Harfe, Horn, Dudelsack)
- Selbst ein Instrument hergestellt haben (Rassel, Tamburin)
- Verschiedene Aufnahmegeräte kennen und bedienen können
- Höhen und Tiefen von Tönen unterscheiden
- Erste Erfassung des Notensystems (Tonleiter/Dreiklang)
- Puppen- und Theaterspiele mit Musik kennen
- Wissen, wie in verschiedenen Ländern musiziert wird: Wie klingen Lieder in unbekannten Sprachen, z. B. chinesische, afrikanische, russische Lieder?
- Lieder aus bestimmten traditionellen Zusammenhängen kennen: zu Festtagen, Geburtstagen, Jahreszeiten
- Tänze aus verschiedenen Zeitepochen kennen: Wie tanzt man Breakdance, Tango oder Menuett?

Lernmethodische Kompetenzen entwickeln

- Eigene Ausdrucksmöglichkeiten kennen (z. B. Stimme, Sprache, Bewegung, Tanz)
- Die Ausdrucksweisen anderer kennen und verstehen
- Sich bewusst werden, dass gemeinsames Musizieren aufeinander Hören und Absprachen erfordert
- Sich bewusst werden, dass es unterschiedliche musikalische Kulturen gibt
- Erkennen, dass Musik in Symbole umgesetzt werden kann
- Methoden und Techniken zum Verstärken, Dämpfen und Verfremden von Stimmen und Tönen kennen
- Musik und Tanz als Möglichkeiten zur Begegnung mit Menschen nutzen
- Technische Medien zur Musikproduktion nutzen
- Musik als Markt erkennen

Hamburger Bildungsempfehlungen für die Bildung und Erziehung von Kindern in Tageseinrichtungen (2012)

Persönlichkeitsentwicklung – Musik unterstützt

Kinder können Musik so hören, dass sie

- Empfindungen, Gefühle und Vorstellungen mit ihr verbinden (Beispiele: Bilder, Farben, Stimmungen, Bewegungsmuster);
- musikalische Grundmuster wiedererkennen und zuordnen, z. B. Strophe und Refrain, melodische Figuren wie das Trillern einer Flöte (wie ein Vogel) oder das Wiederkehren einer markanten musikalischen Figur, die Pferdegetrappel oder das Fließen eines Bachs symbolisiert;
- Musik körperlich und sinnlich erfahren und dass Musik sie zu rhythmischen Bewegungen oder Tanz führt;
- selbstvergessen und selbstversunken Musik wahrnehmen, in sich aufnehmen, genießen oder aber bewusst und distanziert Musik verfolgen.

Kinder können Musik produzieren,

- indem sie Melodien erfinden, abwandeln, neu zusammensetzen, mit Instrumenten begleiten.

Kinder können Musik reproduzieren,
- indem sie Lieder und Musikstücke üben, nachspielen, nachsingen, interpretieren und vorführen.

Kinder können Musik übertragen
- auf andere Ausdrucksmittel wie Bilder malen, Tanzen, Schauspielern, szenisches Spiel;
- auf Texte.

Kinder können
- über Musik nachdenken und sprechen, Kritik daran üben.

Aktivitäten zur musikalischen Frühförderung

Aus diesen Gründen werden bei der musikalischen Früherziehung junge Kinder entsprechend ihrer Entwicklung *spielerisch und entdeckend* herangeführt an das Hören, Singen, Sprechen, Experimentieren mit Geräuschen, Klängen, Tönen von Gegenständen/Instrumenten, ans Bewegen oder an Rhythmen.

Beispielhafte Aktivitäten können sein:
- Hören: Ratespiele von CD, z. B. Geräusche und Stimmen raten, bestimmte einzelne Instrumente aus einem Orchester heraushören
- Musikerfahrung durch Malen oder grafische Notation darstellen
- Suchspiele: Metronom suchen oder ein Kind spielt ein Instrument, die anderen müssen raten, um welches Instrument es sich handelt
- Bewegen: freie Tanzbewegungen zur Musik erfinden und ausprobieren, feste Tanzvorgaben einüben (Polonaise, Kreistänze, Partnertänze), Nachahmen (ein Kind gibt bestimmte Tanzbewegungen vor)
- Feinmotorik: Fingerspiele, Fußübungen (Zehenspitze, Ferse, Rist), Handgelenkübungen
- Instrumente: betrachten, beschreiben, Material und Klang zuordnen, selbst ausprobieren
- Rhythmus: rhythmische Klatschübungen mit Händen, Füßen und Körper
- Orff-Instrumente erkunden (Glockenspiel, Xylofon, Trommeln u. a.)
- Singen: Lieder singen (mit verschiedenen Mundöffnungen), neue Lieder erlernen
- Reaktionen: sich auf verschiedene Zeichen hin bewegen oder stoppen
- Meditation: leise sein, still werden, zuhören (flüstern, Mundbewegung)
- Sozialverhalten: miteinander umgehen können, aufeinander reagieren, gemeinsam gestalten
- Musikstile: Musikrichtungen und die dazugehörigen Instrumente kennenlernen, Musik anderer Länder hören, Geschichten mit Instrumenten/Geräuschen vertonen
- Exkursionen: Kirchenorgel, Kennenlernen von Klavierbauer, Blasinstrumentebauer, Musikgeschäft, Tonstudio

Voraussetzungen der Fachkraft für die Musikerziehung

Praktikantin Sina hat in der Kita, in der Schulbücherei und in der Buchhandlung gestöbert und ihren Anleiter befragt, was sie mitbringen muss, um mit den Kindern angemessen zu musizieren. Ihr Ergebnis findet sie sehr ermutigend:

Lediglich Begeisterung, Sensibilität und Offenheit für die Vielfalt von Musik sind notwendig – eine gute Stimme und das fehlerfreie Musizieren entwickeln sich durch das aktive Musizieren wie von selbst. Wichtig ist, dass in der Einrichtung überhaupt musiziert wird! Um Kindern optimale Angebote machen zu können, sollte man mit ihnen in engem Kontakt sein und über ein musikalisches Grundwissen verfügen, das jedoch relativ leicht anzueignen ist. Hier genügt etwas Geduld und Mut für Neues.

1.3 Wissenswertes über das Ohr

Das **Sinnesorgan Ohr** ist eines der sensibelsten und feinsten Organe, das der Mensch hat. Im Gegensatz zu Augen und Mund ist das Ohr immer offen und empfangsbereit (selbst im Schlaf!). Es kann mehrere Geräusche auf einmal hören und differenzieren, z. B.:

- in einem Musikstück: die Melodien verschiedener Instrumente bei gleichzeitigem Wahrnehmen des Gesamteindrucks
- beim Fahrradfahren: die Geräusche der Gangschaltung, das Motorengeräusch eines Autos, die Fahrgeräusche der Räder, das Murmeln von Passanten

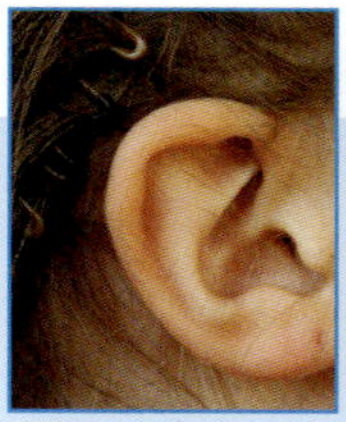

Kinderohr

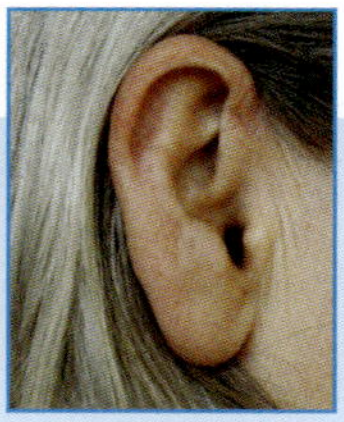

Erwachsenenohr

> Ohne das Sinnesorgan Ohr kann Musik nur begrenzt gehört und genossen werden (allenfalls können bestimmte Frequenzen gespürt werden, z. B. im Bauch). Ohne das Ohr kann kaum Musik gemacht werden, da die akustische Kontrolle für das fehlt, was gespielt oder gesungen wird.

Einige Fakten

- Das Ohr ist jenes Organ, das beim Menschen als erstes und am schnellsten entwickelt und ausgebildet wird und als Letztes erlischt.
- Bereits 7–8 Tage nach der Befruchtung der weiblichen Eizelle bildet das wachsende Zellbündel mikroskopisch erkennbare Ansätze für Ohren.
- Das Innenohr ist das einzige Sinnesorgan, das bereits im Mutterleib die endgültige Größe erreicht.
- Ungeborene, Kleinkinder und Erwachsene hören hohe Frequenzen (Anzahl der Schwingungen pro Sekunde) und weibliche Stimmen besser als tiefe Frequenzen und männliche Stimmen. Auch im Stimmengewirr von Menschengruppen sind weibliche Stimmen besser herauszuhören als männliche. Deshalb klingen z. B. Pausenklingeln, Alarmglocken, Wecker meist hoch und hell.
- Das menschliche Auge kann nur den Frequenzbereich zwischen den Farben Purpur und Violett sehen. Das entspricht dem Frequenzbereich einer Oktave. Das Ohr dagegen kann mehr als 7 Oktaven hören.

> Ohren kann man nicht schließen wie die Augen oder den Mund (außer künstlich – selbst dann hört man noch das Herzklopfen). Dies bedeutet, dass der Mensch den Geräuschen seiner Umgebung permanent unbewusst ausgeliefert ist, es sei denn, er trifft bewusste Entscheidungen dagegen oder ergreift Schutzmaßnahmen.

Dezibel-Skala

Verschiedene Geräuschquellen mit den dazugehörigen Lautstärkewerten in Dezibel

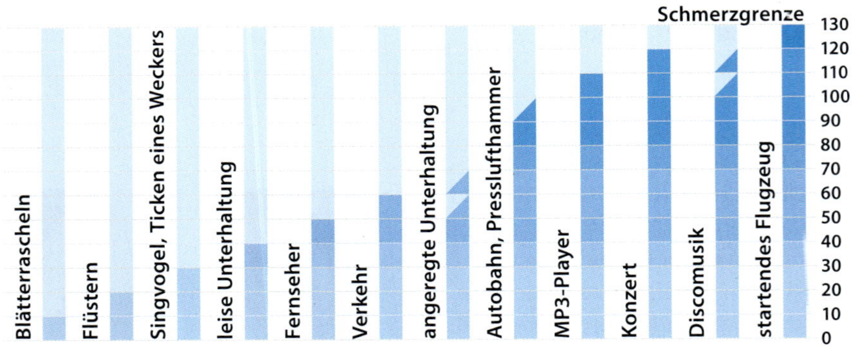

Nach: Köthe 2006

➤ siehe auch Kap. 2 Klang erleben

Die Funktionsweise des Ohrs

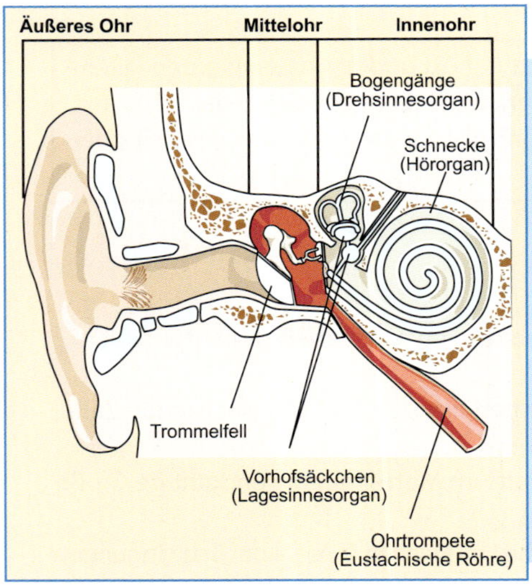

Der Schall erreicht das Außenohr, wird dort eingefangen, gerichtet und abgenommen. Die Hörknöchelchen im Mittelohr (Hammer, Steigbügel und Amboss) verstärken die Luftschwingungen, die vom Trommelfell kommen, und übertragen sie weiter an die Schnecke (im Innenohr) und ihre 20.000 sensiblen Haarzellen. Hier wird der Schall ausgewertet und zu einer Information für das Gehirn umgewandelt.

Außerdem befinden sich die Gleichgewichtsorgane im Innenohr (Bogengänge).

1.4 Die Hörfähigkeit

Wer musikalisch tätig werden möchte, sei es als Sänger/-in in einer Band, als Musikhörer, Tänzer/-in in der Disco, Gitarrist/-in oder Drummer, muss gute Ohren haben, denn ohne das Hören von musikalischen Geräuschen und Signalen bleibt die Welt der Musik weitgehend verschlossen. Das Ohr und die Hörfähigkeit sind auch Voraussetzungen dafür, dass Kinder sprechen lernen und dass man über die Sprache kommunizieren kann (➤ siehe Kap. 1.4.2 und Kap. 6 Der Text im Lied).

1.4.1 Die Bedeutung der Hörfähigkeit

Im sprachlichen Bereich ist die Fähigkeit, gut zu hören, wichtige Voraussetzung für die **Kommunikation**. Wer schwerhörig ist und seinen Gesprächspartner nicht korrekt versteht, leidet unter den Folgen der gestörten Kommunikation, z. B. unter Missverständnissen, Isolation, nicht zuletzt unter Gesprächsunlust – auch bei den Mitmenschen, die betont laut und deutlich sprechen müssen. Dies hemmt die Spontanität und die Sensibilität eines Gesprächs. Menschen mit Hörbeeinträchtigung sprechen oft sehr laut und verhindern so eine diskrete Gesprächsatmosphäre, die für manches Gespräch nötig ist. Dies wird als unangenehm oder auch störend empfunden.

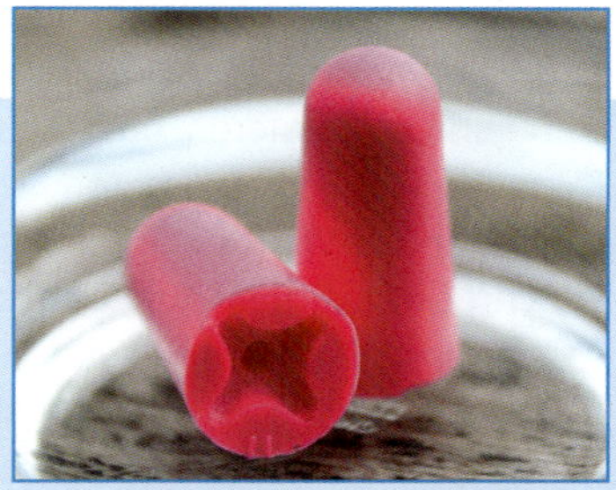

Benutzen Sie Ohrstöpsel, um das Gehör bei hohen Lautstärken zu schonen (auch professionelle Musiker nutzen sie).

Kinder benötigen zum **Erlernen der Sprache** ein gutes Gehör, um die Feinheiten der Sprachmelodie und des Sprachklangs sowie die grammatikalischen Regeln ihrer Muttersprache herauszuhören.

Aber: Leider gibt es auch eine Menge unangenehmer Geräusche: z. B. das Klingeln des Weckers, die Sirenen eines Krankenwagens, das Dauergeräusch von fliegenden Flugzeugen oder fahrenden Autos, Großstadtgeräusche.

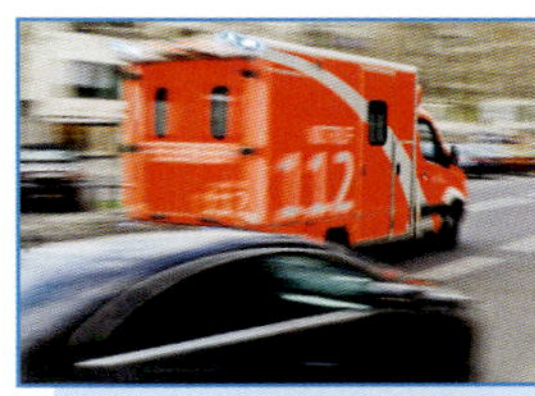

1. Tauschen Sie sich in Dreiergruppen über positive und negative Hörerfahrungen aus und notieren Sie je 3 positive und 3 negative Hörerfahrungen.
2. Verschließen Sie die Ohren mit Watte/Ohrstöpseln und einer zusätzlichen Mütze, sodass Sie möglichst nichts mehr hören können. Erleben Sie mit dieser Einschränkung eine Stunde Ihres Alltags, gehen Sie z. B. zu zweit einkaufen oder treffen Sie sich mit Bekannten zu einem Spaziergang. Notieren Sie, was Sie erlebt haben. Was war angenehm, was unangenehm?
3. Notieren Sie, wann Sie täglich welche Musik von welchem Medium wie lange hören und warum (siehe Tabelle). Was ist Ihre Schlussfolgerung?

Checkliste: Ich höre täglich Musik

Wann	Welche	Welches Medium	Wie lange	Warum

Gesamtzeit: ______________

Schlussfolgerung: ____

1.4.2 Altersgemäße Entwicklung der Hörfähigkeit

Wird eine Hörbeeinträchtigung erst im Alter von 2 oder 3 Jahren bei einem Kind erkannt, ist die Entwicklung der Hörfähigkeit im Gehirn bereits weitgehend abgeschlossen. Als Fachkraft kann es passieren, dass Sie sich fragen: Kann das Kind überhaupt richtig hören? Folgende Warnsignale sollten Sie aufmerksam werden lassen:

- Das Kind reagiert nicht auf Lärm oder auf Zurufe.
- Schreckreaktionen auf Lärm (z.B. eine herabfallende Tasse) bleiben aus.
- Das Kind plappert nur selten und unnuanciert.
- Ab dem Alter von etwa 6 Monaten hört es mit dem Brabbeln (Lallen) auf und schreit nur noch.
- Im Alter von 9–12 Monaten versteht es selbst eine einfache Mitteilung nicht.
- Es artikuliert undeutlich und wirkt in seiner Sprachentwicklung zurückgeblieben.

Praxis Checkliste: **Beobachtung des Hörvermögens bei Kindern (bis 18 Monate)**

Altersstufe	Entwicklung bei intaktem Hörvermögen	Testen Sie selbst
Geburt bis 2 Monate	• Kind wird durch laute Geräusche wach • Lässt sich durch die Stimme der Mutter besänftigen • Gurgelt und gurrt	Lassen Sie eine Tür laut zuschlagen: Zuckt das Kind zusammen, blinzelt es?
3–6 Monate	• Reflektorisches Lallen (2.–6. Monat) • Kind bewegt die Augen, dreht den Kopf, um nach der Schallquelle zu suchen • Reagiert auf die Stimme der Mutter • Freut sich über Spielsachen wie Rasseln	Läuten Sie mit einem Glöckchen außerhalb des Gesichtsfelds des Kindes: Sucht das Kind mit den Augen nach der Glocke?
6–10 Monate	• Kind dreht sich um und versucht, Geräusche außerhalb seines Blickfelds zu finden • Beginnt, mit der eigenen Stimme zu experimentieren (willkürliches Lallen) • Reagiert auf den eigenen Namen selbst in lauter Umgebung • Versteht einfache Wörter wie „nein" • Horcht auf Musik und Gesang	Rufen Sie das Kind beim Namen, z.B. von hinten: Wendet es sich Ihnen zu?
10–15 Monate	• Kind reagiert auf deutlich entfernte Geräusche • Deutet oder blickt auf Gegenstände, die man benennt (beginnendes Sprachverständnis) • Lallmonologe, ab dem 12. Monat sinnbezogene Einwort-Äußerungen • Imitiert einfache Klänge	Stellen Sie dem Kind Fragen wie „Wo ist der Ball?". Achten Sie dabei darauf, nicht mimisch oder gestisch selbst auf den Gegenstand zu deuten.
15–18 Monate	• Kind reagiert auf Rufe aus einem anderen Raum • Formt zunehmend Wörter, wiederholt vorgesprochene Wörter, mit 18 Monaten ca. 30 Wörter • Stimme klingt normal • Kind wippt im Rhythmus der Musik	Kann das Kind einfache Worte wie „Wauwau" oder „Ball" sprechen?

(Netdoktor.de, Dr. Buschek)

Besteht der Verdacht, dass ein Kind nicht richtig hört, sollte die Erzieherin den Eltern dies mitteilen. Diese sollten unbedingt einen Hals-Nasen-Ohren-Arzt aufsuchen und das Hörvermögen des Kindes mit subjektiven und objektiven Tests untersuchen lassen.

Die Übersicht links zeigt, wie sich normal hörende Kinder entwickeln, und macht Vorschläge, wie Sie das Hörvermögen des Kindes selbst beobachten können. Eine solche Eigendiagnose kann natürlich nur ein erster Hinweis sein und ersetzt keine Untersuchung durch einen Experten.

1.5 Lärm und Stille

1 Was ist die schönste Musik für Sie? Der englische Sänger und Bassist Sting antwortet:

» *Wenn Menschen über Musik reden, sprechen sie meist über Klänge. Ich habe aber festgestellt, dass einer der spannendsten Momente der Musik die Stille ist – also der Moment, in dem nichts zu hören ist. Letztlich ist die Musik doch nichts anderes als ein Rahmen für diese Stille. Wir Musiker, egal ob klassische Musiker oder Rockmusiker, wir schaffen mit unseren Klängen nur das Ende oder den Anfang von Stille. Ich glaube, dass Musiker diese Überlegung ernst nehmen sollten. Unsere Kunst ist es, in unseren Klängen so etwas wie Stille zu erreichen. Einen Moment des Stillstands. In dem die Welt für einen Augenblick aufhört, sich zu drehen.* «

(Brüggemann 2010, 207)

» *Musik beginnt nicht mit dem ersten Ton,*
sondern mit der Stille davor,
und sie endet nicht mit dem letzten Ton,
sondern mit dem Klang der Stille danach. «

Giora Feidmann, Klarinettist

Diskutieren Sie über diese beiden Feststellungen zur „Stille“.

Als **Lärm** (von frühneuhochdeutsch: larman = Geschrei, auch Krach) werden Geräusche (Schalle) bezeichnet, die durch ihre Lautstärke und Struktur für den Menschen und die Umwelt störend oder belastend bzw. gesundheitsschädigend wirken. Die Verfassung, die Vorlieben und die Stimmung eines Menschen bestimmen, ob Geräusche als Lärm wahrgenommen werden.

Stille kommt vom althochdeutschen „stilli": ohne Bewegung, ohne Geräusch, Lautlosigkeit oder auch Bewegungslosigkeit. „Stille" ist bedeutungsverwandt, aber zu unterscheiden vom „Schweigen". Vom Wort „Stille" ist das Verb „stillen" abgeleitet, da der Säugling beim Trinken ruhig wird.

Kinder haben sensiblere Ohren als Erwachsene. Dies kann man sehen, wenn Kinder von einem anderen Kind angeschrien werden – sie halten sich dann oft die Ohren zu.

Solch ein instinktives Ohrenschützen beobachtet man auch, wenn Kinder bei einem lauten Konzert oder Straßenfest dabei sind und keine schützenden Kopfhörer oder Ohrstöpsel tragen.

Wenn man Kinder fragt, was ihnen am Kindergarten nicht gefällt, hört man unter anderem: „Da ist es immer so laut." Auch Erzieherinnen empfinden die Lautstärke als Stressfaktor. Es muss vermieden werden, dass das Kind „lernt", nicht mehr genau zuzuhören, nur weil der Lärmpegel zu laut ist. Es ist also angebracht, sich im Team Gedanken zu machen, wie man eine erträgliche (angenehme) Geräuschkulisse in Krippe und Kindertagesstätte organisieren kann.

1.5.1 Lärmsteuerung im Kindergarten

Man kann sich und die Kinder vor zu großer Lärmbelastung schützen, indem man Folgendes bewusst begrenzt:

- die Lautstärke
- die Nähe zur Lärmquelle
- die Dauer der Lärmbelastung

Wenn Aktivitäten unter allgemeiner Unruhe leiden, wenn Hintergrundmusik läuft, wenn es in der Kindergruppe laut und unruhig zugeht, dann fühlen erzieherische Fachkräfte sich oft gezwungen, Kinder zurechtzuweisen oder Aktivitäten zu verbieten. So entsteht für alle Beteiligten ein negatives Grundgefühl, das die Freude und Offenheit für das (musikalische) Angebot nachhaltig trübt. Gerade als Berufsanfänger/-in ist man darauf angewiesen, sich ohne Stress und ohne laut zu werden, ohne stereotype Appelle („Jetzt seid doch mal endlich still") Gehör zu verschaffen.

2 Überlegen Sie, auf welche Art und Weise bzw. mit welchen Mitteln es in Ihrer Praxisstelle gelingt, Ruhe herzustellen. Gibt es positive und negative Beispiele?

Praxis

Lautstärkenstufen einüben:

Stufe 1 Fachkraft klatscht laut in die Hände = alle sind sofort still, kein Reden (mit Zeigefinger vor dem Mund, falls die Kinder sehr klein, sehr unkonzentriert sind)

Stufe 2 Fachkraft macht „Psst" oder „Sch" = alle reden nur in Flüsterlautstärke

Stufe 3 Fachkraft pfeift (oder klatscht) laut, wird dann immer leiser = alle reden leise und spielen leise

Schnabel-zu-Kakadu: Das Handzeichen signalisiert den Gruppenmitgliedern, dass sie ruhig sein sollen.

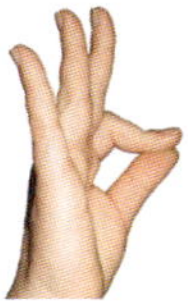

Ernennung von „Ruhewächtern“: Der Ruhewächter kann jedem Kind, das zu laut ist, wortlos einen Ruhepunkt (farbiges Papier) geben oder vor die Füße legen.

Diese Methode ist für ältere Kinder geeignet. Vorteile: Die Kinder sind selbst für die Lautstärke in der Gruppe verantwortlich. Jedes Kind darf abwechselnd Ruhewächter sein. Es werden ein höflicher Umgangston und Respekt voreinander sowie eine Sensibilität für den Geräuschpegel eingeübt.

Ruhewächter

➤ Siehe auch methodische Tipps zur Ruhe im Kap. 3.1.

3 Welche Aktivitäten, Rituale, Vorkehrungen werden in Ihrer Praxisstelle getroffen, um kindgerechte akustische Atmosphären und Erlebnisse möglich zu machen? Notieren Sie schriftlich.

4 Fünf Minuten Stille oder „der Lärm der Gedanken“. Die Gruppe ist 5 Minuten lang ganz still und genießt die Ruhe. Tauschen Sie sich im Anschluss aus, was Sie mit dieser Übung erfahren haben.

1.5.2 Ruheübungen im Kindergarten

Kinder von heute leben in einer reizintensiven Welt. Kinder sind grundsätzlich neugierig und für alle Reize offen, sie versuchen, Kontakt und Verbundenheit zu ihrer Lebenswelt herzustellen, um sie kennenzulernen. Dabei sind sie meist nicht in der Lage, die Flut der Reize zu filtern und einzuordnen. Die Vielfalt der Eindrücke und Anregungen erfordert daher **Ruhephasen** zur Verarbeitung.

5 Bilden Sie eine Dreiergruppe und fühlen und denken Sie sich in ein 3-jähriges Kind hinein. Was hört es? Notieren Sie die möglichen Geräuschkulissen eines Kleinkindes a) zu Hause, b) auf der Straße, c) in der Einrichtung.

Methodische Tipps

- **Ruheübungen sollen guttun und keine „Bestrafung“ für unkonzentrierte und unruhige Kinder sein. Besser: „Das haben wir uns jetzt verdient.“**
- Größtmöglicher Bodenkontakt ist förderlich, denn die Unbeweglichkeit (Ruhe) des Bodens überträgt sich auf den Körper.
- Gut geeignet für kleine Kinder: Liegen auf dem Boden mit geschlossenen Augen.
- Alternative: Sitzen im Stuhlkreis. Der Kreis gibt ein Zusammengehörigkeitsgefühl. Die ganze Fußfläche nimmt mit dem Boden Kontakt auf, Füße bequem nebeneinander.
- Aufrecht sitzen, Arme locker herunterhängen lassen. Die Wirbelsäule trägt so das Gewicht des Oberkörpers. Die Bauchmuskeln können sich entspannen.
- Augen schließen. So wird man visuell nicht abgelenkt.

Praxis

Ruheübung. Erst wenn alle ruhig sind, beginnt die Übung.

1. Alle sind eine Minute lang leise und genießen die Ruhe. „Hmmmm, das tut gut."
2. Die Fachkraft stimmt die Kinder mit einer „Wohlfühlfantasie" ein, z. B.: „Stellt euch vor, ihr seid auf einer wunderschönen großen, grünen Blumenwiese. Der Himmel ist blau, die Vögel zwitschern, die Sonne strahlt …"
3. Gong/Klangschale/Becken ausklingen lassen oder
4. eine tiefe Gitarrensaite anschlagen und ausklingen lassen.
5. Eine Nadel, eine Feder, einen Schwamm oder ein Tuch auf den Boden fallen lassen.
6. Die Kinder können auch eigene Ideen entwickeln, was besonders leise auf den Boden fallen kann.
7. ODER: Die Fenster werden geöffnet. Alle sind eine Minute lang ganz leise und lauschen, z. B.: dem Rauschen von Blättern im Wind, den Autos, dem Vogelgezwitscher, dem Ticken der Uhr, dem eigenen Herzschlag.
8. ODER: Alle trampeln, klopfen oder klatschen so laut sie können, dann werden sie immer leiser, bis nichts mehr zu hören ist.

❻ **Fantasiegeschichte:** Erfinden Sie in 2er- oder 3er-Gruppen je eine Wohlfühlfantasie a) für Sie als Erwachsene, b) für Elementarkinder.

⚠ Alles, was Sie selbst erprobt und ausprobiert haben, muss für die Kinder alters- und entwicklungsgemäß angepasst werden.

Praxis

1.6 Wahrnehmungsspiele Hören

Die Kinder liegen auf dem Boden und sind entspannt, die Ablenkung ist gering. Alternativ Sitzen im Stuhlkreis (siehe Methodische Tipps oben).

Lautstärken hören

a) Das Verklingen von Tönen erfahren: Schlagen Sie den tiefsten Ton eines Klaviers an (Taste gedrückt halten, dann klingt sie länger).
Schlagen Sie die dickste Saite der Gitarre an und warten Sie, bis sie verklungen ist.
Schlagen Sie eine Klangschale, einen Chinagong, ein tiefes Becken oder einen Topfdeckel an. (Tiefe Töne schwingen länger hörbar.)

b) Die Kinder tanzen wie beim „Stopptanz" zu Musik (vorzugsweise ohne Gesang). Langsam wird die Musik leise gedreht, bis man nichts mehr hört. Kinder, die nichts mehr hören, erstarren. Wird die Musik wieder lauter, kommt Leben in die Tänzer und sie tanzen wieder entsprechend der Lautstärke, bis es erneut still wird. (Beachte: Kinder haben ein sensibleres Gehör als Erwachsene. Sie können daher leise Töne oft länger hören.)

c) Ein tickender Kurzeitmesser oder Wecker wird im Raum versteckt. Die Kinder müssen diese Objekte finden.

d) Augen schließen. Eine Triangel oder Zimbel wird angeschlagen. Die Kinder heben die Hände, wenn der letzte Laut für sie verklungen ist.

Richtungen hören

In einer Kindergruppe von ca. 10 Kindern bekommt ein Kind die Augen verbunden (Alternative: die Augen zuhalten). Die anderen Kinder verteilen sich so im Raum, dass eine gerade (später vielleicht gekrümmte) Gasse entsteht. Nun machen die Kinder leise Geräusche und versuchen, dem „blinden" Kind akustisch den Weg durch den Raum zu ermöglichen, ohne dass es zu Berührungen kommt. Lautere Variante: Geräusche-Dschungel

Tonhöhen unterscheiden

a) Zuerst erklären Sie der Gruppe, wie eine Gitarre gestimmt wird: Bestimmte Saiten werden mit bestimmten Tönen verglichen (z. B. das A auf der tiefen E-Saite im fünften Bund mit der daneben liegenden leeren A-Saite).

Schlagen Sie nun das A einer korrekt gestimmten A-Saite an und danach den Ton im fünften Bund einer etwas zu tief gestimmten E-Saite. Fast alle Kinder werden hören, dass die Töne unterschiedlich hoch sind und nicht zueinander passen. Viele können sagen, welcher Ton höher oder tiefer ist. Stimmen Sie die E-Saite nun in die falsche Richtung, wird der Tonhöhenunterschied noch größer – die Kinder protestieren. Stimmen Sie dann das falsche A auf das richtige A ab. Viele Kinder können schon früh genau sagen, wann die Töne gleich klingen.

b) Füllen Sie mehrere gleich große Glasflaschen mit unterschiedlichen Mengen von Wasser. Die Kinder sollen versuchen, die Flaschen nach Tonhöhe zu sortieren, indem sie sie mit leichten Schlägen mit einem Holzstab oder Löffel zum Klingen bringen.

Variante: Die Kinder drehen sich mit dem Rücken zur Flaschenreihe. Sie schlagen 2 Töne an und lassen raten, welcher Ton höher ist.

Tonqualitäten unterscheiden (Geräuschmemory)

Sie benötigen zwanzig leere Fotofilmdosen (oder Überraschungseier-Behälter oder Pingpongbälle). Je 2 Behälter werden mit der gleichen Menge an Körnern gefüllt (Sand, Salz, Reis, Kümmel, getrocknete Erbsen, Büroklammern, Münzen o. a.). So entstehen 10 Pärchen mit unterschiedlichen Schüttelgeräuschen (sicher verschließen!). Die Dosen werden in einem Beutel gut gemischt und an die Kinder ausgeteilt.

a) Jedes Kind nimmt sich einen Behälter und sucht sich einen Platz im Raum. Auf Kommando tanzen alle durch den Raum und versuchen, die zweite Dose mit dem identischen Geräusch zu finden. (Tipp: So können auch Tanz- und Spielpartner gefunden werden.)

b) Nun versuchen die Kinder, sich mit den Geräuschdosen so aufzustellen, dass sich das lauteste Geräusch ganz links im Raum und das leiseste Geräusch ganz rechts befindet. Dazwischen sortieren sich die anderen chronologisch ein. In Form einer „La-Ola-Welle" wird dann kontrolliert, ob die Geräusch-Chronologie stimmig ist. Kann die Welle von links nach rechts schwappen? Schneller, langsamer?

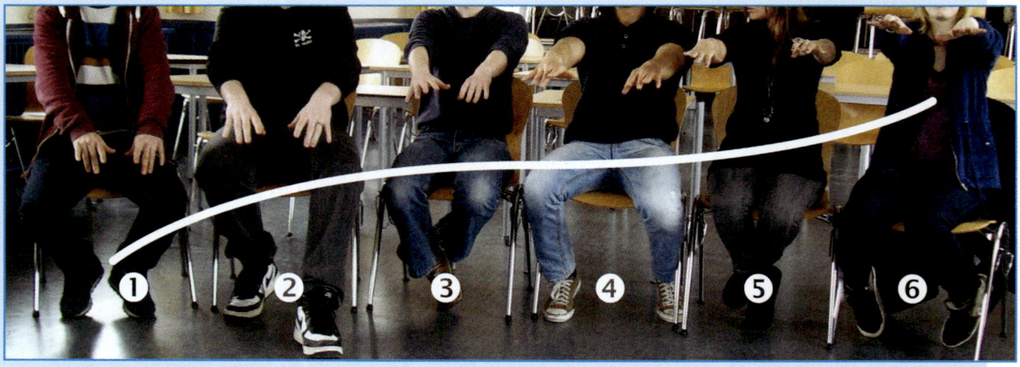

❶ Probieren Sie die Wahrnehmungsspiele in Ihrer Klassengruppe aus, um sie anschließend in der Praxis mit Kindern zu erproben.

❷ Erfinden Sie Geschichten oder Märchen, um die Geräuschspiele für Ihre Kindergruppen altersgerecht zu verpacken.

Beispiel: „Es war einmal eine Zwergenfamilie. Sie musste aus ihrem Wald hinter den 3 Bergen wegziehen, weil es dort zu laut geworden war: Die Riesen hatten eine neue Autobahn gebaut und dafür mit lauten Sägen viele Bäume gefällt. Selbst nachts, wenn die Zwerge wach waren, hörte man laut und deutlich die Motoren der Autos. Nun endlich, nach langem Suchen, fanden sie einen neuen Wald, in dem es ruhig war. Man konnte endlich wieder das Piepsen der Mäuse hören, das Graben der Maulwürfe, das Vogelgezwitscher, das Wachsen der Gräser, das Fallen der Blätter … Kennt ihr noch mehr leise Töne, die man im Wald hören kann? Macht sie mir vor! Ich bin gespannt, ob ich Riese sie auch hören kann."

1.7 Planung eines Angebots: Thema Hören

Mindmap: Hören

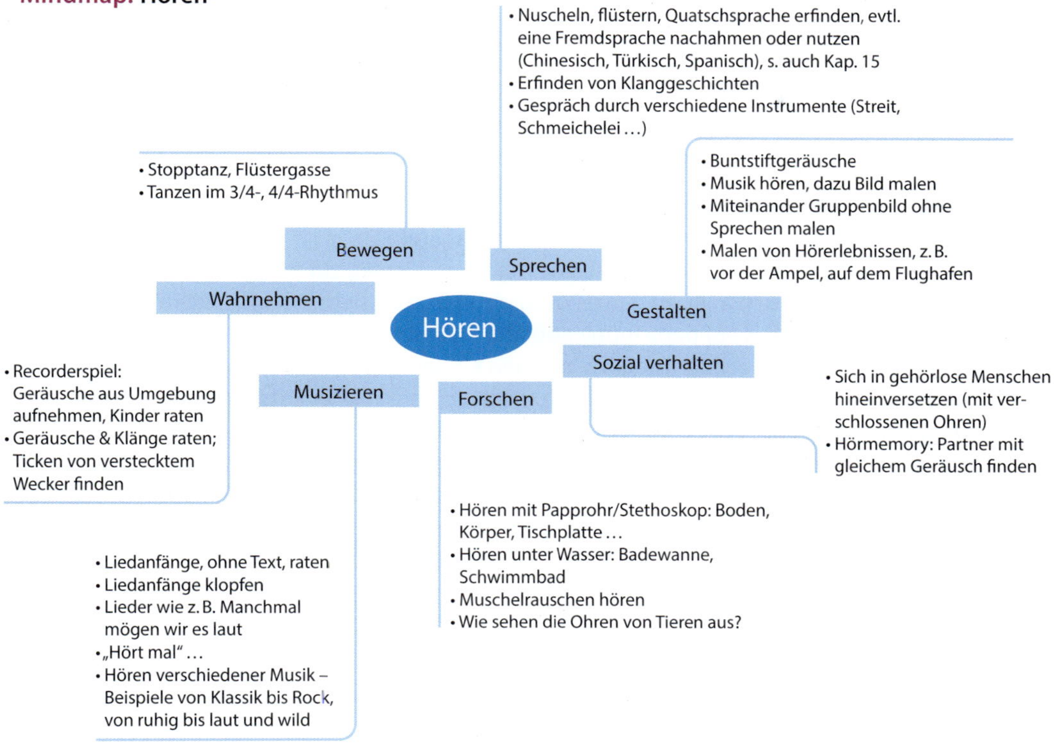

1.7.1 Sinas Angebot einer Ruheübung

Praxis

Die sozialpädagogische Praktikantin Sina hat die Aufgabe erhalten, in ihrem Kindergarten ein Angebot in der Projektwoche „Hören“ zu machen. In ihrer Gruppe sind 15 Elementarkinder zwischen 4–6 Jahren.

Zuerst führt sie mit den Kindern ein Gespräch über das Hören, sammelt deren Ideen und ergänzt. Schnell ergibt sich: „Es ist so laut in unserer Gruppe.“ Die Kinder haben viele Ideen zum Thema „Hören“, Sinas (mit den Ideen parallel angefertigte) Mindmap sieht deshalb sehr vielfältig aus. Da die Kinder der Lärm in der Gruppe beschäftigt, wollen sie Geschichten und Spiele zum Thema „Laut und Leise“ erfinden.

Sina möchte spielerisch Ruheübungen in der Gruppe einführen, als „Lärmpause“. Da die Kinder demnächst in die Schule kommen, ist es notwendig, dass sie Ruhe und Stille als eine positiv besetzte Erfahrung erleben, die Wahrnehmungs- und Fantasiespielräume eröffnet.

Sachanalyse
Ohren hören immer, man kann sie nicht abschalten. Kindergärten sind Lebensräume, in denen es lebendig, fröhlich und oft sehr laut zugeht. Kinder lieben es, wenn sie toben, lachen und sich ausleben dürfen. Das kostet Kraft und macht müde. Um neue Kraft zu schöpfen, sind Ruhe- und Stillepausen sinnvoll.

Die Dynamik zwischen lebendigen und lauten sowie leisen und sensiblen Aktivitäten macht das Kinderleben abwechslungsreich. Kinder sind darauf angewiesen, beide Verhaltensweisen zu leben, um sich in Vielfalt entwickeln und entfalten zu können. Gerade in einer Zeit der akustischen Reizüberflutung durch Verkehrslärm, Musikberieselung und Medienkonsum, sollten die Kinder möglichst früh lernen, sich selbst wahrzunehmen und selbstständig Ruhephasen einzulegen. Spätestens in der Schule wird von den Kindern erwartet, dass sie Ruhe und Konzentration für eine gewisse Zeit herstellen können und dies als positiv besetztes Verhalten empfinden. Daher soll eine Ruheübung durchgeführt werden.

Durchführung der Ruheübung

- Das Sitzen im Stuhlkreis sorgt für Gemeinschaftsgefühl.
- Der Bodenkontakt der ganzen Fußfläche macht es leichter, zur Ruhe zu kommen, da die Ruhe des Bodens sich auf den ganzen Körper überträgt (sich „erden"). Sitzen die Kinder im Schneidersitzkreis auf dem Teppichboden, erzielt man den gleichen Effekt. Die aufrechte Sitzhaltung macht es möglich, dass die Kinder entspannt sitzen, da die Wirbelsäule den Kopf und Oberkörper trägt und sich die Bauchmuskulatur entspannt. Dies hat außerdem den Vorteil, dass das Lungenvolumen so am größten sein kann.
- Locker fallende Arme sind für größtmögliche Entspannung nötig. Geschlossene Augen verhindern visuelle Ablenkung, die Kinder können sich auf sich und die Ruhe konzentrieren.
- Ruhiger, gleichmäßiger Atem sorgt für gute Sauerstoffversorgung (Schwindelgefahr bei Hyperventilation durch zu schnelles Atmen/Sauerstoffüberschuss beachten).

Sinas Ideensammlung

- Liegen die Kinder auf Matten, sind sie zwar weniger abgelenkt, u. U. aber so entspannt, dass sie einschlafen.
- Legt man ein Papierschiff oder einen anderen Gegenstand auf den Bauch, kann dies den Kindern helfen, sich auf ihre Atmung zu konzentrieren.
- Anschauliche, beruhigende Geschichten zur kindgerechten Einstimmung.
- Fallenlassen einer Nadel, Ausklingen eines Tons (Triangel, Klavier).
- Der gut gelüftete Ruheraum ist für Sina reserviert. An der Tür hängt das Schild, das die Kinder gemalt haben: „Bitte nicht stören!"

Praxis

1.7.2 Ruheübung mit Geschichte: Paul hat eine Pause verdient

Einstimmung

Praktikantin Sina erzählt eine Geschichte zum genauen Zuhören: „Paul hat im Sommer mit seinen Eltern eine Wanderung unternommen. Weil sein Papa so groß ist und soooo [mit Gestik anzeigen] lange Beine hat und sooooo [anzeigen] Riesenschritte macht, mussten Paul, seine Mama und seine Schwester Lina, die noch kleiner als Paul ist, sehr, sehr schnell gehen. Es ging bergauf, bergab, durch Sand und Wiesen, steinige Landschaften, kreuz und quer … und das bei der Hitze und der Sonne! Immer, wenn Paul oder seine Mutter den Papa baten, etwas langsamer zu gehen, tat er dies sofort – aber es war wie verhext, denn es dauerte nicht lange, dann war er wieder zu schnell.

Jetzt haben sie die Hälfte des Weges geschafft und es ist Pause. ENDLICH PAUSE!

Diese Pause haben Paul und Lina aber auch wirklich verdient, denn sie sind die ganze Zeit fast schon gerannt. Sie setzen sich auf einen Baumstamm im Schatten am Wegrand. Paul zieht seine Schuhe aus und kühlt seine Füße, die in wohltuendem feuchtem Sand stehen.

Schwester Lina sieht dies und macht es ihm nach. [*Auch die Kinder dürfen es nachmachen.*] Paul sitzt aufrecht auf dem Baumstamm und kann so ganz viel von der reinen, frischen Luft einatmen und genießen. [*Alle atmen genüsslich ein.*] Langsam atmet er ein und aus, während seine Arme links und rechts locker baumeln. [*Die Kinder machen es nach.*] Das tut gut und er kühlt schon etwas ab! Paul ist etwas müde. Er schließt die Augen und stellt sich dabei vor, er sei ‚Gruso-Gruso', der Waldriese. Gruso-Gruso schließt die Augen und lauscht. Was der alles hören kann!" [*Pause. Kinder stellen sich Waldgeräusche vor.*]

Hauptteil
Praktikantin Sina fordert die Kinder auf, die gehörte Geschichte selbst aktiv nachzuerleben: „Ihr seid jetzt Hörriesen und könnt besser hören als Menschenkinder. Setzt euch aufrecht hin wie Paul: beide Füße mit der ganzen Fläche auf dem Boden, nebeneinander, die Arme baumeln locker herunter, eure Augen sind geschlossen … Hmmm, das tut gut.

Seid nun ganz still und lauscht und merkt euch, was ihr alles hört." [Eventuell mit Startsignal: „Achtung, fertig, psssst".]

Die Kinder sind ruhig und horchen 1–2 Minuten lang mit geschlossenen Augen. Kann sich ein Kind auf diese Übung nicht einlassen, setzt sich Sina neben das Kind und versucht, durch behutsames Zuflüstern oder Handauflegen dem Kind zu helfen, zur Ruhe zu kommen. Sind mehrere Kinder unruhig, erzählt sie die Geschichte weiter: „Also, Gruso-Gruso staunt, was er alles hören kann. Ihm gefällt das Lauschen sehr gut, aber der Baumstamm, auf dem er sitzt, ist sehr ungemütlich für so einen riesigen Kerl. Deshalb möchte er sich lieber auf den weichen Waldboden legen. Er legt sich auf den weichen Waldboden. Ja, das ist noch viel besser." [„Legt euch also alle auf den weichen Teppichboden."]

„Er streckt sich aus, reckt und räkelt sich. Und nun liegt er ganz still, schließt die Augen und lauscht." [„Das tut ihr jetzt auch. Das ist eine sehr gute Idee, um wirklich richtig gut hören zu können."]

Die Kinder lauschen 1–2 Minuten oder auch länger. Sina bittet die Kinder, sich aufzurichten und im Schneidersitz im Kreis zu erzählen, was sie alles gehört und wie sie sich gefühlt haben. Jeder kommt dran.

Abschluss
Die Kinder verteilen sich auf 3 Gruppentische, die jeweils mit einem großen Papierbogen bedeckt sind und auf dem Pinsel, Schwämme und ein großer Teller mit 4 Portionen Fingerfarbe bereitstehen. Ohne miteinander zu sprechen, malen sie was sie gehört haben. Hier geht es darum, möglichst nicht Gegenstände zu malen, sondern eher abstrakte Formen für z. B. Waldgeräusche zu erfinden.

Danach wird in der Gesamtgruppe über das erlebte und ungewohnte Schweigen beim Malen und die Unterschiede zum gesprächigen Malen gesprochen. Was war gut, anders, schwierig? Sind die Bilder anders als sonst geworden?

2 Klang erleben

„Das klingt aber schön, hör mal!" Sie sehen einen Spielfilm und hören eine Begleitmelodie, von einem Xylofon gespielt, auf einmal ganz bewusst. Fasziniert lauschen Sie dem Klang der Töne und stellen fest, dass Sie die Musikuntermalung des Films bis eben gar nicht bemerkt haben.

Achten Sie einmal bewusst auf die Musik im Hintergrund in Fernsehen oder Werbung: Hat die Musik etwas mit dem zu tun, was Sie sehen? Klingt die Musik romantisch, alarmierend, harmonisch oder dissonant (nicht harmonisch), einschmeichelnd, stimmungsbildend? Hören Sie es, wenn die Kirchenglocken in der Nähe läuten? Welche Musik läuft im Geschäft beim Einkaufen? Klingt sie schön oder unangenehm?

2.1 Wissenswertes über den Klang

- Ein Klang ist eine akustische Botschaft, deren Bote der Schall ist. Der Schall breitet sich im Medium Luft aus. Die Lehre vom Schall nennt man Akustik.
- Physikalisch betrachtet ist der Klang eine mehr oder weniger regelmäßige Luftdruckschwankung, eine Schallwelle, die z. B. von einem Instrument erzeugt wird. Dies ist die Schallquelle.
- Ein Schall ist alles, was mit dem menschlichen Hörorgan wahrgenommen werden kann. Die Botschaft des akustischen Signals empfängt zuerst unser Ohr – das menschliche Gehirn entschlüsselt sie dann als Geräusch, Sprache, Musik.
- Die Klangfarbe kann z. B. hell, schrill oder dumpf, dunkel sein.

Beispielklang	Impuls	Hörwahrnehmung
Schuss	Einzelner Impuls 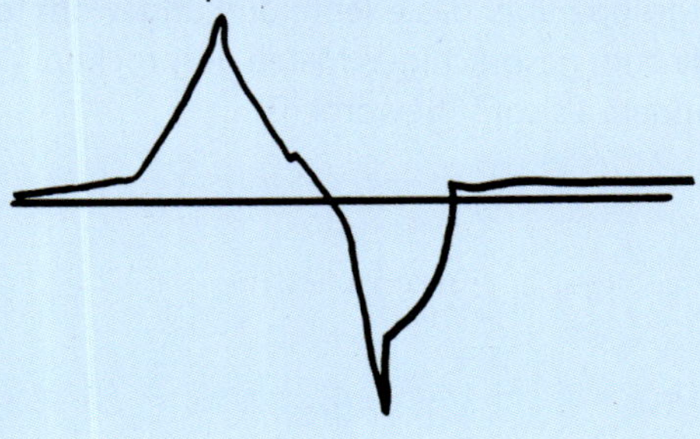	Knall

Beispielklang	Impuls	Hörwahrnehmung
Gespräch	Unregelmäßige Schwingung 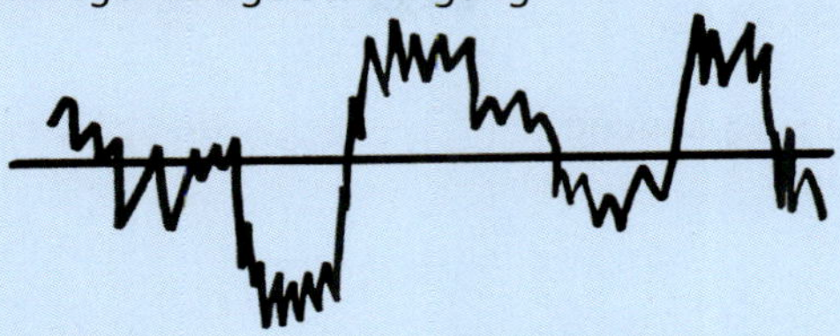	Geräusch
2 unterschiedliche Stimmgabeln, die gleichzeitig schwingen	Regelmäßige, periodische Folge von Schwingungsimpulsen, wird zu Schallwelle 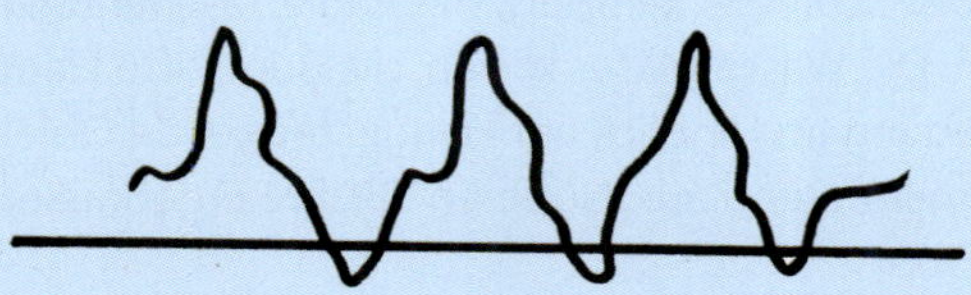	Klang
Eine Stimmgabel, die schwingt	Sinusförmige Schwingung 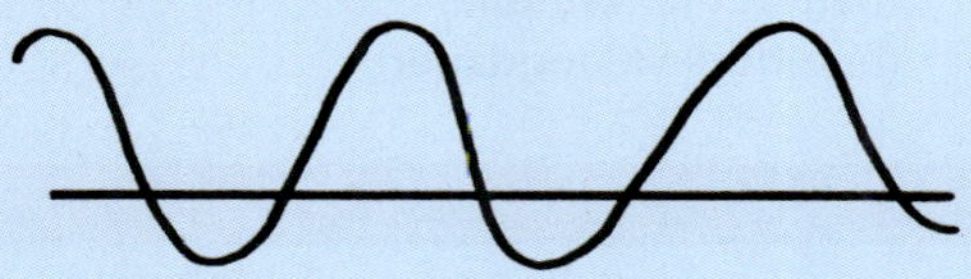	Ton

Dynamik des Klangs: Ein Klang verändert sich, indem er z. B. laut einschwingt und dann leiser, undeutlicher oder dumpfer wird.

Resonanz: So nennt man das Mitschwingen eines Instrumentenkörpers mit den Schwingungen des Tons (z. B. im Resonanzkörper einer Gitarre).

➤ Siehe auch Dezibel-Skala und Funktionsweise des Ohrs in Kap. 1.3.

Begriffe: Wenn man sich Kindern mit einem Thema nähert, ist es notwendig, sich sprachlich differenziert auszudrücken. Einige wichtige Begriffe aus dem Bereich Klang:

Körperliches: Der Klang hat Auswirkungen auf die körperlich-geistige Verfassung. Der Klang von beispielsweise Klangschalen oder Chinagong

- fördert Ruhe und Entspannung,
- baut Stress ab,
- ermöglicht körperliche Entspannung,
- schult die Wahrnehmung,
- entfaltet die Sinne.

Sensibilisierungsübung 1: Klangeigenschaften

Es gibt in Ihrer direkten Umgebung viele Quellen, die Klänge erzeugen können, da reicht ein Griff in Ihre Tasche: Der Schlüssel klimpert, das Papiertaschentuch raschelt. Oder Dinge, die auf dem Tisch liegen: Die Wassergläser klirren, die Buntstifte klappern.

a) Sichten Sie Ihre Umgebung im Hinblick auf klangerzeugende Objekte und probieren Sie diese vielfältig experimentierend aus. Notieren Sie Ihre Ergebnisse, z. B. für das Objekt Tisch. Wann wird der Ton
   - lauter – leiser? (betrifft die **Klangstärke**)
   - dunkler – heller? (betrifft die **Klangfarbe**)
   - höher – tiefer? (betrifft die **Tonhöhe**)
   - länger – kürzer? (betrifft die **Klangdauer**)

Mögliche Objekte				
Tischfläche	Papier	Gummiband	Federtasche	Filzstiftdeckel
Fußboden	Oberflächen	Textilien	Geldbeutel	Flaschenhals

b) Benennen Sie weitere Aktivitäten, ordnen Sie sie zu und ergänzen Sie.

Aktivitäten zur Klangerzeugung				
Klopfen	Reiben	Zupfen	Schütteln	Pusten
Schlagen	Kratzen	Streichen	Wischen	Trommeln

c) Nun überlegen Sie, welcher Instrumentengattung die verschiedenen Objekte zugeordnet werden können:
   - *Selbstklinger,* z. B. schwingender Körper eines Beckens
   - *Fellklinger,* z. B. schwingendes Fell einer Trommel
   - *Saitenklinger,* z. B. schwingende Saite einer Gitarre
   - *Luftklinger,* z. B. schwingende Luftsäule einer Flöte

d) Sichten Sie die Instrumente Ihres Musikraums und probieren Sie deren Klangeigenschaften aus. Beim Ausprobieren wird Ihnen sicher auffallen, dass es unterschiedliche **Klangqualitäten** gibt:
   - *Punktklang* „tack“: kurzer Klang, z. B. Holzblock, Trommel
   - *Schwebeklang* „dong“: lange nachschwingender Klang, z. B. Becken, Triangel
   - *Bewegungsklang* „trrr“: durch anhaltende Bewegung erzeugter Klang, z. B. Rassel
   - *Liegeklang* „düü“: anhaltender Ton, z. B. Flöte

e) Die **Klangfarbe** bestimmt, ob ein Klang *scharf, spitz, dumpf, metallisch, näselnd* oder typisch für das jeweilige Instrument klingt. Sortieren Sie die Instrumente den 4 Klangqualitäten zu, indem Sie sich gruppieren: *Punktklang* steht in der Mitte des Raums, *Schwebeklang* in der Ecke links neben der Tür, *Liegeklang* in der Ecke rechts neben der Tür usw.

Die Eigenschaften der Klänge sind oft bildlich benannt und fordern zum Malen, Zeichnen und Fantasieren auf ➤ siehe dazu auch Kap. 10 Malen nach Musik. Dies wird auch bei der Gestaltung der Notenzeichen deutlich ➤ siehe hierzu Kap. 12 Notenkunde. Die obigen Gegenstände lassen sich weiter vertiefen in ➤ Kap. 13 Instrumentenkunde.

Sensibilisierungsübung 2: Rhythmus

Finden Sie sich in kleinen Gruppen (6–8 Schüler/-innen) zusammen und versuchen Sie gemeinsam, zu einem Rhythmus und zu Melodien zu kommen, die sich aufeinander beziehen.

Ein Hörbeispiel für einen Rhythmus bietet die Audio-Sammlung.

Vorgehensweise: Ein gut hörbares Rhythmusinstrument startet mit einem einfachen Grundrhythmus und spielt ihn ohne Unterbrechung. Dann kommt z. B. eine einfache Grundmelodie mit „passenden" Tönen oder Melodiefragmenten dazu. Diese wird immer weitergespielt. Dann kommt der nächste Mitspieler mit einem kurzen rhythmischen Akzent, immer an der gleichen Stelle gespielt usw. Bis alle Mitspieler sich in den Musikprozess eingefügt haben, spielt jeder seinen Teil in gleicher Weise fort.

Tipp: Immer erst, wenn sich ein Instrument in den laufenden Musikprozess eingefügt hat, kommt das nächste Instrument dazu und probiert so lange, sich in das Musikwerk hineinzuspielen, bis es passt.

Praxis: Probieren Sie diese Übungen vereinfacht und mit einer anregenden Geschichte kombiniert auch mit Kindern im Kindergarten aus.

2.2 Erfahrungen mit Klanginstrumenten

Das Experimentieren und Spielen mit Klängen und Geräuschen sowie das Musizieren mit Klängen vielfältigsten Ursprungs können leicht, lustbetont und spaßig sein, obwohl es eine höchstkomplizierte Betätigung ist. Optimal ist es, wenn beim Musizieren weder Unterforderung noch Überforderung stattfindet, wenn Spaß an der Sache und ein Zustand der Zeitvergessenheit (Flow, Zustand höchster Konzentration und Versunkenheit in eine Tätigkeit) eintreten.

Musizieren mit Instrumenten kann

- die Sinne entfalten und schulen, denn durch Horchen und Lauschen kann man einzelne Feinheiten aus einer akustischen Flut heraushören und differenzieren,
- das Gedächtnis trainieren, wenn bestimmte musikalische Aktivitäten wiederholt werden, z. B. Rhythmen, Melodien, Spieltechniken, Abläufe, Bewegungen,
- die Konzentrationsfähigkeit fördern, weil das Musizieren erfordert, dass man sich nicht ablenken lässt,
- Kreativität, Fantasie, Experimentierfreude, Variationsfähigkeit und Vorstellungskraft fördern, wenn die Musizierenden sich spielerisch und unbeschwert, konstruktiv und mitgestaltend in das musikalische Geschehen einbringen.

➤ Siehe auch Kap. 13.2 Instrumente selbst herstellen

Musizieren mit Klanginstrumenten kann außerdem

- soziales Verhalten positiv beeinflussen:
  - Für einen gemeinschaftlichen musikalischen Gesamtprozess ist es notwendig, sich anzupassen und einzufügen.
  - Manchmal muss man Rücksicht nehmen auf Mitmusizierende, die langsamer, ungeübter oder unkonzentrierter sind.
  - Gemeinsame Erfolgserlebnisse erfordern gemeinschaftliche Disziplin.
- die Reaktionsfähigkeit verbessern, denn wer den musikalischen Schaffensprozess aufmerksam verfolgt, lernt zugleich, flexibel auf wechselnde Situationen zu reagieren;
- die individuelle Persönlichkeit fördern, weil Musizierende Ängste und Hemmungen überwinden können, sodass musikalische Gesamtergebnisse zu wunderschönen Erfolgserlebnissen führen und so auch das Selbstwertgefühl stärken.

> Alles, was in einer emotional angenehmen Atmosphäre erfahren und gelernt wird, ist nachhaltig erlernt. Dies bedeutet, dass musikalische Aktivitäten am besten in einer entspannten und fröhlichen Atmosphäre angeboten werden.

2.3 Der Klang in der Entwicklung von Kindern

Frühe Sensibilisierung und musikalische Frühförderung

» *Damit angeborene Fähigkeiten frühzeitig zur Verfügung stehen, ist es wahrscheinlich, dass Kinder bereits vor der Geburt beginnen, Klänge zu verarbeiten und zu lernen. In früher Kindheit erfüllen Musik und Sprache gemeinsame, wichtige soziale und kommunikative Funktionen. Auf der Suche nach Bedeutung verarbeiten Kinder Musik und Sprache mit ähnlichen kognitiven Prozessen.*

Andere Wahrnehmungsfähigkeiten sind spezifisch für eine Domäne, für Sprache und Musik. So werden z. B. Sprachlaute in Kategorien eingeteilt und in Musik Dissonanzen erkannt. Zwischen 6 und 12 Jahren sind alle kulturrelevanten Wahrnehmungsfähigkeiten voll entwickelt. «

(Hannon/Schellenberg 2008, 131)

> Mit anderen Worten: Das Zeitfenster, in dem ein Kind seine Hörfähigkeit für das Musizieren entfalten kann, liegt zu einem sehr bedeutenden Teil im Kindergartenalter. In dieser Entwicklungszeitspanne des Kindes tragen die pädagogischen Fachkräfte eine besondere Verantwortung.

Neurobiologische Erkenntnisse

1 Lesen Sie folgendes Zitat von Prof. Hüther und erörtern Sie die unterschiedlichen Aussagen. Diskutieren Sie die Konsequenzen, die diese Positionen für das Musizieren mit Kindern haben sollten. Wie kann ein „Entdeckungsfeld Klang und Musizieren" aussehen? Machen Sie Entwürfe und stellen Sie sie in der Großgruppe vor.

» *Das Kind kommt mit vielen neurologischen Optionen in diese Welt. Eine vertrauensvolle, verlässliche Umgebung, die genügend Anreize bietet, macht es möglich, dass sich die Begabungen des Kindes entfalten. Das Gehirn ist ein Instrument zum ‚Problemelösen' und nicht zum ‚Auswendiglernen'. Gemeint sind Aufgaben, an denen man wachsen kann, z. B. der Spielplatz, wo man etwas entdecken kann, oder der Wald.* «

Prof. Gerald Hüther, Neurobiologe

Forschen und Experimentieren: Musik ermöglicht Klangerfahrung, Klangspiel, Klanggestaltung, Spiel, Experiment mit Geräuschen und Klängen in der Gruppe. Im Kindergarten gibt es verschiedene Angebote, den Kindern altersangemessen das Spielen mit Klängen zugänglich zu machen: Die klanglichen Möglichkeiten des Gruppenraums, der Sandkiste mit Spielzeugen, der Küche sind sehr vielfältig und fordern geradezu zum kindlichen musikalischen Forschen und Lernen auf. Der Fundus der in der Einrichtung vorhandenen Musikinstrumente bietet ebenso einen spielerisch-forschenden Zugang zu den Klängen in der Musik.

Gemeinsamkeiten: Dieser Fundus macht auch erste musikalische Gemeinschaftserlebnisse durch die einfache Begleitung bekannter Kinderlieder möglich. Die Freude, die aufkommt, wenn ein Lied immer schöner klingt, je öfter es mit Instrumenten begleitet werden darf, verbindet die musizierende Kindergruppe und motiviert für mehr.

2.4 Spiele mit Klängen

Sensibilisierungsübung: Gebrauchsgegenstände klingen lassen

Übung 1: Jeder Schüler aus der Lerngruppe sucht sich im Unterrichtsraum einen Gegenstand, mit dem er Geräusche produzieren kann (Lineal, Papierbogen, Wasserflasche o. a.). Es folgt eine Erprobungsphase, in der jeder das Geräuschpotenzial und die musikalischen Qualitäten seines Instruments erproben kann.

Die Möglichkeit besteht, innerhalb des Raums seinen Platz zu wechseln, damit ein leises „Instrument" nicht von einem lauten übertönt wird. Ideal wären abtrennbare Räumlichkeiten, um von den Experimentiergeräuschen der anderen Gruppen nicht gestört zu werden. Einzelne ausgewählte Schüler/-innen in den Ecken des Raums beobachten, was passiert, und protokollieren ihre Beobachtungen. Nach 10 hoffentlich geräuschvollen und experimentierfreudigen Minuten notiert jeder Schüler:

1. Name seines „Instruments"
2. Zuordnung des Instruments: Fellklinger, Saitenklinger, Luftklinger o. a. (➤ siehe Sensibilisierungsübung Seite 22)
3. Geräuschpotenzial des Instruments
4. Idee der Verwendbarkeit im Bereich Musik

Die Beobachter suchen sich

- ein „Instrument“ aus, das sie besonders interessant fanden, und begründen ihre Wahl stichwortartig;
- einen „Musiker“, der sein „Instrument“ besonders originell und musikalisch genutzt hat. Sie begründen ihre Entscheidung. Abschließend: Wie war der Gesamteindruck?

Übung 2: Um ein alltägliches Geräusch als Klang wahrzunehmen, ist es notwendig, dass Sie es bewusst und „musikalisch“ wahrnehmen – und nicht rational, objektivierend interpretieren. Die musikalische, verspielte, kreative Seite Ihrer Persönlichkeit soll geweckt und belebt werden: Sie sind im alltäglichen Leben umgeben von Objekten, die Geräusche und Klänge produzieren, sobald Sie in Kontakt mit ihnen treten.

a) Notieren Sie genau und stichwortartig alle Klang- und Geräuschspuren, die Sie morgens ab dem Weckerklingeln hören, z. B.:
   - Weckerklingeln, Stoppen des unangenehmen Geräuschs mit Taste
   - Rascheln der Bettdecke beim Umdrehen
   - Noch einmal umdrehen, Sie hören Ihren eigenen Atem

   Sie können sich auch eine andere ergiebige Alltagsszene suchen, z. B.: Frühstücken (vom Aufsetzen des Kaffees bis zum Wegräumen des Geschirrs) ODER der Weg von der Haustür bis zum Arbeitsplatz.
b) Unterstreichen Sie in den Notizen alle *positiv* gefühlten Geräusche mit einem farbigen Stift.

Übung 3: Versuchen Sie, mit Hand und Mund/Stimme den Ablauf einer Szene aus a) akustisch nachzubilden, und lassen Sie von Ihren Mitschülern erraten, welche Szene sie darstellen. Variante: Probieren und erkunden Sie, zu welchen neuen, interessanten Geräuschen Sie fähig sind.

Situation: Praktikantin Nina beobachtet Musizierende

Janis (4 Jahre) ist Ninas Beobachtungskind in der Kindertagesstätte. Er und 4 weitere Kinder im Alter zwischen 3 und 5 Jahren haben sich in der etwas abgetrennten „Musikecke“ versammelt, in der es etwas wilder und lauter zugehen darf. Sie haben diverse „Musikinstrumente“ herausgesucht, die nun auf dem Teppichboden verteilt liegen: 2 Plastikeimer, die zu Trommeln umdefiniert worden sind, mehrere Überraschungseier-Rasseln, ein Paar Klangstäbe aus Besenstielstücken, 3 unterschiedlich große Blechdosen, die mit Luftballonmembranen überzogen sind und zu denen die Kinder vor einiger Zeit „Luftballonschlegel“ hergestellt hatten (➤ siehe Kap. 13.2).

Die Kinder probieren die „Instrumente“ aus und testen ihre Geräusch- und Lautstärkequalitäten. Anscheinend sind die Kinder nicht das erste Mal mit diesen Instrumenten konfrontiert. Denn Janis und Dauren spielen zusammen, indem sie den gleichen Rhythmus mit Eimertrommel und Dosentrommel abzustimmen versuchen. Die anderen experimentieren und probieren die Instrumente aus. Es klingt alles ganz schön durcheinander und auch etwas laut, was offensichtlich ansteckend auf alle wirkt.

Plötzlich ruft das Mädchen Carla laut „Stopp“ und klopft dabei laut auf ihre Eimertrommel. Alle unterbrechen ihre Geräuschaktivität – bis auf die 3-jährige Lina. Carla lacht, freut sich und sagt gleich wieder „Los!“ Alle machen wieder Geräusche, die sich diesmal etwas mehr an die laute Eimertrommel anpassen: Bumm, bumm, bumm – bumm, bumm, bumm. Carla ruft „Stopp", alle werden wieder leise. Jetzt ruft Janis „Looooos!"

Das Spiel „Stopp und Los" kennen die Kinder schon aus einer der letzten Rhythmikstunden, es scheint ihnen Spaß zu machen. Die Dirigentenrolle von Carla und Janis wird zunächst einige Male akzeptiert. Zwei weitere Kinder sind neugierig geworden und machen nach einer kleinen Beobachtungsphase mit (es sind nur noch Ü-Rasseln da). Einige Kinder singen jetzt ausgelassen etwas dazu: „Der Plumpssack geht rum, bumm, bumm, bumm"; andere hopsen mit.

Es dauert nicht lange, bis es die erste kleinere Streiterei darum gibt, wer jetzt „Stopp" und „Los" sagen darf und ob nicht jemand anderes die laute Eimertrommel spielen könnte. Die Erzieherin Heidi tritt heran, beobachtet die ausgelassen und recht laut spielende Gruppe kurz, greift aber nicht ein, sondern lächelt und geht wieder.

1. Warum wird das wilde und lärmintensive Spiel von der Erzieherin nicht unterbunden, obwohl es doch die anderen 10 Kinder im Gruppenraum stören könnte?
2. Notieren Sie alles, was in dieser kurzen Spielphase musikalisch Wertvolles passiert.

Erfahrungen machen: In dieser spontanen Spielgruppe machen die beteiligten Kinder viele Erfahrungen mit dem Musizieren. Dabei ist nicht das hörbare Klangergebnis entscheidend. Im Vordergrund stehen der Prozess des Musizierens und die Erfahrungen, die die Kinder mit sich und ihren Instrumenten machen und wie sie sich in der musikalischen Gruppe zurechtfinden. Das Spielen, Experimentieren und Musizieren mit Instrumenten eröffnet ein Erfahrungsfeld, in dem sich ein Kind in Beziehung zur Gruppe und zu sich selbst erleben kann.

Mindmap: Spiele mit Klängen und Geräuschen

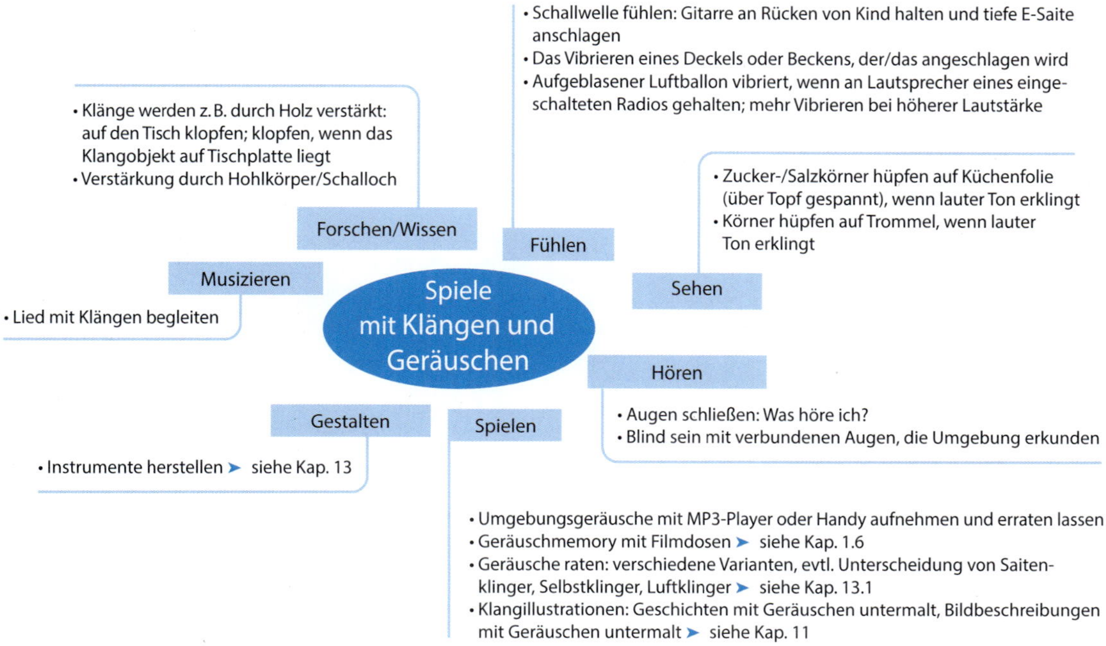

Qualitäten von Tönen und Klängen

Toneigen-schaft	„Instrument"	Klangerzeugung	Weitere Ideen
	Schuhkartongitarre (➤ siehe Kap. 13.2) mit Gummiband	Band straffen: Ton höher	
Lang	Saiteninstrument	Saite anschlagen	
Kurz	PC-Tastatur	Tippen	
Laut	Automotor	Starten, Gas geben	
Leise	Fahrrad	Fährt	
Langsam	Wasserhahn	Tropft	
Schnell			
Anschwellend	Auto, Flugzeug	Beim Beschleunigen	
Abschwellend			
Hell			
Dunkel			
Hoch			
Tief			

Praxis

Auf Spielaktivitäten übertragen

Spielideen	Darum geht's	So geht's	Erfahrung, Lerneffekt
Ein Wimmelbild betrachten und vertonen	Geräusche zu den Figuren machen		Verschiedene Geräusche machen können
Instrumenten-Mikado	Instrumente anhäufen	Instrumente geräuschlos herunternehmen, aufeinanderlegen	Leises Agieren Leise Geräusche erzeugen
Gewitter spielen	Es donnert, es tropft, es regnet, es blitzt	Trampeln, auf Tisch klopfen, mit den Fingern trippeln, auf Tisch kratzen	Laut – leise Langsam – schnell
Radiosender wechseln	Geräusche nachahmen		Nachahmung von Zufallsgeräuschen ist lustig!
Spielzeugautos fahren lassen	Unterscheidung ähnlicher Geräusche	Autos werden nacheinander auf Fahrgeräusche beim Start getestet, sortiert	Genaues Lauschen

Spielideen	Darum geht's	So geht's	Erfahrung, Lerneffekt
Geräusche verschiedener Objekte machen, Zeichen dazu erfinden	Visualisierung von Geräuschqualitäten, Vorübung für grafische Notation (➤ siehe Kap. 12)	Z. B. Teller wird auf den Tisch gestellt, Geräusch mit dickem Stift nachempfunden	Grafische Notationsübung

Situation 2: Geräusche entdecken

Janine hat die Aufgabe, die Kinder ihrer Praktikumsgruppe genau zu beobachten. Die Gruppe besteht aus 15 Elementarkindern im Alter von 3–6 Jahren. Es ist in der Gruppe oft sehr unruhig. Heute Morgen fiel Janine auf, dass beim Malen Leon und Demir, später auch Alexandro, ausgiebig mit den Buntstiften experimentierten.
Sie entdecken den Klang der Holzstifte und spielen mit den Geräuschen, die mit den Buntstiften möglich werden: die Stifte langsam aus der Hand auf den Tisch rollen lassen, einen Mikado-Stiftstrauß fallen lassen, Schlagzeug spielen, gegen den Plastikbecher klopfen. Es entstand fast so etwas wie ein Rhythmus. Janine hat vorher bereits Ähnliches beobachtet und entwickelt nun die Idee, mit dieser Kleingruppe und 2 oder 3 anderen Kindern Musik zu machen.

3. Überlegen Sie, welche einfachen Instrumente Sie mit Ihrer Kindergruppe selbst herstellen könnten. Beispiele: Plastikeimertrommel, Topfdeckel-Becken, Holzlöffel-Klanghölzer, Luftballon-Tröte, Kamm-Mundharmonika, Glasflaschen-Glockenspiel (s. Abb.), Eierschneider-Harfe. Diese Instrumente können fast ohne Vorbereitung benutzt werden.

4. Diskutieren Sie: Welche Vorteile hat es, wenn Kinder ihre Instrumente selbst finden bzw. selbst bauen? ➤ Siehe Instrumentenkunde Seite 152/153.

Beobachten und Angebote machen

> Zu beachten ist, dass die Freude an der musikalischen Entfaltung gemindert wird, wenn Kinder überfordert werden.

Jedes Kind bringt ein natürliches Bedürfnis mit auf die Welt, sich durch Neugierde, Experimentierfreude, Beobachtung und Nachahmung selbst zu entfalten und fortzubilden. Deshalb ist das Kind besonders auf eine anregende Umgebung angewiesen. Gerade im musikalischen Bereich sollte die Fachkraft die Kinder gut beobachten, um ihnen angemessene Angebote zu machen.

Zu bedenken ist bei Vorhaben in altersgemischten heterogenen Gruppen deshalb auch, dass kleinere Kinder bedeutend geringere Konzentrationszeiten haben: Sie benötigen einfachere Betätigungsfelder, die sie niederschwellig verlassen können.

Erste Ideen

- Zusammen mit dem Säugling im Arm klassische Musik hören und ihn nach der Musik wiegen.
- Mit dem Baby auf dem Arm zu rhythmischer Musik tanzen.
- Gemeinsam mit dem Säugling auf dem Arm die Geräuschqualitäten der Gegenstände im Raum erkunden.
- Kinderlieder gemeinsam hören und einüben. ➤ siehe Kap. 5
- Spieluhren mitbringen und den verschiedenen Musiken lauschen.
- Probieren Sie die Vorschläge aus der „**Checkliste** Beobachtung des Hörvermögens" (➤ Kap. 1.4.2) aus.

Praxis

Hör-Spiele mit Säuglingen und Krippenkindern

Säugling sitzt auf dem Schoß oder beim Wickeln:

Text	Aktivität
Groß ist die Sonne, Hell und warm ihr Schein.	Eine große Sonne in die Luft malen
Keiner könnte ohne Sonne sein.	Den Kopf schütteln und mit dem Zeigefinger wackeln
Eine dicke Wolke	Eine dicke Wolke in die Luft malen
hat sie zugedeckt.	Die Hände vor das Gesicht nehmen
Doch schon ruft sie: „Da bin ich! Ich hab mich nur versteckt."	Die Hände schnell vom Gesicht wegnehmen
Himpelchen und Pimpelchen,	Die Fäuste vor dem Körper halten, beide Daumen nach oben strecken
die stiegen auf einen hohen Berg.	Die Daumen nach oben bewegen
Himpelchen war ein Heinzelmann	Mit dem einen Daumen wackeln
und Pimpelchen ein Zwerg.	Mit dem anderen Daumen wackeln
Sie blieben lange dort oben sitzen und wackelten mit ihren Zipfelmützen.	Mit beiden Daumen wackeln
Doch nach vielen, langen Wochen sind sie in den Berg gekrochen.	Die Daumen in die Fäuste stecken
Schlafen dort in guter Ruh. Seid mal still und hört gut zu!	Die Fäuste an ein Ohr legen und horchen
"Ch ch ch ch ch…"	Schnarchen
Kikerikii - Heißa, heißa Hoppsassa, Himpelchen und Pimpelchen sind wieder da!	Die Daumen wieder herausstrecken und tanzen lassen

Beim Trockenlegen inkl. Hörtest:

Aktivität	Reaktion des Säuglings
Rasseln mit einer Babyrassel (rechts, links, über dem Kopf, ganz leise, lauter), schnipsen, vorsichtig klatschen	Dreht der Säugling seinen Kopf in Richtung des Klangs? Ab wann reagiert er?
Ausprobieren verschiedener Kleinkindspielzeuge und Instrumente: Glöckchen, Triangel …	Lächeln, begeistertes Lachen und Quietschen, Ablehnung, Weinen

Klapper-Klopf-Schepper-Rap (Ute Meinig)

[Die Elementarkinder sitzen im Sitzkreis auf dem Teppichfußboden. Jedes Kind hat im Gruppenraum einen zum Musikinstrument umdefinierten Alltagsgegenstand gefunden und vor sich liegen.]

Refrain:

1. Hallo Leute, wir sind heute außer Rand und Band,
denn jeder hat sein eignes Instrument in der Hand.
Jeder spielt, hämmert, pfeift und klopft so laut er kann,
wenn ich die Arme senke, sind die leisen Töne dran.

Ganz laut jetzt noch lauter jetzt superlaut jetzt
Ganz leise jetzt noch leiser jetzt superleise jetzt

Refrain
Und es scheppert und es klappert und quietscht total verrückt,
woll'n mal sehn, ob uns gleich ein guter Rhythmus glückt:
Alle klappern, alle klopfen, volles Chaos hören wir,
Ich glaub, das können wir noch toppen – ich mach's vor und ihr folgt mir.

2. Klingt schon richtig gut, jetzt fehlt 'ne schöne Melodie.
Versucht mal diese, gefällt euch die?
Wir sind die … (z. B. Kochtopfdeckel-Band), außer Rand und Band.
Wir spielen mit Spaß, das habt ihr gleich erkannt. (Refrain)

Dieses Lied ist in der Audio-Sammlung zum Buch.

Rhythmus: Klopf, klopf, klatsch, --- (Pause auf 4)

4 +	1 +	2 +	3 +	4 +	1 +	2 +	3 +	4 +	1 +
---	klopf	klopf	klatsch	---	klopf	klopf	klatsch	---	klopf
Hal-lo	Leu-te	wir sind	heu-te	aus-ser	Rand	und	Band	denn	jeder

Musiker zählen:	Eins und	zwei und	drei und	vier und …
Trommel	**Bumm-bumm**	zwei und	drei und	vier und
Stock	Eins und	**klack und**	drei und	**klack und**
Deckel	Eins und	zwei und	**kling**	vier und

Die Eltern einbeziehen

Es ist aus vielen Gründen sinnvoll und wertvoll, wenn Sie Spielereien mit Babys auch in Gegenwart der Eltern machen. Viele Eltern kommen nicht auf die Idee, z. B. die Trockenlegphase für musikalische Spielereien zu nutzen. Oft haben sie Hemmungen oder auch nicht so vielfältige Ideen, welche Anregungen sie ihrem Baby frühzeitig bieten können. Wenn die Eltern sehen, was Sie alles mit dem Baby anstellen, wie viel Vergnügen Sie beide dabei haben und wie leicht es ist, Ideen abzuwandeln, werden sie es vielleicht auch selbst versuchen. Ein gemütlicher **Elternabend**, bei dem sich Eltern mit ihren Babys zu einem musikalischen Treffen zusammenfinden und Ideen aktiv ausprobieren und austauschen, sollte regelmäßig angeboten werden.

Elternbrief

Liebe Eltern und Angehörige,

am Donnerstag, den 22. Juni 20… bieten wir Ihnen eine Fortbildung zum Thema:

Finger- und Krabbelspiele rund um den Wickeltisch

Janine, unsere Erzieher-Praktikantin, wird Ihnen Anregungen für eine fröhliche und anregende Bereicherung für den Alltag mit Ihren kleinen Kindern näherbringen.

Uhrzeit und Ort: …

Ihr Team von der „Mäusegruppe"

3 Die Stimme

Die menschliche Stimme ist ein „Instrument“ mit vielfältigen Ausdrucksmöglichkeiten: Sie kann besänftigend wirken oder energisch, aggressiv, ausdruckslos, lebendig, unsicher … Ein kurzer Satz, z. B. am Telefon, genügt und man weiß, wie es dem Gesprächspartner am anderen Ende geht.

Muskelspannung, Körperhaltung und Atmung sorgen für den Stimmenklang. Das heißt, je entspannter der Mensch ist, desto klarer und klangvoller ist seine Stimme. Die Erzeugung der Stimme ist ein sehr komplexer Vorgang: Beim Sprechen und Singen sind nicht nur Nasenhöhle, Nasenrachen, Stimmbänder, Kehlkopf und Luftröhre beteiligt, sondern mit dem Zwerchfell und der Rippenmuskulatur insgesamt ca. 100 Muskeln des Körpers, die den Klang der Stimme mitbestimmen. Man kann also von einem „Körperorchester“ sprechen, dessen Zusammenspiel das Instrument „Stimme“ erst ermöglicht.

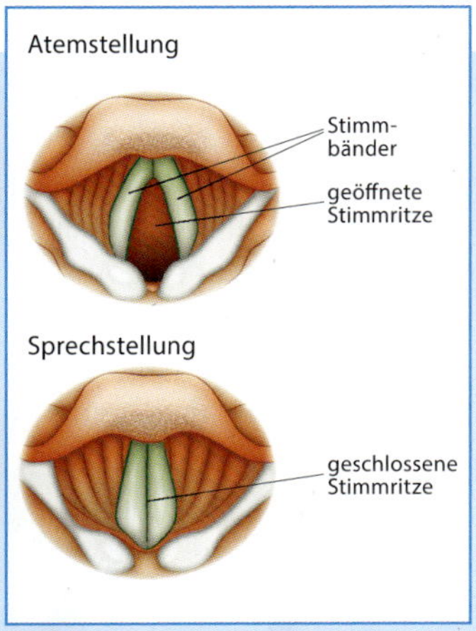

Der Kehlkopf mithilfe eines Spiegels von oben betrachtet

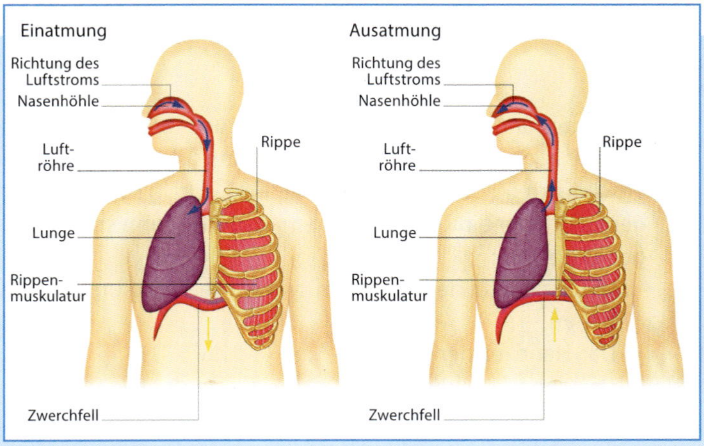

Atemübungen

Drei Dinge sollte man bei Atemübungen beachten:

1. **Die Schultern dürfen nie hochgezogen werden. (Nicht die Schultern, sondern das Zwerchfell soll sich bewegen.)**
2. **Immer mit dem Ausatmen beginnen.**
3. **Niemals den Atemrhythmus beeinflussen.**

3.1 Das Kommunikationsmedium in erziehenden Berufen

Die Arbeit von Sozialassistenten und Erziehern erfordert auch stimmlichen und sprachlichen Einsatz:

- Die Stimme soll angenehm, harmonisch, lebendig und gesund klingen.
- Sie soll gut hörbar sein, auch wenn es laut ist.
- Die Artikulation der Wörter soll richtig, möglichst akzentfrei und somit vorbildhaft sein, da die Kinder sie nachahmen.

Die pädagogische Fachkraft ist Vorbild für Stimme, Sprache und Kommunikation.

Situation: Martina und die Lautstärke

Die Praktikantin Martina führt heute ihr erstes musikalisches Angebot für die Kinder durch, ohne dass ihre Anleiterin eingreift. Auch als es in der Kindergruppe sehr laut ist, mischt diese sich nicht ein. Martina, die die Kinder nicht täglich erlebt, ist auf die hohe Lautstärke nicht vorbereitet.

Folglich versucht sie, durch lautes Sprechen, Rufen und sogar Schreien die Kinder zu erreichen. Dies hilft aber nur bedingt und ist stressig und unerfreulich für alle. Als ihr schließlich einfällt, dass man ja auch gemeinsam singen könne (dies tun die Kinder gern), ist Martina schon etwas heiser. Das Singen hat Erfolg – die Kinder sammeln sich und werden zum Zuhören animiert.

In der Nachbesprechung wird klar, dass Martina Ideen entwickeln soll, wie sie ihre eigene Stimme und die Stimmen der Kinder schonen kann.

Praxis

Methodische Tipps zur Ruhe

Nicht nur für die erwachsene, sondern auch für die kindliche Stimme ist lautes Schreien schädlich, denn es erzeugt Heiserkeit und führt zu einer rauen, unflexiblen Stimme mit eingeschränkten Ausdrucksmöglichkeiten. Deshalb sollte erst Ruhe herrschen, bevor eine Ansage gemacht oder ein Lied begonnen wird. Dies kann spielerisch mit verschiedenen **Ritualen** geübt werden:

- Die Erzieherin hebt den Arm und wartet ruhig und geduldig, bis alle Kinder dies bemerkt haben.
- Das Handzeichen „Schnabel-zu-Kakadu" (➤ siehe Abbildung) kann dabei zur Verdeutlichung genutzt werden.
- Es werden die verschiedenen Signale für Lautstärkenstufe genutzt (vorher einüben). ➤ Siehe Kap. 1.5.1 Lärmsteuerung im Kindergarten
- **Ruhewächter einsetzen:** Ein Kind der Gruppe wird zum „Ruhewächter" ernannt und sorgt nach den bekannten Zeichen für Ruhe.
- Bei kleineren Kindern kann auch ein Gong oder Glöckchen eingesetzt werden.

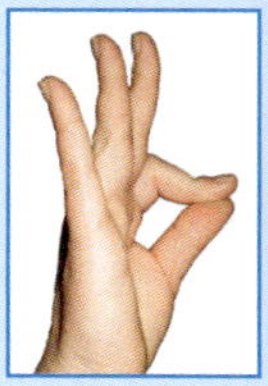

❶ Sammeln Sie weitere Ideen zur Lautstärkenbegrenzung, indem Sie die Fachkräfte in Ihrem Kindergarten befragen. Stellen Sie praktikable und kindgerechte Ideen auf einem Plakat zusammen.

3.1.1 Wissenswertes über die Stimme

Der Stimmumfang (Sprech- und Singstimme) eines Menschen beträgt durchschnittlich etwa 2 Oktaven. Als Mindestumfang geht man von mindestens 20 Halbtönen aus, das entspricht 1,5 Oktaven. (Mohr, 1996)

Stimmumfang von Erwachsenen

Stimmgattung	Umfang (etwa) von – bis	Mittlere Sprechstimmlage
Sopran	g–g''	um h
Mezzosopran	f–f''	um a
Alt	d–d''	um f
Tenor	A–a'	um H
Bariton	G–g'	um A
Bass	D–d'	um F

(Hammer, 2012)

Stimmumfang von Kindern

Alter	Umfang (etwa) von – bis
0–3 Jahre	f'–c''
3–6 Jahre	e'–e'' (teils c'–f'')
6–10 Jahre	c'–f'' (teils a–c''')
10 Jahre bis Mutation	a–a'' (teils f–c'''')

(Nitsche, 1970)

Mutation: Die Stimmveränderung, der Stimmbruch, die Jungen und Mädchen entwickeln, wenn sie in die Pubertät kommen.

Kopfstimme: Sie macht es möglich, dass Erwachsene sehr hoch singen und sich der hohen Kinderstimme anpassen können.

Als Fachkraft sollten Sie versuchen, selbst möglichst hoch mit den Kindern zu singen (Kopfstimme), damit die Kinder sich die eigene Kopfstimme und somit ihr Stimmspektrum erhalten. Wenn Ihnen dies nicht möglich ist, begleiten Sie die Melodie mit einem Instrument (Flöte, Xylofon, Keyboard).

1. Diskutieren Sie folgende Behauptung in der Gruppe: Es ist oft nicht so wichtig, was genau gesagt wird, sondern vielmehr, wie es gesagt wird (z.B. beim Arzt, in der Kirche, auf dem Markt).
2. Überlegen Sie, wessen Stimmenklang Sie gern hören, und überlegen Sie, woran dies liegt.

Einfluss von Gesang auf Körper und Seele:

- Verstärkte, konzentrierte Atmung aus dem Bauch- und Beckenbereich: Diese Atmung bietet auch Luftreserven für längere Gesangspassagen. Kurzes Zwischenatmen und asthmatische Anzeichen werden so vermieden.
- Erweiterung des Brustkorbs: dadurch straffere, aufrechtere und selbstbewusstere Körperhaltung.
- Stimulierung innerer Organe, da durch das Ansingen der unterschiedlichen Tonarten und Vokale verschiedene Klangräume im Körperinneren angesprochen werden.
- Positive Stimmungslage, da Gesang für ein seelisches Gleichgewicht sorgt.

Einfluss des Körpers auf den Gesang:

- Ein gelockerter Körper, entspannte Körpermuskulatur und optimaler Einsatz der Mundmuskeln ergeben eine volle, wohlklingende und selbstbewusste Stimme.
- Wippen, hüpfen, rollen, tanzen, Hüpfballspringen – alles, was den Körper in Schwingung bringt, lockert die Stimme.
- Kinder, die sich gern bewegen, werden mit dem Singen keine Probleme haben.
- Bewegungsarme, spannungsreiche Lebensbedingungen haben negative Auswirkungen auf die Stimme, z.B. wirkt sie stumpf, kratzig, müde, ausdruckslos. Dies erfordert stimmbildende Maßnahmen.
- Tipp: Tragen Sie bequeme Kleidung, die nicht einengt.
- Nehmen Sie vermehrt wahr, was Ihrer Stimme guttut. Entwickeln Sie ein Gefühl für Ihre Stimme. Dies gilt auch für die Ihnen anvertrauten Kinder.

3.1.2 Stimmbildungsübungen

- **Gleittöne, also die Nasallaute** *m, n, g,* lockern die Stimme und fördern das Resonanzempfinden, z. B. durch die Übung „manga mungo mungu mingi mini manni momonono".
- **Lippen- und Zungenlaute** (*b* und *d*) fördern die klare Artikulation: „ba bi bo bu" oder „da di do du".
- **Rachenlaute** (*ch* oder *j*) entwickeln die Stimmkraft: „huch, ach-ja, juju"
- **Vokale und Vokalverbindungen** (*a, e, i, o, u, ä, ö, ü*) sorgen, wenn sie auf einem Ton gesungen werden, für die Lockerung des Unterkiefers.

Nachfolgend eine Auswahl von weiteren Übungen, die ein Lernender für sich allein oder im Gruppenkreis erproben und nutzen kann, um die eigene Stimme zu fördern. Diese Übungen können spielerisch animiert auch mit kleinen Kindern durchgeführt werden, sobald diese sicher gehen können. Praxis

❸ Jeder in der Gruppe übernimmt eine der Stimmbildungsaufgaben. So können Sie das motivierende Vermitteln der Übungen erst einmal unter sich ausprobieren, bevor Sie es (sinnvoll dosiert) in der Kitagruppe anschaulich und spielerisch üben.

Aktivität (im Kreis stehend)	Umsetzung (Lernende und Kinder)	Mögliche Fantasien
Lockern, aufwärmen,	Kreuz und quer Kriegen/ Fangen spielen, um aus der Puste zu kommen.	Aus der Puste kommen für eine aktivierte Atmung, die für das Singen und laute Sprechen notwendig ist Katze und Maus rennen um die Wette, kreuz und quer, niemanden berühren!
dehnen	Recken und strecken in alle Richtungen. Stand auf einem Bein, Kreisbewegungen mit dem anderen Fußgelenk, erst rechts, dann links.	Wie morgens beim Aufstehen, genüsslich und wohlgelaunt wie ein Clown Riesen, Riesenkraken
	Von Zehenspitzen zur Ferse vor und zurück wippen, ausschütteln.	Affe spielen, Hampelmann, Clown
	Fußsohlen gegenläufig abrollen, ganz leicht auf der Stelle hüpfen, mit dem Oberkörper, den Armen und den Knien mitschwingen.	Clown will 100 m-Lauf starten

Aktivität (im Kreis stehend)	Umsetzung (Lernende und Kinder)	Mögliche Fantasien
Fester Stand	Wurzelndes Gefühl unten entwickeln.	Bäumchen im Wind, ausgestreckte Arme sind Äste, Blättern sind Finger.
Harmonisches Körpergefühl	Durch den Raum gehen, trippeln, schreiten, tänzeln. Dehnung im Hüftbereich. Schulterkreisen mit herunterhängenden Armen, Sanftes Kopfnicken: ja, ja, ja. Kopfschütteln: nein, nein, nein. Hin- und herwiegen mit dem Kopf: vielleicht, vielleicht, vielleicht.	Riese (tapsig, ungelenk), Elefant (trottet), Mäuschen (trippelt), feine Dame (bewegt sich übertrieben), Seiltänzerin (balanciert), Herr Wichtig (bedächtig). Bauchtanz (Hände an die Hüfte, links/rechts). Kreiselbewegungen (Kreisel kippt nicht um).
Atmung	Schnupperndes Einatmen von imaginärem, angenehmem Duft, pustend ausatmen. Nach dem Einatmen: Ausatmen, kurz und stoßartig: f, f, f Ausatmen: ph, ph, ph Ausatmen: auf sssssss, sch, sch, sch, tsch, tsch, tsch, ft-ft-ft-ft Bei f, s, sch: Hände auf Bauchdecke zum Erfühlen des Zwerchfells Erfühlen des Einatmens in Nierengegend, Rippengegend, Flankengegend	Zwerchfell dabei verspüren Kaninchen, Hund Leichte Wölkchen, große Wolke, Schlange, Lokomotive Staubwölkchen vor sich her pusten Ihr seid ein Luftballon und blast euch selbst auf, aber …

Aktivität (im Kreis stehend)	Umsetzung (Lernende und Kinder)	Mögliche Fantasien
Gefühl für Töne – angenehme Tonlage hören, üben und körperlich erfühlen	Lippen und Gesichtsmuskulatur lockern und durchpusten, sodass die Lippen flattern, Propellergeräusche machen Gleitton Gleitton mit weichem, fast kitzelndem W, von Mittelton nach unten, dann nach oben, dann schwungvolle W-Salti.	Aufgeblasener, unverschlossener Luftballon bahnt sich seinen unkalkulierbaren Weg durch die Luft zum Boden. Blatt taumelt zu Boden. Feder senkt sich leicht taumelnd zu Boden
Tonübungen und Artikulationsübungen	Mom-mom, mom-mom, mom-mom, mooooom, oowo-wa, wo-wa, woo.	Montag morgens musste Momo Mohnmus essen. Wann waren wir in welchem Wohnwagen? Wo waren Wasserwaagen wohl wertvoller? Ja, wo wohl?
Vokalausgleich – bewusste Aussprache	Alle sprechen zusammen: Aaah Breites „e" Helles „i" Mittleres „o" Dunkles „u"	Aaaah, schön dass Ihr alle da seid. Eeeeh, da feeeeehlt doch jemand. Iiiiih, da kitzelt mich eine Fliiiiiiiiiege an der Nase. Ooooh, es sind doch alle da. Es ist ganz schön duuuuuuunkel draußen. Huhu, winkt euch zuhu (inkl. Geste). Oh j**e**m**i**n**e**, n**a**n**u**. D**rei** Chin**e**sen mit d**e**m K**o**ntr**a**b**a**ss, dre Chenesen met … dro Chonoson mot …
Tonleiterübung	dub dub dub dub 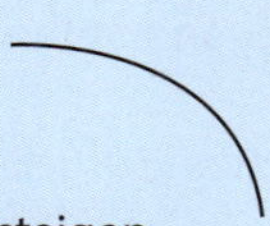 Tonleiter aufsteigen, uuuuuh runterrutschen.	Einen Berg hochstottern mit altersschwachem Automotor, runterfahren Spielplatzrutsche
Tonlinienübung	**Pantomimisch** wird ein Objekt zugeworfen, z. B. Ball, Gummiball, Luft verlierender Luftballon, Papierflieger. Dabei wird jeweils die Flugbahn stimmlich begleitet	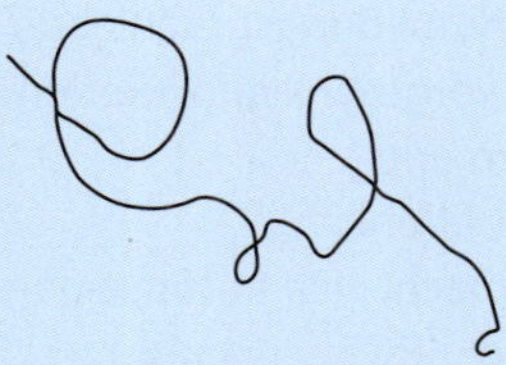 Verrückte Fantasieobjekte

Achtung: Mit dem Aufwärtssingen so wenig Anstrengung wie möglich assoziieren.

Aktivität (im Kreis stehend)	Umsetzung (Lernende und Kinder)	Mögliche Fantasien
Melodieübung	1. Sänger erfindet Fragemelodie 2. Sänger erfindet Antwortmelodie	
Solo und tutti – einer und alle	Einer singt vor, alle anderen singen nach.	Einer: „Hip, hop, hep" Alle: „Hip, hop, hep" Einer: „Sing mit Pepp!" Alle: „Sing mit Pepp!" Einer: „Mach den Mund auf, lass es raus!" Alle: „Dann wackelt gleich das ganze Haus!" Einer: „Komm nur her und sei ganz Ohr!" Alle: „Und sing mit in unserm Chor!"
Laut und leise	Echospiel: Einer singt eine Melodiephrase laut, der nächste singt sie leise nach	

(nach: Friedrich/Galgoczy 2010, 18 ff).

Methodische Tipps zur Stimmpflege

Achten Sie beim Singen mit Kindern darauf, dass die Kinder
- Kleidung tragen, die nicht einengt;
- mit der vollen Fußfläche Bodenkontakt (Beine leicht auseinander) und eine aufrechte, lockere Körperhaltung haben (wie Marionette);
- locker und leicht singen (also nicht „pressen", nicht mit Druck singen);
- nicht schreien, sondern die Mitsingenden und die Gesamtheit der musikalischen Aktivität beachten;
- nicht schleppen, sondern flüssig mitsingen;
- die Atmung der Melodie- und Textphrasierung anpassen;
- den Textinhalt beachten und evtl. mit Bewegung untermalen;
- nicht zu tief singen und
- nicht zu schnell singen (sondern deutlich und ausdrucksvoll).

3.1.3 Stimmbildungsgeschichte

Erfinden Sie eine Stimmbildungsgeschichte, in der alle Lockerungsübungen enthalten sind, die in obiger Tabelle vorgeschlagen werden. Mögliche Szenarien:
- Auf dem Jahrmarkt
- Im Zoo, vorm Affenkäfig
- Clown Egon macht sich fit für seinen Auftritt
- Geisterstunde
- Der Herbst
- Ein Schmetterling entfaltet sich und entdeckt den Frühling
- Jo muss aufstehen
- Kater Carlo geht auf Mäusejagd

Stimmbildungsgeschichte: Kater Carlo erzählt

Alle Katzen der Tigergruppe sitzen im Sitzkreis und erzählen sich gegenseitig den verrücktesten Traum, den sie je geträumt haben. Heute ist Kater Carlo dran. Carlo steht auf, geht in die Mitte des Raums und beginnt:

„Es war einmal ein Kater, der hieß Carlo und der sollte einen spannenden Traum erzählen. Da Carlo aber nie träumte, konnte er auch keinen Traum erzählen … und so ist die Geschichte zu Ende. Hä, hä, hä, miau!" Kater Carlo kichert frech und hüpft zu seinem Platz und stützt mit einer übertriebenen Geste sein Kinn mit der Vordertatze ab. Dabei grinst er selbstzufrieden, als wenn ihm ein ganz besonders toller Witz gelungen sei. Alle Katzen schauen ihn an – fragend, enttäuscht, verwundert, neugierig ….

Erzieherkatze Fräulein Daisy steht auf und sagt fröhlich: „Guck mal, Carlo, alle Katzen hier in der Gruppe und ehrlich gesagt auch ich, alle hier wissen, dass du supertolle und spannende Geschichten erfinden kannst, noch spannender und verrückter als es Träume oft sind. Ring frei, komm in die Mitte und erzähle uns deine supergalaktischste, verrückteste Geschichte."

Carlo denkt einen Moment nach, lacht laut und miaut, setzt sich wieder in die Kreismitte und beginnt: „Also, in meiner Geschichte müssen alle stehen, denn das, was ich erzähle, müsst ihr spielen. *(Alle Katzen stehen auf.)* Auf meinem Planeten ist es ganz eng und nur wenn einmal am Tag der **Gong** erklingt, dürfen alle ganz wild sein, rumtoben, Fangen spielen … bis alle aus der Puste sind. Dann erklingt wieder der **Gong** und alle verwandeln sich in Affentiere … *(Es werden Stimmbildungsübungen weitergesponnen mit der Fantasie, affenartige Tiere zu sein* ➤ *siehe Tabelle Seite 37 ff.)*

3.1.4 Planung eines Angebots: Klangteppich

Jedes Kind der Gruppe überlegt sich ein Geräusch, das es mit der Stimme erzeugen kann, z. B. pieps, sch-sch-sch, schhhhhh, ssssss, t, zzzz. Jeder darf sein Geräusch einmal machen, keins darf doppelt vorhanden sein.

Von einem Stapel Teppichfliesen in unterschiedlichen Farben nimmt sich jedes Kind eine Fliese. Die Teppichfliesen werden zu einem Teppich zusammengelegt. Jedes Kind merkt sich, wo es seine Fliese hingelegt hat. Praxis

Nun darf ein Kind über den bunten Teppich hüpfen. Sobald das Kind eine Teppichfliese betritt, macht jenes Kind, dem die Fliese zugeordnet ist, sein entsprechendes Geräusch. Es entsteht eine Zufallsabfolge von Geräuschen.

Abwandlungen: Immer mehr Geräusche kommen gleichzeitig dazu, bis ein Geräuschteppich entsteht. / Jedes Kind kommt einmal dran. / Instrumente bzw. Tierstimmen werden imitiert. / Die Töne eines Xylofons werden verteilt, sodass eine Melodie entsteht, die nach jedem 8. Ton von den Kindern aus der Erinnerung nachgesungen wird.

3.2 Die Stimme des Säuglings

Ein Säugling ist mit der Mutter ständig im Kontakt. Der menschliche Kontakt über Mimik und Sprache ist für das Baby lebensnotwendig, denn der Kehlkopf des Neugeborenen liegt noch weit oben am Gaumen: Deshalb kann es zwar schlucken und gleichzeitig atmen, aber keine Wortlaute formen. Es kann nur lallen, juchzen oder schreien, um mit der Bezugsperson zu kommunizieren.

Dabei ist das Baby meist mit dem ganzen Körper in Bewegung. Diese Bewegungen sind unwillkürlich, obwohl sie mit den Lauten in engem Zusammenhang stehen. Um mit dem Baby in Kontakt zu treten, machen Erwachsene diese sogenannten **Lautgebärden** zumeist nach. Dies hat positive Auswirkungen auf die Entwicklung des Kleinkinds, da unsere normale Sprechsprache zu wenig melodiös und zu arm an Gestik und Mimik ist, um die Stimm- und Sprachentwicklung des Babys vielfältig genug zu unterstützen.

Im Alter von ca. 16 Monaten ist der Kehlkopf nach unten gewandert, sodass das Kleinkind mit der Artikulation von Worten beginnt. Trotzdem spielt das Lallen noch bis zum Alter von ca. 4 Jahren für Kleinkinder eine Rolle.

Das Juchzen von Säuglingen (absteigende Gleittöne von sehr hoch nach tief) ist Ausdruck größter Lebenslust und Freude.
Das Schreien eines Säuglings ist eine hochkomplexe Kommunikationsform, die Atmung, Muskulatur und den Kieferbereich stärkt. Wichtiger ist jedoch, dass die Bezugsperson unterscheiden kann, welcher Art das Schreien ist:

- Ich bin hungrig!
- Ich bin müde!
- Ich will nicht!
- Ich habe Schmerzen, mir geht es nicht gut!
- Mir ist langweilig, kümmere dich um mich!

(nach: Cramer 1995)

Haben Sie Ihre Mutter als Kleinkind auch Mama, Mami, Mutti gerufen? Ihre erste stimmlich-musikalische Leistung bestand darin, dieses Wort so unterschiedlich zu nutzen, dass verschiedene Wirkungen erzielt wurden:

Maa-ma (Betonung auf der ersten Silbe lang, hoch; zweite Silbe lang, tiefer – klingt rufend)
Ma--ma (gleiche Tonhöhe für alles, Pause zwischen beiden Silben – klingt vorwurfsvoll)
Mam-ma (erste Silbe betont und hoch; in tiefe zweite Silbe gleiten – bittend, bettelnd)

❶ Probieren Sie weitere Varianten hinsichtlich Betonung, Klanglänge, Tonhöhe des Wortes „Mama" aus und beschreiben Sie Wirkung und Bedeutung.

❷ „Oh, ist der süß!", ruft Annalena begeistert und strahlt den 3-monatigen Timo an. Timo dreht sein Köpfchen direkt zu ihr und lacht sie an. Annalena: „Dad, dad, dad!" Überlegen Sie Situationen, in denen Sie mit einem Säugling in Kontakt traten. Notieren Sie, wie sich die Kommunikation zwischen Ihnen und dem Baby abspielte.

Entwicklungsverlauf der Stimme

Vor der Geburt/Fötus

Der Fötus kann im letzten Drittel der Schwangerschaft bereits hören. Musik und Sprache sind gedämpft, aber deutlich wahrnehmbar.

Vertraute Klänge wie ein Lied, das die Mutter während der Schwangerschaft gesungen hat, werden übrigens nach der Geburt gegenüber einem neuen Lied bevorzugt, Gleiches gilt für die vertraute Muttersprache.

Nach der Geburt/Säugling

Der Säugling kann schon 2–4 Tage nach der Geburt unterscheiden, ob

- gesprochene Wörter von einem Mann oder einer Frau gesprochen werden,
- ein Gedicht von der Mutter oder einer fremden Frau vorgetragen wird,
- die Reihenfolge von Silben verändert wurde (bi-ba / ba-bi),
- Töne hoch oder tief sind,
- eine Melodie langsam oder schnell ist.

(nach: Bruhn u. a., 2008)

Um dies nachzuweisen, beobachteten Wissenschaftler das Verhalten von Säuglingen. Bei akustischer Anregung (Signal, Tonabfolge), konnten sie aus Reaktionen wie Augenblinzeln, Änderung der Saugrate und Atem-/Herzfrequenz oder EEG-Ausschlägen schließen, dass das Versuchsbaby sie wahrgenommen hat.
In der Welt außerhalb des Mutterleibs hört das Neugeborene zum ersten Mal seine eigene Stimme und spürt die Vibrationen. Es kann das Hören, die Lautbildung und die Bewegung von Geburt an koordinieren. Jetzt ist es in der Lage, sich auch stimmlich auszudrücken und zu kommunizieren. Die Lautbildung ermöglicht ihm nun, Empfindungen und das Wahrnehmen innerer Zustände wie Hunger, Schmerz, Angst und Lust zu signalisieren. Die Stimme, das Schreien und die Mimik sind zuerst die einzigen Ausdrucksmittel des Säuglings. Findet und erlernt er andere Ausdrucksmittel, reduziert sich das Schreien normalerweise.

Nach der Geburt ist der Säugling für seine stimmlichen, sprachlich-kommunikativen und musikalischen Entwicklungsfortschritte bestens vorbereitet.

Ammensprache

Wenn Eltern, Hebammen oder Bezugspersonen mit dem Säugling Kontakt aufnehmen, indem sie mit ihm sprechen, Geräusche machen, Melodien singen, ist allen gemein:

- Sie nutzen eine musikalische Art zu sprechen.
- Die Grundstimme ist erhöht.
- Das Sprechtempo ist langsam.
- Die Sätze sind kurz.
- Es gibt mehrmalige Wiederholungen.
- Bestimmte Töne oder Wörter werden übertrieben betont.

Diese Sprache nennt man Ammensprache, da sie besonders auf die Bedürfnisse des Kleinkinds abgestimmt ist. Das Baby verfolgt diese Kommunikationsversuche mit großem, aktivem Interesse: Die melodiöse Art des Sprechens mit aufsteigender Sprechmelodie weckt automatisch seine Aufmerksamkeit und es nimmt Unterschiede wahr:

» *Der Säugling kann bereits am Klang der Sprechmelodie sowohl in einer bekannten als auch in einer unbekannten Sprache Zustimmung oder Ablehnung erkennen.* «

(Bruhn 2008, 133)

3.3 Spiele mit der Stimme

flüstern wispern plappern pfeifen schreien
blöken piepsen brüllen murmeln kichern
brüllen jubilieren heulen jammern schimpfen
zischeln krähen raunen jodeln

1. Sammeln und notieren Sie in einer Kleingruppe noch mehr Stimmgeräusche, als die oben gezeigten.
2. Probieren Sie die Stimmgeräusche aus. Sortieren Sie nach Lautstärkequalität.
3. Unterstreichen Sie jene Stimmaktivitäten, die das Erklingen einer Gesangsmelodie möglich machen.

Säuglinge

Wenn Sie mit dem Baby sprechen oder akustische Spiele spielen, empfindet es dies als sehr anregend. Nutzen Sie einige Stimmbildungsübungen (➤ siehe Kap. 3.1.2), um mit dem Säugling spielerisch zu kommunizieren. Zur Beruhigung können Sie eine kleine gesummte Melodie nutzen (➤ siehe auch Kap. 5.8, Das Wiegenlied).

Kleinkinder

Hand- und Fingerspiele sind für ältere Kleinkinder interessant und förderlich, selbst wenn sie nicht alles begrifflich verstehen. Telefonspiele fördern das Hören und Sprechen: Ein ausrangiertes Telefon (oder ein mit der Hand simulierter Hörer) genügen schon, um eine kreative Interaktion zwischen Kleinkind und Erwachsenem oder von Kind zu Kind zu ermöglichen.

Elementarkinder

Lassen Sie mit Kindern in Ihrer Elementarkindergruppe eine kleine Gesangsmelodie auf ganz unterschiedliche Art und Weise erklingen: mit Pfeifen, Zischen, Wispern o. Ä.

4 Singen

Singe immer wieder (Kanon) (Ute Meinig)

Singe immer wieder deine Lieblingslieder.

Singe aus dem Bauch und voller Lust!

Singen hilft gegen Frust.

Dieses Lied ist in der Audio-Sammlung zum Buch.

Singen kann jeder – singen tut gut

Singen ist eine ursprüngliche und intensive Möglichkeit, auf musikalische Art und Weise Gefühle zu äußern. Wer „aus voller Brust" singt, empfindet dies oft als sehr befreiend. Diese Möglichkeit, sich selbst auszudrücken, sollte sich niemand nehmen lassen! Schrecken Sie auch nicht davor zurück, wenn Sie als Anfänger nicht jeden Ton treffen, denn dies ist eine Übungssache: „Singe, so lernst du singen" (Volksmund).

1. Singen Sie erst ganz einfache Lieder, die Ihnen gefallen – beim Autofahren, zu Hause oder dort, wo sich niemand daran stört.
2. Singen Sie mit anderen mit, immer wenn sich die Gelegenheit bietet: etwas leiser, damit Sie durch die Mitsänger gestützt werden, aber gleichzeitig Ihren eigenen Gesang hören können.
3. Treten Sie einem Chor bei.
4. Einige bewährte Übungen, die Ihre Stimmbildungsorgane (Stimmbänder, Zwerchfell, Atmung, Gesamtkörper als „Resonanzkörper") lockern und aktivieren, finden Sie im ➤ Kap. 3.1.2 Stimmbildungsübungen.

Atmung, Stimme, Haltung, Emotion und Geist stehen in Wechselbeziehung zueinander und beeinflussen sich. Auch die Persönlichkeit wird durch Singen gestärkt.

Wissenswertes über das Singen

- Wenn gesungen wird, ist die Energie der Singenden vielfältig und positiv miteinander verbunden.
- Das Singen macht Spaß und hinterlässt ein positives Gefühl, eine positive Erinnerung.
- Aktives Musizieren spricht alle Bereiche des Gehirns an.
- Das Singen lähmt das Angstzentrum im Gehirn (Ergebnis aus aktueller neurologischer Forschung). Marina erinnert sich: „Wenn ich mich als Kind allein und verlassen gefühlt habe oder Angst hatte, habe ich eine Melodie gesummt und es ging mir besser."

» *Musik wirkt sich belohnend aus, sie aktiviert das Belohnungssystem im Gehirn. Musik deaktiviert gleichzeitig das System, das uns Angst macht.* «

(Neurobiologe Prof. Manfred Spitzer, 2004)

Situation: Marina traut sich nicht

Die sozialpädagogische Praktikantin Marina berichtet: „Neulich saßen wir im Morgenkreis in der Kita. Wir sangen die 2 Lieder, die wir immer singen: ‚Hallo, schön dass du da bist' und ‚Hallo, macht mal alle mit'. Ich versuche auch immer mitzusingen, aber eigentlich kann ich gar nicht richtig singen. Ich treffe die Töne nicht sauber. Deshalb singe ich nur ganz leise mit oder tue so, als ob.

In dieser Situation äußerte Marlon, der an dem Tag seinen 5. Geburtstag feierte, den Wunsch, dass ich ihm ein Lied vorsinge. Ich erwiderte, dass ich überhaupt nicht singen könne. Meine Anleiterin Frau Krüger meinte daraufhin: ‚Das gilt nicht – jeder Mensch kann singen!' Ich antwortete, dass meine gesungenen Töne aber manchmal sehr schief klängen. Das fand Marlon besonders spannend: ‚Au ja, au ja!' Alle warteten. Ich bekam einen roten Kopf. Wie früher in der Schule! Es half nichts, ich musste da durch.

Da hatte ich eine Idee: Ich bat die Kinder, mir beim Refrain vom Lied ‚Wie schön, dass du geboren bist' zu helfen, damit dieser auf jeden Fall stimmig klänge. Wir starteten also mit dem Refrain gemeinsam und ich sang dann die erste Strophe allein. Es klang wohl nicht allzu schief, denn keiner guckte komisch, im Gegenteil: Ich bekam einen dicken Applaus. Das tat mir sehr gut. Hätte ich nicht gedacht!

Wenn ich ehrlich bin, würde ich gern mehr und richtig singen können, denn ich sehe, mit welcher Begeisterung die Kinder dabei sind."

1 Tauschen Sie sich darüber aus, ob Sie ähnliche Situationen kennen. Überlegen Sie gemeinsam, was man tun kann, um den Kindern in der Kita ein Lied richtig vorsingen zu können.

4.1 Singen üben

Das Aneignen von Liedern lohnt sich – und mit zunehmender Routine wird es immer leichter. Geübte haben es vergleichsweise leicht, sich Kinderlieder so anzueignen, dass sie einen überzeugenden musikalischen Auftritt in der Praxis mit Kindern erleben. Für (noch) Ungeübte gibt es mehrere Methoden der Aneignung:

Einfache Lieder singen und variieren

Fangen Sie mit ganz einfachen Liedern oder Melodien an. Suchen Sie ein Kinderlied aus, das Sie sich am ehesten zutrauen. Sie können das Lied in seiner Originalversion singen. Sie können es aber auch je nach Situation textlich so abwandeln, dass es in die aktuelle Thematik der Gruppe passt. Beispiel: das Lied „Bruder Jakob", dessen Melodie jeder kennt.

Bruder Jakob (Kanon aus Frankreich)

Bruder Jakob! Bruder Jakob!

Schläfst du noch? Schläfst du noch?

Hörst du nicht die Glocken? Hörst du nicht die Glocken?

Ding, dang, dong. Ding, dang, dong.

Variation: Vor und während des Tischdeckens mit den Kindern können Sie zur selben Melodie Folgendes singen.

Gleich gibt's Mittag! Gleich gibt's Mittag!

Riecht schon gut, riecht schon gut.

Jetzt ist Schluss mit Spielen, jetzt ist Schluss mit Spielen.

Kommt zu Tisch! Kommt zu Tisch!

Putz die Zähne! Putz die Zähne!

Von Rot nach Weiß, von Rot nach Weiß.

Beiß nicht in die Bürste, beiß nicht in die Bürste!

Lass den Sch… lass den Sch.

➤ Siehe auch Seite 65

1 Singende Unterhaltung. Üben Sie eine Unterhaltung in Singform in Zweier- oder Dreiergruppen. Singen Sie mit selbst erfundener Melodie Ihre Mitschülerin an: „Hallo Mari-na, willst du mit uns singen?" Marina antwortet mit eigener Melodie: „Ja-ha, aber nu-hur wenn Jo-sie mitsin-gen da-harf." Sie nehmen Marina bei der Hand und singen Josi an: „Lie-hiebe Josi, wir wollen, dass du mit-singst…"

Lernen vom Tonträger

Jede Kindertageseinrichtung besitzt ein Kontingent an Kindermusik-Tonträgern und im Internet gibt es zahlreiche Anbieter, die einfache, bewährte und traditionelle Kinderlieder zum Anhören anbieten (z.B. www.labbe.de/Liederbaum). Suchen Sie sich einen einfachen Song mit leichtem Text aus, den Sie vielleicht aus Ihrer eigenen Kindheit kennen. Hören Sie ihn zwei- oder dreimal an und singen Sie dann mit. Zuerst etwas leiser, damit Sie Original und eigene Stimme gleichzeitig hören. Nach einigen Wiederholungen versuchen Sie, das Lied selbst zu singen.

Tipp: Unter www.kitalieder.de können sich Kitas kostenlos die Noten sowie MP3s mit Begleitmusik zu 40 GEMA-freien Kinderliedern herunterladen, zum Ausdrucken, an die Kinder verteilen und gemeinsamen Singen.

Lernen mithilfe von Instrumenten

Ein Xylofon, Glockenspiel oder Keyboard kann helfen, die Melodie eines notengedruckten Liedes zu entschlüsseln und hörbar zu machen. Hierzu sind allerdings erste Notenkenntnisse notwendig, die im ➤ Kap. 12 Notenkunde vermittelt werden.

Methodische Tipps

- Die Melodie auf einem Instrument nachspielen: Spielen Sie immer nur einen kleinen Abschnitt nach (z.B. die Noten von einer Textzeile). Diese Textzeile mehrmals wiederholen. Üben Sie die nächste Textzeile ein. Fügen Sie so Stück für Stück das ganze Lied zusammen. Bald erkennen Sie die Melodie.
- Bei geringen Notenkenntnissen und Keyboard: Es hilft, wenn Sie erst die Notennamen unter die Notenlinien schreiben. Dann markieren Sie die C-Dur-Tonleiter auf den Keyboardtasten und spielen die Noten so nach. Beachten Sie die Vorzeichen: # bedeutet ½ Ton höher, b bedeutet ½ Ton tiefer ➤ siehe Kap 12 Notenkunde.
- Die Melodieführung ist bereits klar: Nehmen Sie den Sprechrhythmus des Textes zu Hilfe. Zusammen mit den Notenwerten können Sie so den Rhythmus der Melodie herausfinden.

Sich helfen lassen

Sich von Anleiterinnen und Fachkräften in der Kita Hilfe zu holen, wenn es mit dem Gesang nicht so richtig klappt, ist naheliegend. Man kann sich aber auch von den Kindern helfen lassen. In jeder Elementargruppe gibt es Kinder, die schon erstaunlich gut singen können und sogar über ein beachtliches Repertoire verfügen. Zugleich sind diese Lieder auch für die übrigen Kinder in der Gruppe interessant.

Aufnahmegeräte zu Hilfe nehmen

Wenn Sie sich das Lied erschlossen haben und es gut genug singen können, kann es trotzdem passieren, dass Ihnen die Melodie nicht einfällt, wenn Sie sie gerade für Ihr Angebot brauchen („Vorführeffekt“). Dagegen können Sie sich absichern, indem Sie das Lied auf ein Aufnahmegerät aufsummen oder aufsingen. Das kann ein Mobiltelefon oder ein MP3-Player sein, auch eine Digitalkamera mit Videofunktion ist möglich. So können Sie kurz noch einmal in Ihre Aufzeichnung reinhören.

Im Kanon singen

Spezielle Kinderlieder können im Kanon/mehrstimmig gesungen werden (und klingen sehr schön). Ein Kanon besteht aus mehreren gleichzeitig erklingenden Stimmen, welche nacheinander einsetzen und das Lied/die Strophe jeweils vollständig (aber versetzt) singen. Dies gelingt aber meist erst bei musikalisch gut eingewöhnten Kindern, die unabhängig von der vorsingenden Fachkraft Melodien singen können. ➤ Siehe Kanons, Kap. 5.4.3.

Situation 1: Negin überbrückt die Wartezeit

Die angehende Sozialassistentin Negin erlebt eine Situation im Kindergarten, die sie als ungewohnt und schwierig empfindet:

Die Gruppe (12 Kinder zwischen 3 und 5 Jahren) wollte einen Ausflug in einen Wald außerhalb des Stadtgeländes machen. Dafür hatten sie den Kindergartenbus reserviert. Wegen eines technischen Problems konnte dieser nicht pünktlich kommen, sodass die Kinder bereits angekleidet 20 Minuten warten mussten. Praktikantin Negin sollte diese Zeit mit den Kindern draußen auf dem Spielhof überbrücken, da sich ihre Anleiterin um einen Ersatztransport kümmerte. Am liebsten hätte die junge Frau die Kinder zum Buddeln in die Sandkiste geschickt, aber das kam nicht infrage, weil die Kinder sich „eingesandet“ hätten und kein Spielzeug vor Ort war.

Negin versammelte also die Gruppe im Stehkreis und beriet, was man ohne Aufwand spielen könne, um startbereit zu bleiben. Die Kinder machten Vorschläge: Verstecken spielen, eine Geschichte vorlesen, ein Spiel spielen, ein Lied singen …

Sie einigten sich darauf, ein **Spiellied** zu singen, da sie schon im Stehkreis standen: „1, 2, 3 im Sauseschritt“ fiel Negin spontan ein. Es ist ein Lied, das die Kinder gern spielen und dessen Text sie auch selbst gut beherrscht. Nach dem sechsten Durchgang wurde es allerdings etwas langweilig und nicht mehr alle Kinder sangen mit.

Nun hatte Negin die Idee, mit den Kindern das Lied „Die Maus auf Weltreise“ zu singen: Im Stehkreis durfte ein Kind die Weltraummaus sein und mittig im Kreis gehen, während das Lied gesungen wurde. Bei Liedende blieb die „Maus“ vor einem Kind stehen, welches als Nächstes diese Rolle übernahm. Vorher musste es allerdings verraten, was ins Köfferchen hinein sollte. Es wurde immer lustiger, je verrückter die Ideen wurden. Schnell war die Wartezeit überbrückt und endlich ein Ersatzbus da.

Die Maus auf Weltraumreise (Abwandlung) (Text: U. Meinig; Musik: V. Rosin)

(Diese Abwandlung wird gesungen zur Melodie des Originals „Die Maus auf Weltraumreise" von Volker Rosin.)

Ich sehe eine Gruppe stehn, die will in den Harburger Wald gehn.

Sie packt den Rucksack, das muss sein, und tut dort tolle Dinge rein:

Ein Schnupfentuch, -tuch, -tuch, ist nicht genug, -nug, -nug.

Und Erste-Hilfe-Tasche, das ist die neuste Masche.

Ersatz-T-Shirt, Shirt, Shirt, falls einer friert, friert, friert …

[weiter mit eigenen Ideen/Reimen]

Situation 2: Ben beruhigt

Ben ist noch nicht sehr lange Praktikant in der Kita. Zurzeit darf er sich alles ansehen und in den verschiedenen Gruppen hospitieren. Seit 4 Tagen hospitiert er in der Krabbelgruppe. Die Gruppenleiterin ist gerade mit einem 11-monatigen Kleinkind beschäftigt, das frisch eingewöhnt wurde; morgens in der Bringphase, beim Abschied von den Eltern, gibt es oft noch Tränen. Manche Kinder lassen sich von dem Weinen anstecken – und in dieser Situation weinten auf einmal 4 Kleinkinder gleichzeitig.

Bens erster Versuch, den kleinen Leonid zu trösten, mit dem er schon etwas Kontakt geknüpft hatte, schlägt fehl. Leonid weint nur noch lauter und wendet sich von ihm ab. Da Ben viel und gern singt, summt er eine kleine beruhigende Melodie. Dies klappt perfekt, denn Leonid guckt den jungen Mann neugierig an und hört auf zu weinen. Als Ben etwas mutiger singt, wippt Leonid sogar mit, und als Ben dazu in die Hände klatscht, klatscht der Kleine erfreut mit.

2. Legen Sie eine Tabelle an und sammeln Sie aus allen Fallbeispielen die Aspekte heraus, die Argumente für das Singen liefern. Ergänzen Sie diese mit eigenen Argumenten.

4.2 Entwicklung des frühkindlichen Singens

Aus dem **Lallen des Säuglings** wird in den ersten Lebensjahren der **Singsang des Kleinkindes**, der mit Lauten und Worten der Erwachsenen angereichert wird. Parallel dazu wird das musikalische Verhalten des Kindes (auch bereits im Mutterleib) von seinem kulturellen Umfeld geprägt.

In fester Abfolge entwickelt sich die frühkindliche Wahrnehmung, die für das Erfinden und das Singen von Liedern notwendig ist:

1. Stufe: Das Kleinkind erkennt Stimmen und Instrumente wieder.
2. Stufe: Es erkennt einfache Melodieformen und ahmt sie nach.

3. Stufe: Es kann Tonschritte und Tonsprünge nachahmen.
4. Stufe: Der Grundton und die Grundtonart können beibehalten werden.
5. Stufe: Das „absolute/relative Gehör" ist ausgebildet.

➤ Siehe auch Kap. 5.2 Musikalische Entwicklung von Kindern

Absolutes Gehör hat derjenige, der die Tonhöhe eines Tons genau bestimmen kann, ohne einen Bezugston zu Hilfe zu nehmen. Die meisten Menschen im europäischen Kulturkreis haben ein relatives Gehör, sie benötigen einen Bezugston, um die Tonhöhe zu bestimmen.

Es wird behauptet, dass Kinder mit *absolutem Gehör* zur Welt kommen. Im Lauf der ersten Lebensjahre wird es scheinbar ersetzt durch das *relative Gehör*, was Verallgemeinerungen im Alltag besser zulässt. Das ist der Grund, warum einem Kind das gleiche Lied auf anderer Tonhöhe unter Umständen als ein anderes Lied erscheint. *(Quelle: www.audiva.de)*

Praxis

Checkliste: Beobachtungsbogen Kinder singen

Das Kind ______ [inkl. Alter, Gruppe, Beobachtungsdatum, Zweck der Beobachtung, z. B. für Elterngespräch, Entwicklungsbrief für das Kind, Begründung für Angebot]	
hat offensichtliche Freude beim Singen	✓
zeigt Unsicherheit beim Singen	
mag nicht allein vorsingen	
mag nicht allein singen, wenn andere zuhören	
singt gern, besonders wenn andere zuhören	
singt oft vor sich hin	
singt oft vor anderen	
singt gern mit, wenn andere singen	
singt gern mit, wenn ein bekanntes Musikstück erklingt	
singt gern mit, wenn ein unbekanntes Stück erklingt	
kann sich Lieder und Liedertexte gut merken	
kann seine Lieblingssänger gut imitieren	
hat besonders Spaß, zusammen mit anderen zu singen	
hört beim gemeinsamen Singen, was und wie die anderen singen	
kann Kanon singen	
kann eine zweite Stimme singen	

1. Beobachten Sie die Kinder Ihrer Praktikumsgruppe und notieren Sie mit obiger Checkliste, was die Kinder schon gut können. Unterstreichen Sie 3 musikalische Kompetenzen, an die Sie mit einem musikalischen Angebot anknüpfen möchten.

2. Vergegenwärtigen Sie sich, was Sie selbst gesanglich schon leisten können. Erstellen Sie eine Checkliste wie auf Seite 52 und notieren Sie, was Sie sich für die nächste Zeit vornehmen.

Checkliste: **Ich möchte (Singen) …**

Ich möchte …	
Melodien und Lieder mit Erziehern zusammen nachsingen	✓
Melodien und Lieder in der Gruppen singen	
Melodien und Lieder aus Radio, Filmen, Tonträgern und Medien mitsingen	
Liedfragmente (z. B. Refrain) mitsingen	
einfache Melodien richtig mitsingen	
komplizierte Melodieverläufe richtig mitsingen	
größere Tonsprünge richtig mitsingen	
Melodien und Lieder in unterschiedlichen Tonlagen richtig mitsingen	
Melodien und Lieder nur in der bekannten Tonlage richtig mitsingen (absolutes Gehör)	
Melodien und Lieder beim Spielen/im Alltag spontan singen	
Melodieverlauf in der Luft nachzeichnen	
Texte aus Liedern verstehen	
ganze Lieder mit vollständigem Text singen	
Texte rhythmisch sprechen und singen	
Texte für eigene Melodien erfinden, improvisieren	

Mindmap: **Singen**

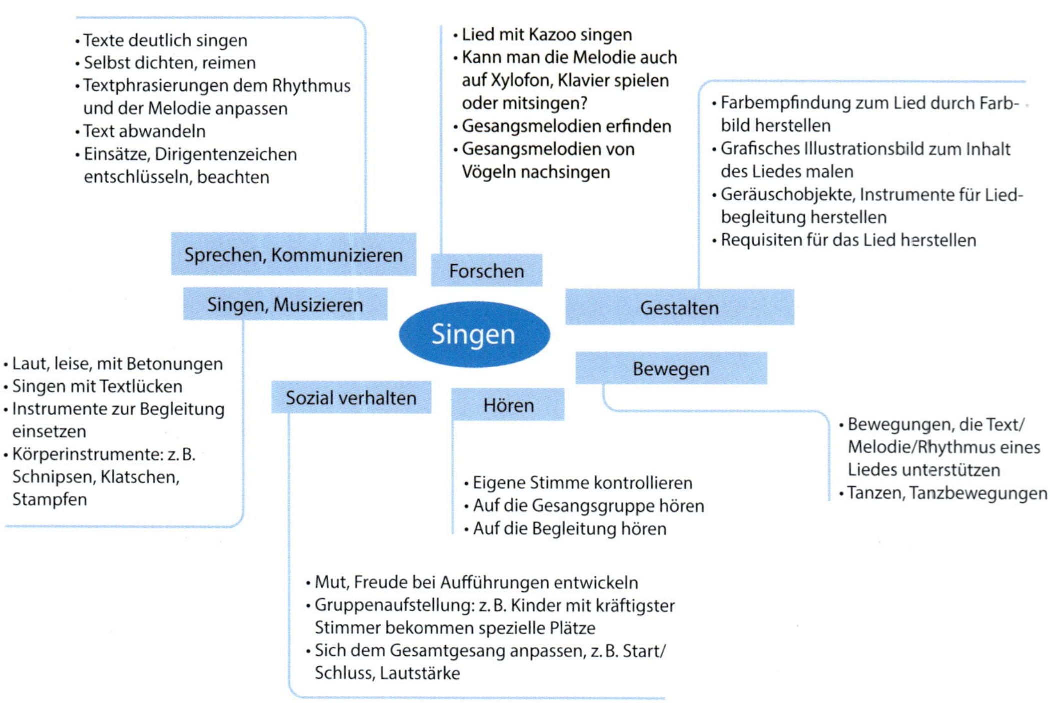

5 Das Kinderlied

SOS Kinderalarm (MfG) (Sybille Ruisinger)

(nach der Melodie des Lieds „MFG" der Fantastischen Vier, mit Kindern gesungen)

Baby Born, Annabelle, Schaukelpferd
Barbie-Haus, Wohnmobil, Ritterschwert
Bauernhof, Zauberstab, Schmusetuch
Puppen-Eck, kuck allein, Bilderbuch
Playstation, City-Roller, Bobby-Car
Gameboy, Mario, Superstar
Skateboard, Keyboard, Yu-Gi-Oh
Glaubt ihr echt, alles das
macht Kinder froh?

RTL, MTV und ABC
CD-ROMs, Sims Deluxe und DVD
Hot Wheels, Diddle-Maus, Monstertruck
Risiko, Piratenschiff und Big Mac
Media-Markt, Currywurst und E-Gitarre
Ballerspiel, Doppel-Whopper, Plastik-Knarre
Internet, ICQ, hab ich schon!
Außerdem alle Sets von Pokemon!

REFRAIN:

SOS, wir schlagen Alarm!
Wir haben schon zu viel von dem ganzen Kram!
Und welches Spiel zeigt uns, wie das echte Leben geht,
um was es sich im wahren Leben dreht?

1. Diskutieren Sie in der Großgruppe: Was zeichnet die Spielsachen von heute aus? Was möchte obiger Text über den Kinderalltag von heute sagen?

2. Wo liegen heute die Aufgaben von Kindertageseinrichtungen als Ergänzung zum Elternhaus? Welche Rolle könnte da das gemeinsame Singen von Kinderliedern spielen?

Eltern und engste Verwandte von Kleinkindern singen heutzutage weniger als früher mit dem Nachwuchs. Gründe können sein:

- In der eigenen Kindheit und Schulzeit wurde ihr Liederfundus zu wenig ausgebildet.
- Sie wissen zu wenig über die Wichtigkeit des aktiven Singens in der Kindheit.
- Neue Medien und Tonträger haben diese wichtigen Kommunikationsformen verdrängt.

Daher kommt den Fachkräften in den Kindertagesstätten diese Aufgabe in besonderem Maße zu: Sie sind diejenigen, die die musikalischen Ausdrucksfähigkeiten der Kinder entfalten müssen. Der Kindergarten ist gefordert!

Singen von Kinderliedern: Es stellt den Mittelpunkt kindlichen Musizierens dar und ist vielschichtiger und interessanter, als man angesichts der vorwiegend einfachen Melodien und Texte vermuten könnte.

» *Gute Kinderlieder sind kein Kinderkram, sie sind in dieser Zeit einer rasant dahinschwindenden Kindheit Wurfanker in eine Zukunft, die aus Kindern selbstbewusste und mitfühlende Jugendliche werden lässt und eines nicht allzu fernen Tages sensible und verantwortungsvolle Eltern.* «

Rolf Zuckowski, Liedermacher

» *Singen, Musik und Kunst für Kinder ist für mich immer noch der anspruchsvollste Aspekt meiner Tätigkeit. Wer für Kinder etwas machen will, muss allen etwas bringen, denn das Kindesalter geht von 0–100. Das bedeutet, dass ein Kinderprogramm alle ansprechen und ganz verschiedene Ebenen beinhalten muss.* «

Linard Bardill, Liedermacher

❸ Überlegen Sie sich Situationen, in denen das Vorsingen von Kinderliedern sinnvoll, notwendig und emotional förderlich ist (mit Altersangabe).

5.1 Arten von Kinderliedern

Das, was für Erwachsene „Folksongs“, „Volkslieder“, „Singer-Songwriter-Produkte“ oder einfach nur Lieder sind, sammelt sich für Kinder in dem Oberbegriff „Kinderlieder“:

1. Eine erste Form des Kinderliedes ist das (meist spontan) von Kindern erfundene Lied, das einen Ausdruck ihres Empfindens darstellt und oft Elemente bekannter Lieder enthält. Aus dem Lallen des Säuglings wird in den ersten Lebensjahren der Singsang des Kleinkindes, der mit Lauten und Worten der Erwachsenenwelt angereichert wird.
2. Das Kinderlied ist auch ein von Erwachsenen für Kinder getextetes und komponiertes, meist eingängiges Lied. Mehrere gereimte Strophen bilden eine logische Einheit. Diese Lieder werden zumeist von Erwachsenen für Kinder gesungen und nicht selbstverständlich

➤ Siehe www.kitalieder.de oder www.labbe.de

von den Kindern selbst. Sie werden konsumiert, entweder bei Konzerten oder von einem Tonträger. In diese Gruppe fällt auch das traditionelle Kinderlied, das Kindern die Lebenswelt näherbringt oder einfach Spaß machen soll. Bekannte Beispiele sind „Die fleißigen Handwerker" oder „Drei Chinesen mit dem Kontrabass".

3. Die dritte Form ist das Kinderlied, das mit Kindern zusammen entstanden ist, mit Kindern gesungen wird und z. T. auch von Kindern mitgestaltet wird.

Achtung: Viele Kinderliedproduktionen, die erfolgreich sind und von ihrem Humor und musikalischem Gestus die erwachsenen Käufer ansprechen, bedürfen der kritischen und professionellen Überprüfung der Fachkraft: Eignen sie sich für Kinder und deren aktive Ausdrucksbedürfnisse?

Die Liederfundusmappe – ein wichtiger Begleiter

Praxis

Diese Liederfundusmappe ist eine von Ihnen selbst angelegte Mappe mit Kinderliedern und anderen passenden Musikstücken, die ständig erweitert werden soll. Die Mappe wird Ihnen in der Ausbildung und für die praktische Arbeit in der Kindertagesstätte äußerst nützlich sein.

Eine Liederfundusmappe

1. Legen Sie eine Mappe an, in der Sie Ihren aktuellen Liederfundus sammeln. Ein Inhaltsverzeichnis mit Seitenangabe ist hilfreich. Überlegen Sie, wonach Sie sortieren, wahlweise nach Altersgruppe, nach Liedart, alphabetisch oder thematisch sortiert. ➤ Siehe auch Kap. 5.5 Ein Grundrepertoire von Kinderliedern.

2. Ergänzen Sie folgende Tabelle mit den Liedarten aus dem obigen Wortfeld. Notieren Sie je einen passenden Titel aus Ihrem Liederfundus als Beispiellied für die Altersgruppen.

Liedart	Krippenkinder 0–3 Jahre	Elementarkinder 3–6 Jahre
Traditionelle Lieder	Hänschen klein, Der Kuckuck und der Esel, Alle meine Entchen	Hejo, spann den Wagen an
Kniereiter	Hoppe hoppe Reiter	
Fingerspiel	Hast 'nen Taler	Der Vorhang geht auf, der Kasper kommt raus
Geschichtenlieder	Klein Häschen wollt spazieren gehen	Der Frosch zog Hemd und Hose an, Cowboy Jim, Anne Kaffeekanne, Dornröschen
Quatsch- und Scherzlieder	Aramsamsam	Drei Chinesen mit dem Kontrabass, Meine Tante aus Marokko
Kinderlieder aus anderen Kulturen	Row row row your boat	Head, shoulders, knees and toes; If you're happy and you know it. Tschetschekule (Ghana)
...		

➤ Siehe Kap. 15 Musik aus weniger bekannten Welten

5.2 Musikalische Entwicklung von Kindern

Alter	Der Säugling/Das Kind …	Beispiele
Vor der Geburt; Mitte 4. Schwangerschaftsmonat	• Das Ungeborene hört musikalische Klänge	• bei bestimmter klassischer Musik bekommt das Ungeborene glattere Gesichtszüge, entspannt • es hört bereits Lieder, welche die Mutter ihm vorsingt, entspannt sich noch mehr
Nach der Geburt: 1 Jahr	• hört Mutterstimme, Lieder, Musik • spielt mit der Stimme und lautiert, probiert Laute, Silben, Tonfolgen aus • führt Lall- und Brabbelmonologe (= Vorübung fürs Sprechen) • ahmt Vorgesprochenes und Gesungenes rudimentär (grob) nach • probiert spielerisch Ausdrucksmöglichkeiten von Singen und Sprechen aus	• Musik, die das Ungeborene hörte, wird wiedererkannt und beruhigt • Spieluhrmelodie erfreut den Säugling, beruhigt, hilft beim Einschlafen • oft ist schon Sprechmelodie oder Rhythmus erkennbar • freie Melodien werden erfunden, abgewandelt, verfeinert (= kreativer Ausdruck für Gefühle, Erfahrungen, Eindrücke) • Rufterz (Hallo; Mama)
2 Jahre	• reagiert auf Kinderlieder und Musik aktiv	• bewegt sich mit ganzem Körper • Kopfnicken, Kniewippen, Tanzbewegungen • singt Töne und Melodien nach (z. T. originalgetreu)
3 Jahre	• singt Lieder nach	• wiederholt Melodien und Lieder immer wieder • achtet auf Rhythmus • achtet auf Intonation • kann dazu in die Hände klatschen
4 Jahre	• spielt bewusst mit Liedern, Liedfragmenten (auch aus der Erwachsenenwelt)	• hält beim Wahrnehmen von Musik bewusst inne, kann der Musik lauschen • singt spontan • Melodien, Liedfragmente werden ins Spiel/Rollenspiel integriert
5 Jahre	• nimmt verschiedene Elemente von Musik und Liedern wahr	• kann einfache Melodien und Texte erfinden • kann den Takt richtig schlagen • kann bei Anleitung mit anderen Kindern musizieren (nach Orff)
6 Jahre	• kann bewusst mit Musik und Liedern aktiv sein	• verfügt über großen Liederfundus • kann Liedgesang und Bewegungen mit ganzem Körper koordinieren

Rufterz: Mama oder Namen wie Anne sind in der Regel die ersten Wörter, die Babys sprechen können, und klingen meist in der sogenannten Rufterz, dem Abwärtssprung von einem zum übernächsten Ton, auch Kuckucksterz genannt.

5.3 Bedeutung von Kinderliedern im Kindergartenalltag

Lieder und Gesang verbindet fast jeder mit positiven Erfahrungen aus früher Kindheit: Denn diese Lieder wurden meist von Eltern, Verwandten, Erzieherinnen oder anderen emotional nahestehenden Personen gesungen. Es war egal, ob die Töne stimmten oder die Melodie originalgetreu klang – wichtig waren die Begeisterung für das Singen, die geschenkte Aufmerksamkeit und das gemeinsame Tun von etwas Schönem. Mittlerweile ist auch wissenschaftlich erwiesen, dass aktives Singen positive Gefühle schafft und das Angstzentrum im Gehirn deaktiviert ➤ siehe Kap. 4 Singen.

Durch das bloße Abspielen von **Kinderliedern auf Tonträgern** wird dagegen leider nur sehr wenig dieser Emotionalität des Singens und seiner übrigen positiven Aspekte erfahrbar.

Kinderlieder haben folgende Funktionen:

- Beim Selbstsingen: Genuss und Freude für das Kind, vor allem durch das gemeinsame Singen mit dem Erwachsenen oder anderen Kindern
- Gemeinschaftserlebnis beim Singen und Musizieren
- Kulturelle Begegnungen mit Liedgut der jeweiligen Zeit und dem unserer Vorfahren
- Rituale leben: traditionelle Feste wie Weihnachten und Ostern, Jahreszeiten, Familienfeiern, Geburtstage
- Strukturierung des Tagesablaufs: Morgenkreis, Zähneputzen, Essen, Schlafen
- Konzentration und Gedächtnisleistung durch Lernen und Erinnern von Melodien, Texten, Abläufen

- Vermittlung von musikalischen und textlichen Inhalten, Geschichten, Wissen
- Zusammenspiel mit anderen Kindern, auch durch Bewegungen, darstellendes Spiel, Einsatz von Körperinstrumenten/Musikinstrumenten
- Herstellen von emotionaler Balance für den Einzelnen und die Gruppe (z.B. bei Konflikten)
- Erlernen der Sprache (eventuell auch der Sprache eines Gastlands)
- Öffnen für unterschiedliche kulturelle Melodien, Rhythmen und Hintergründe
- Erfinden und Improvisieren von eigenen Liedern bzw. Abwandlungen

❶ Ergänzen Sie die folgende Tabelle und finden Sie zu jedem Aspekt ein Lied aus Ihrem eigenen Liederfundus (➤ siehe Seite 55) oder aus Liederbüchern bzw. Internet.

❷ Heften Sie die Tabelle in Ihrer Liederfundusmappe ab.

Aspekt	Liedbeispiele	Begründung
Freude, Spaß	Entchenrock Meine Tante aus Marokko	fröhlich, humorvoll, hoher Bekanntheitsgrad
Teilhabe an Kultur	Vogelhochzeit (traditionelle Version oder von Rolf Zuckowski)	Heiraten, Kinder kriegen
Rituale: Weihnachten	Weihnachtsbäckerei (Zuckowski)	Fröhliches Backen
Rituale: Morgenkreis	Hallo, macht alle mit!	Lockerung
...		

5.4 Zugang zu Kinderliedern

Sensibilisierungsübung: Erinnerungen

a) An welches Kinderlied, welche Melodie können Sie sich spontan erinnern? Woran könnte das liegen?
b) Welche Kinderlieder fanden Sie als Kind (Altersangabe) besonders schön, welche haben Sie besonders ergriffen?
c) Von welchem Kinderlied mochten Sie die Melodie besonders gern? Woran könnte dies gelegen haben?
d) Von welchem Kinderlied mochten Sie den Text besonders gern? Kennen Sie ihn noch auswendig? Warum mochten Sie gerade diesen Text so?
e) Hat das Kinderlied aus Ihrer Sicht eine Bedeutung für Ihr späteres Interesse oder Desinteresse an Musik?

❶ Diskutieren Sie die Punkte a) bis e) in einer Dreiergruppe und kommen Sie für jeden Punkt zu einer Gesamtantwort. Stellen Sie sie in der Großgruppe vor.

❷ Prüfen Sie, welche Kompetenzen Sie selbst zum Singen von Liedern mitbringen. Unterstreichen Sie auf einer Kopie folgender Checkliste alle auf Sie zutreffenden Kompetenzen. Sie werden wahrscheinlich feststellen, dass schon ganz viel da ist.

Checkliste: Musikalische Fähigkeiten

Mein Gesang *(Zutreffendes unterstreichen)*
Ich empfinde Freude beim **Singen**. Ich singe gern, besonders wenn andere zuhören. Ich singe viel vor mich hin. Ich singe viel vor anderen. Ich singe gern mit, wenn andere singen. Ich singe gern mit, wenn ich ein Musikstück höre, das ich kenne. Ich singe gern mit, auch wenn ich das Stück noch nicht kenne.
Ich kann **Lieder und Melodien** nachsingen. Ich kann Lieder und Melodien in der Gemeinschaft singen. Ich kann Lieder und Melodien aus Radio/Film, von Tonträgern mitsingen. Ich kann Liedfragmente (z.B. den Refrain) mitsingen. Ich kann ganze Lieder mit vollständigem Text singen. Ich kann einfache Melodien richtig mitsingen. Ich kann komplizierte Melodieverläufe richtig mitsingen. Ich kann größere Tonsprünge richtig mitsingen. Ich kann Melodien und Lieder in unterschiedlichen Tonlagen richtig mitsingen. Ich kann Melodien und Lieder nur in der bekannten Tonlage richtig mitsingen.
Ich kann **Texte** für eigene Melodien erfinden, improvisieren und abwandeln. Ich kann Texte rhythmisch sprechen, wiedergeben, singen. Ich kann Liedertexte gut lernen, sprechen und singen.
Ich kann meine Lieblingssänger gut imitieren. Mir macht es besonders viel Spaß, mit anderen gemeinsam zu singen. Ich kann Melodien und Lieder beim Spielen mit den Kindern/im Alltag spontan singen. Ich höre beim gemeinsamen Singen, was und wie die anderen singen. Ich kann im Kanon singen. Ich kann eine zweite Stimme singen. Ich kann den Melodieverlauf in der Luft nachzeichnen.
Meine Stimme ist: kräftig / mutig / leise / schüchtern / schreiend. Ich habe das Gefühl, dass ich mit Druck singe. Ich atme zwischendurch. Ich atme am Ende einer musikalischen Phrase.

(nach: Hintze/Hoedtke 2007)

❸ Nun schreiben Sie aus der Checkliste heraus, was auf Sie nicht zutrifft und wo Sie sich in nächster Zeit weiterentwickeln möchten. ➤ Siehe auch Kap. 4 Singen.

5.4.1 Qualitätskriterien für Kinderlieder

Praxis

Checkliste: Die Qualität von Kinderliedern vom Tonträger

Kinderlieder vom Tonträger

LIED: ______________________________

Kann ich mir die Melodie gut merken?

1. TÖNE, Gesang
Ist die vortragende Stimme anregend, deutlich hörbar und leicht verständlich? Lausche ich ihr gern?
Entspricht der Gesang der Tonlage der Kinder?
Musik:
Kann ich das Lied auch ohne Instrumentierung nachsingen?
Arrangement:
Wird Eintönigkeit vermieden, indem z. B. Wiederholungen verändert werden, eine „Bridge" eingebaut oder die eigene Stimme verdoppelt wird?
Ist das Lied überfrachtet?
Kann man einzelne Instrumente heraushören?
Sind die Instrumente „echt" oder elektronisch erzeugt?
Interpretation:
Was sagt das Lied aus?
Welches Gefühl, welche Stimmung vermittelt es beim Zuhören?
Gelingt es, Kinder und Eltern zum Zuhören und Genießen zu bewegen?

2. WÖRTER
Text:
Ist der Text poetisch, humorvoll?
Wirkt der Text anregend, vielleicht sogar herausfordernd?
Ist der Text unterhaltsam?
Wird der Text in einer bildreichen Sprache formuliert?
Ist die Sprache gefühlvoll?
Ist die Sprache differenziert und abwechslungsreich?
Besteht eine nachvollziehbare Verbindung zwischen Text und Musik?
Reim:
Sind die Reime passend und einfallsreich?
Inhalt:
Ist der Inhalt verständlich?
Erschließt sich der Inhalt beim ersten Hören?
Braucht es ein Nachdenken, ein Tiefergehen?
Gibt es im Lied eine Botschaft? Kommt diese an?

3. FORMEN
Aufbau des Liedes:
Folgt jeder Strophe ein Refrain oder werden gewohnte Muster verlassen?
Stil, Gattung:
Werden Klischees verwendet, die vermieden werden könnten?
Ist das Lied „Mainstream" oder Neues, Ungewohntes?
Hat das Lied wegen des Ausdrucks, der Stimme, der musikalischen Raffinesse o. a. einen hohen Wiedererkennungswert?

4. ABSICHT
Lieder zum Zuhören:
Wird eine gute Geschichte erzählt?
Hat die Erzählung einen Spannungsbogen?
Entstehen Bilder, die in den Köpfen der Kinder lebendig werden?
Wird das Lied aus der Sicht eines Kindes oder eines Erwachsenen erzählt?
Wird diese Rolle glaubhaft transportiert?
Bietet es auch Ruhe zum Hinhören oder ist es überfüllt?
Wird der pädagogische Zeigefinger erhoben oder wird Wertvolles humorvoll vermittelt?
Lieder zum Bewegen:
Ist die Bewegungsidee stimmig und umsetzbar?
Lädt das Lied tatsächlich zum Bewegen ein oder wird nur brav nachgemacht, was vorgemacht wird?
Regen die Strophen zum Finden neuer Bewegungen an?
Ist die Spielidee die Grundlage des Liedes?
Lieder zum Mitsingen:
Entspricht der Gesang der Tonlage der Kinder?
Ist die Melodie schlüssig und nachsingbar?
Macht das Lied Lust zum Mitsingen?
Wie ist der Text, der mitgesungen werden soll?
Ist das Lied ein Unterhaltungslied und gelingt es, für gute Unterhaltung zu sorgen?
Was wird durch das Mitsingen bezweckt?

5. ZIELGRUPPE
Für welche Zielgruppe passt das Lied?
Säugling / Kleinkind / Elementarkind / Vorschulkind / Schulkind
Nehme ich durch das Lied meine Zielgruppe ernst?
Entspricht die Geschwindigkeit des Liedes der Zielgruppe?
Entspringt der Inhalt der Lebenswelt der Zielgruppe oder wird den Kindern etwas übergestülpt?

» *Einen allgemeinen Kriterienkatalog zu formulieren, der Qualitäten beschreibt, die ein Kinderlied zu einem richtig guten Kinderlied machen, ist eine nicht so einfache Sache. [...] Kinder besitzen keine Einteilung in gute und schlechte Musik, sie absorbieren ihre Umwelt, sind abhängig von uns Erwachsenen und vor allem: Kinder imitieren uns. Daher tragen wir Kinderliedermacher eine große Verantwortung, der wir uns auch bewusst sein sollten:*

Kinder sind keine kleinen Erwachsenen. Wir wollen sie demnach so behandeln, wie es ihrem Alter entspricht, um so ihre Kinderwelt und ihre Gefühlswelt zu erhalten. Viel zu schnell werden Kinder groß, stehen unter Leistungsdruck, müssen schneller, besser und schlauer sein.

Es ist unsere Pflicht, sie altersgemäß zu begleiten und nicht schon 3-Jährige zu ‚coolen Kids' zu erziehen. Denn wo sonst sollte noch Platz sein für wahre Kindermusik, wenn die Welt des Kindergartenkindes schon mit der Klangwelt und der Geschwindigkeit der Erwachsenen vollgestopft ist? «

(Kinderliedermachertreffen Kiel)

Oft ist das Einfache das Berührende, auch im Kinderlied. Schlichtheit, Poesie, Humor und Emotionalität erreichen uns alle.

❹ Ist ein Kinderlied wertvoll, auch wenn es im Studio von Profis produziert wurde? Dazu hilft es, sich die Unterschiede zu verdeutlichen. Tragen Sie in Gruppenarbeit zusammen, welche Unterschiede zwischen einem Kinderlied bestehen, das den Kindern von Ihnen selbst („live") vorgesungen oder von einem Tonträger (indirekt) vorgespielt wird.

Selbst vorgesungen	Vom Tonträger vorgespielt
Blickkontakt zu Kindern, sie fühlen sich direkt und persönlich angesprochen ...	Kein direkter Blickkontakt, macht das Lied unverbindlicher für Kinder ...

Methodische **Tipps zum Einsatz von Tonträgern**

- Musik vom Tonträger sollte ausschließlich bewusst eingesetzt werden (zur Unterhaltung oder Entspannung). Als ständige Geräuschkulisse im Hintergrund würde sie schnell nicht mehr bewusst wahrgenommen! Kinder würden hierdurch lernen, nicht mehr genau zuzuhören ➤ siehe Kap. 1.5.
- Gezielt eingesetzt, eignen sich Lieder vom Tonträger zum „Ohrenöffnen" und zu anregenden Hörerlebnissen, die lustvolle Sing- und Tanzaktivitäten auslösen können.
- Der emotionale und intellektuelle Entwicklungsstand der Kinder muss bei der Auswahl beachtet werden.
- Die Musik vom Tonträger sollte die Sinne anregen.
- Form und Inhalt sind gleichermaßen wichtig. Gute Musik gekoppelt mit schlechten Texten richtet mehr Schaden an, als dass sie für die Kinder förderlich ist.
- Lieder von Tonträgern sollten also durch interessante musikalische Arrangements und anregende Themen die Fantasie anregen. Ein Aspekt ist z.B. die sorgfältige Zusammenstellung von Instrumenten, die erkennbar und passend zum Text arrangiert sind.

- Bieten Sie unterschiedliche Arten von Gesang an, auch Klassik oder Jazz, Folklore aus diversen Nationen, Lieder vom Mittelalter bis heute. Dies entwickelt Offenheit für die Vielfalt des Gesangs in unterschiedlichen Musikrichtungen.
- Beobachten Sie, ob ein Kind aus sich heraus und aus Freude am eigenen Gesang singt oder ob es immer nur durch Medien/Tonträger stimuliert singt. Dies sagt etwas über die Abhängigkeit von Medien und fertigen Musikprodukten aus.
- Hilfreich als Impulsgeber sind Fachzeitschriften, die gezielt Anregungen zum Musizieren mit Kindern geben, oft mit Begleit-CD (z. B. Verlage Fidula, Schott).

5.4.2 Kinderlieder und Altersstufen

Säuglinge und Krippenkinder
Nutzen Sie in der Krippe jede Gelegenheit, um **Einschlaf- und Wiegenlieder, Wickelspiele oder Kniereiter** einzubringen. Krippenkinder sind ein dankbares Publikum, das sich meist neugierig und begeistert beteiligt. (**Kniereiter** sind kleine Melodien mit rhythmischen Texten, die meist auf der „1" des Grundrhythmus basieren.)

Widmen Sie dem Säugling Ihre ungeteilte Aufmerksamkeit durch Blickkontakt. Signalisiert das Baby, dass es müde ist oder dass es gerade keinen Spaß am Singen und Spielen hat, gehen Sie darauf ein

Singen und spielen Sie dem Kind öfter die gleichen Lieder und Fingerspiele vor. Es bekommt so die Möglichkeit, diese wiederzuerkennen, zu behalten und nachzuahmen.

Singen Sie Einschlaf- und Wiegenlieder langsam und leise. Unterstützen Sie Ihren Gesang durch leichtes Schaukeln oder Wiegen im Rhythmus des Liedes. Durch solche Bewegungen erleben die Kinder den Sprachrhythmus mit dem ganzen Körper, was das Erlernen des Sprechens begünstigt.

Beispiel Schlaflied: „Schlaf, Kindchen, schlaf", „La le lu"

Beispiel Wickellied: Das „Lied vom kleinen Hampelmann", bei dem die Arme und Beine verschiedenartig zum Text bewegt werden.

Kleinkinder
Da die Verbindung von Bewegung, Rhythmus und Melodie gerade kleinen Kindern viel Spaß bereitet und für ihre kognitive und motorische Entwicklung besonders wichtig ist, sollten **Kniereiter** wie „Hoppe hoppe Reiter" oder „So fahren die Damen" und **Fingerspiele** durchgeführt werden, wann immer sich dazu Gelegenheit bietet. Sobald die Kinder motorisch dazu in der Lage sind, können **Bewegungs-, Kreis- und Tanzspiellieder** ausprobiert werden. Diese regen nicht nur den Gesang und grobmotorische Bewegungsabläufe an wie Hüpfen, Laufen, Drehen. Sie fördern durch Textinhalte und Bewegungsabläufe auch gleichzeitig die Fantasie, die Konzentration sowie die Raum- und Richtungsorientierung.

Beispiele: Tanzbär (hüpft von einem aufs andere Bein), Frosch (springt aus der Hocke)

> ! Passen Sie bei Bedarf das Lied an den Entwicklungsstand der Kinder an.

Elementarkinder

Kinder von 3–6 Jahren sind leicht für Tanz-, Reihen- und Spiellieder zu begeistern. Sie sind zunehmend selbstständig und bereit, Lieder aktiv und kreativ mitzugestalten.

5 Ergänzen Sie Ihre Liederfundusmappe (Seite 55), indem Sie darin markieren,
a) um welche Liedart es sich jeweils handelt,
b) ob das Lied leicht oder schwer ist,
c) ob Sie es selbst gut genug beherrschen.

6 Probieren Sie in der Kindergartenpraxis ein Lied aus und notieren Sie Ihre Erlebnisse hiermit.

Situation: Annes erstes Lied mit Kindern

Endlich ist es soweit: Anne hat von ihrer Lehrerin die Aufgabe erhalten, im Kindergarten das erste Lied anzubieten. Bis jetzt hat sie die Kinder, die in ihrer Gruppe sehr altersgemischt sind, nur beobachtet und Notizen gemacht. In der Berufsfachschule lernte sie eine Menge alter und neuer Kinderlieder kennen.

Nun „riskiert" sie das erste Mal, mit den Kindern einen Ohrwurm zu singen, da die Gruppe etwas länger auf das Mittagessen warten muss. Es handelt sich um das Lied „Alle-meine-Entchen-Rock", angelehnt an den Queen-Song „We will rock you", s. Seite 64 und 91. Die Kinder im Alter von 1,5 bis 6 Jahren haben sichtlich Freude an dem Text, den Anne ganz schnell der Situation anpasst:

> [unterstützt mit klopf-klopf-klatsch, klopf-klopf-klatsch; zuerst einüben und „automatisieren", dann Folgendes singen]
> „Wir haben Riesenhunger, Hunger"

Während die ganz Kleinen unkoordiniert auf den Tisch klopfen, sind die 3-Jährigen schon in der Lage, den Grundgroove zu klatschen. Dann stimmt Anne den Refrain an – und fast alle hören auf zu klatschen. Anne muss dreimal starten, bis die Kinder nicht mit dem Begleitklatschen aufhören, während sie singt. Erst jetzt merkt sie, dass sie selbst auch mit dem Klopf-klatschen aufhört.

Nach dem fünften Durchgang wird Anne der Text zu langweilig und sie wandelt ihn ab, indem sie die letzte Zeile umdichtet:

> „Gleich müssen wir Kekse essen gehen!"

Da kommen die Kinder aber nicht mit. Die Elementarkinder fangen an zu reden, die Kleinen klinken sich ebenfalls aus, ein Durcheinander entsteht. Anna ist sichtlich irritiert. Zum Glück ist das Essen jetzt da.

In einer Wartesituation sind Lieder wie „Singe immer wieder", „Entchenrock", „Sonne" oder „Spuren im Sand" zum eben mal Singen gut geeignet ➤ siehe Seite 182, Audio-Sammlung zum Buch.

Alle-meine-Entchen-Rock **(Text: U. Meinig)**

(nach der Melodie von „We will rock you“ von Queen)

Rhythmus: Klopf-klopf-klatsch, klopf-klopf-klatsch.

Klopf-klopf-klatsch, klopf-klopf-klatsch.

Refrain: Wir haben Riesenhunger! Hunger!

Wir haben Riesenhunger! Hunger!

1. Strophe: Jonas, Suses Mägen sind total leer,
sie knurren richtig laut und mehr als sehr. *[Alle knurren.]*

2. Strophe: Wo bleibt denn nur das Essen? Hat jemand es gesehn?
Das riecht doch hier schon richtig gut und schön! *[Alle schnuppern mit erhobener Nase, machen evtl. eine Geste oder Bewegung.]*

7 Geben Sie Anne ein Feedback. Beachten Sie dabei die Altersstruktur ihrer Gruppe.

5.4.3 Im Kanon singen

Ein Kanon besteht aus mehreren gleichzeitig erklingenden Stimmen, welche nacheinander einsetzen und das Lied/die Strophe jeweils vollständig (aber versetzt) singen. Viele Lieder klingen mehrstimmig gesungen besonders schön, ein Kanon wird kaum langweilig. Das Kanon-Singen gelingt aber erst bei musikalisch gut eingewöhnten Kindern, die unabhängig von der vorsingenden Fachkraft selbst Melodien singen können.

5.5 Ein Grundrepertoire von Kinderliedern

Das Singen von Liedern und das Musizieren erfordern ein flexibel einsetzbares Grundrepertoire von allen möglichen Arten von Kinderliedern, Textinhalten, Bewegungsimpulsen, Ideen für Abwechslung, Abwandlung und Vertiefung.

Selbst spontanes Singen setzt voraus, dass die erzieherische Fachkraft gut vorbereitet ist für solche Situationen. Es ist deshalb sinnvoll,

- ein paar fröhliche, aufmunternde Lieder und
- ein paar beruhigende Lieder

zu kennen, die flexibel und situativ einsetzbar sind, die jederzeit gut beherrscht werden und bereits von der Pädagogin „erarbeitet“ wurden ➤ siehe Mindmaps Seite 66 sowie ➤ Seite 182, Audio-Sammlung mit vier neuen Kinderliedern.

Bruder Jakob (Kanon)

Bruder Jakob! Bruder Jakob!

Schläfst du noch? Schläfst du noch?

Hörst du nicht die Glocken, hörst du nicht die Glocken?

Ding dang dong. Ding dang dong.

[**Kanon:** Die Kinder singen das Lied erst mehrmals gemeinsam. Danach kann man den Kanon zweistimmig versuchen: Die zweite Gruppe setzt ein, wenn die erste Gruppe mit Zeile 3 beginnt. Am Ende des Liedes wird wieder von vorne begonnen. Wenn 2 Stimmen gut klingen, kann auch dreistimmig gesungen werden, sogar eine vierte Gruppe dazukommen.

Dieses Beispiel ist in der Audio-Sammlung zum Buch.

Die Mehrstimmigkeit des Kanons kann man auch so herstellen: Die Gruppe wird für „Bruder Jakob" in 4 Teile geteilt, jede Gruppe bekommt nur eine Zeile zum Singen, die sie immer wiederholt. Alle 4 Zeilen gleichzeitig von den Gruppen gesungen, ergibt ein vierstimmiges Gesamtergebnis und ist für kleine Kinder leichter zu bewerkstelligen.]

ENGLISCH
Are you sleeping, are you sleeping,
Brother John, Brother John?
Morning bells are ringing, morning bells are ringing.
Ding dang dong. Ding dang dong.

FRANZÖSISCH
Frère Jacques, frère Jacques,
dormez-vous, dormez-vous?
Sonnez les matines, sonnez les matines.
Ding din don. Ding din don.

ITALIENISCH
Fra Martino, campanaro!
Dormi tu, dormi tu?
Suona le campane, Suona le campane!
Din don dan. Din don dan.

HOLLÄNDISCH
Vader Jacob, Vader Jacob!
Slaapt gij nog, slaapt gij nog?
Alle klokken luiden, alle klokken luiden.
Bim bam bom. Bim bam bom.

➤ Siehe Kap. 4.1 für Textvariationen dieses Liedes

Mindmap: Liederfundus

Liederfundus (Empfehlungen)

Krippe
- Necklieder, Koselieder
- Tröstelieder
- 3–4 Kniereiter
- 3–4 Fingerspiele
- 3–4 Lieder beim Trockenlegen, die den Körper zum Thema haben (Kopf, Schulter, Knie)
- „Meine Augen sind verbunden“

Elementarbereich
- Geschichtenlieder: Frosch und Maus, Vogelhochzeit
- Stimmungslieder: Meine Tante aus Marokko, Die Affen rasen durch den Wald, Alle-meine-Entchen-Rock
- Lieder, die von den Kindern mitgestaltet werden können
- Kreislieder mit Bewegungsanreizen/zum Toben, z. B. Tiere nachahmen

Weihnachts- und Osterlieder

Rituale Morgenkreis
- 3–4 Kreislieder
- 2 Begrüßungslieder
- In Kontakt treten, z. B. Wer hat die Kekse aus der Dose geklaut, 1, 2, 3 im Sauseschritt

Geburtstagslieder
- 2–3 Lieder, z. B. Wie schön, dass du geboren bist, „Ich schenke dir einen Regenbogen"

Hilfsmittel für das Singen
- Rhythmen für Rap-Songs
- CD-Aufnahmen
- Begleitungen (z. B. vom Keyboard) aufnehmen

Mindmap: Methodisches Grundrepertoire Kinderlieder
(Kann ergänzt werden)

Methodisches Grundrepertoire Kinderlieder

Psychologisches & Methodisches
- Selbst das Lied gut beherrschen
- Ziele setzen
- Interessante Hinführungen/Abschlüsse
- Vom Langsamen zum Schnellen
- Vom Einfachen zum Schweren
- In Teilschritten vorgehen
- Niemanden zum Singen/Vorsingen zwingen!
- Kinder beobachten, einbeziehen!
- Erst mit dem Singen starten, wenn alle ruhig sind (evtl. einzählen, dirigieren)

Grundrepertoire immer parat haben
- 3–4 Fingerspiele
- 3–4 Kniereiter
- 3–4 Zungenbrecher
- 3–4 Kreislieder
- 2 Kettenlieder
- Versch. traditionelle Lieder

Liedbegleitung
- Evtl. Karaokeversionen, Playbacks nutzen
- Selbst einfache Begleitung (Body-Percussion, Rassel, Trommel), um Takt zu halten
- 1–2 Gitarrenakkorde, Xylofon-, Basslinie
- Evtl. Rhythmuspattern nutzen (Rhythmus-CD mitlaufen lassen)

Sprechen, Kommunizieren
- Fachbegriffe aneignen: Strophe (A), Refrain (B), Brücke (C), Wiederholungszeichen, Dynamik (laut, leise etc.)
- Liedtexte auf Verständlichkeit überprüfen (Fremdwörter erläutern, auswechseln)
- Über die Texte sprechen
- Musik/Lieder als Einstiege oder Abschlüsse oder Rituale nutzen, z. B. beim Kochen, Gestalten, Forschen, Spielen, Bewegen
- Texte im Liedrhythmus oder in der Liedphrasierung sprechen lassen (Rap)

Vielfältigen Liederfundus
- Aneignen und immer wieder ergänzen!

Gesangsfreude vorleben ☺
- Freundliches Gesicht, gute Laune, Applaus!
- Vielfalt anbieten: Traditionelles & Neues, interkulturelle, schwierige & leichte, fröhliche & traurige, verrückte Lieder im Repertoire haben

Singen
- Warm singen (Stimmbildung Kap. 3)
- Lieder evtl. erst mit Refrain beginnen
- Evtl. eine Strophe einüben, dann bewusste Auswahl weiterer Strophen
- Laut & leise
- Geschwindigkeit dem Lerntempo anpassen (erst langsam, dann schneller)

Bewegen
- Lieder möglichst im Stehen singen
- Spontan Körperinstrumente (Klatschen), Bewegung, Tanz einbeziehen!

5.6 Das Kinderlied als Angebot

Wie zieht man die Kinder in den Bann eines neuen Liedes? Dies setzt voraus, dass man sich Gedanken über die methodische Vermittlung des kompletten Liedes gemacht hat. Hierzu gehört auch, dass man das Lied selbst gut genug beherrscht.

Bekannte Lieder: Um erste Erfahrungen im Bereich „Singen mit Kindern" zu sammeln, ist es eine gute Idee, **ein bereits bekanntes Lied als Ritual** zu singen bzw. zu wiederholen. So kennen die Kinder die Situation bereits, bei der das Lied gesungen wird, das gibt allen Beteiligten Sicherheit. Das Kennen des Stückes kann

- stützend für alle sein,
- die Kinder motivieren, falls sie das Lied gern singen,
- eine Diskussion oder Beteiligung der Kinder an der Auswahl erleichtern,
- auch für die Pädagogin selbst eine große Hilfe sein (bei Unsicherheit).

Mit etwas Erfahrung kann man auch kleine (von der Fachkraft oder den Kindern erfundene) **Abwandlungen** in das bekannte Lied einbauen und es dadurch neu beleben. Dies macht es zu einer musikalischen Aktivität, die mit der Fachkraft verbunden wird und somit zukünftige Gesangsaktivitäten erleichtert. Bekannte Lieder gehören auch in die Liederfundusmappe.

Unbekannte Lieder: Den Kindern ein neues Lied beizubringen, klappt auch auf Anhieb, wenn Folgendes beachtet wird:

Methodische Tipps zum Vermitteln von neuen Liedern

Vom Langsamen zum Schnellen – in Teilschritten vom Einfachen zum Komplexen

- Beginnen Sie sehr langsam und werden Sie erst schneller, wenn alle Kinder soweit sind.
- Gehen Sie in Teilschritten vor, z. B. Beschränkung nur auf den Refrain. Dann vom Refrain → zur ersten Strophe → zu ausgesuchten Strophen → zu allen Strophen → bis hin zur Erfindung neuer Strophen.
- Von einer Bewegung → zu vielen Bewegungen → zu komplexen Bewegungsabläufen.
- Von angemessenen Pausen im Lied → bis zum durchgesungenen und durchgespielten Lied.
- Die Fachkraft singt und spielt vor, die Kinder machen nach.
- Überlegen Sie sich Möglichkeiten, die Kinder bei Bedarf aktiv zu beteiligen und ihnen somit Verantwortung für das Gelingen des Liederlernens zu übertragen. So wird ihnen die Aneignung des neuen Liedes nicht „übergestülpt", sondern es entsteht ein Gemeinschaftswerk.
- Mit Requisiten kann man Kindern erleichtern, sich einzulassen, falls dies notwendig ist, z. B. ein Kind darf ein Mikrofon halten, einen Hut, eine Krone oder Brille aufsetzen, den Taktstock schwingen.
- Requisiten helfen, Sonderrollen zu markieren, falls dies sinnvoll ist. Sie helfen auch, einem oft gespielten Lied einen neuen Impuls zu geben und Ermüdungserscheinungen entgegenzuwirken (zugunsten von Vertiefung und nachhaltigem Entwicklungsfortschritt).
- Welches Lied soll überhaupt gewählt werden? ➤ Siehe hierzu Kap. 5.9.4 Ablauf und Methodisches.

So kann ich mich vorbereiten, um ein Lied für eine Kitasituation zu finden (und später zu singen):

1. Ich sichte meine Schulunterlagen und meine Liederfundusmappe.
2. Ich schaue im Internet nach (z. B. Schlagwort „Kindermusik").
3. Ich versuche, ein Lied umzudichten, das ich schon kenne.
4. Ich frage im Umfeld (z. B. Anleiterin, Eltern).
5. Ich suche in der örtlichen Bücherhalle.
6. Ich recherchiere nach CDs bei Eltern, Kollegen, evtl. sogar aus der eigenen Kindheit.
7. Ich erfinde eine eigene Melodie (komponieren) oder einen eigenen Text.
8. Ich übe das Lied – bis ich es singen und wiederholen kann!

1 a) Einigen Sie sich in Ihrer Arbeitsgruppe auf 2 bekannte Lieder. Diese bearbeiten Sie gemeinsam mit möglichst viel Begeisterung genauer. Sie sollen später in der Lage sein, die Lieder in der Praxis umzusetzen. Auch geht es darum, dass Sie die Freude am gemeinsamen Singen und die verbindenden Momente erfahrbar machen. Weihnachts-, Geburtstags- und Scherzlieder machen Ihnen eine solche Erfahrung leichter möglich als ein noch unbekanntes Lied.
b) Sprechen Sie in der Klasse über diese Erfahrung.

2 Üben Sie ein Lied mit Ihren Mitschülern ein, das fast keiner kennt. Tauschen Sie sich dann über diese Erfahrung aus.

5.7 Das Kinderlied von Kindern gesungen

Kinder beobachten sehr genau und nehmen wahr, wie ihnen erwachsene Vertrauenspersonen begegnen. Von diesen Eindrücken hängt ab, ob sie gemachte Angebote gern und offen annehmen oder eher skeptisch und abwartend reagieren. Es gelten daher einige wichtige Voraussetzungen:

Methodische Tipps zum Singen mit Kindern

- Nehmen Sie eine positive Grundhaltung zum Singen mit Kindern ein und zeigen diese auch!
- Nutzen Sie jede Gelegenheit, um ein fröhliches Lied anzustimmen, gemeinsam oder von Ihnen allein gesungen
  - zur Motivation,
  - als Belohnung,
  - bei einem Methodenwechsel,
  - zur Entspannung,
  - zum Sammeln der Gruppe.
- Sorgen Sie dafür, dass Sie das zu vermittelnde Lied sicher genug beherrschen (Text, Melodie, Rhythmus).
- Prüfen Sie im Vorfeld, ob Text, Rhythmus und Melodie für die Altersgruppe geeignet sind.
- Damit Sie offen für alle Anregungen der Kinder sind, erarbeiten Sie vorher, welche Gestaltungsmöglichkeiten das Lied bietet ➤ siehe Mindmaps.

- Beziehen Sie die Kinder beim
  - Aussuchen,
  - Verändern,
  - Erfinden und
  - Gestalten von Liedern

  möglichst mit ein, da dies die Kinder in ihrem Selbstgestaltungswillen, in ihrer Kreativität und Fantasie am nachhaltigsten anregt ➤ siehe Kap. 5.9.4.
- Stimmen Sie beim Singen eine kindgemäße Tonhöhe an ➤ siehe Kopfstimme Kap. 3.1. Sie können auch eine Flöte oder ein Xylofon zu Hilfe nehmen.
- Beachten Sie, dass zu lautes, zu langsames oder zu tief angestimmtes Singen die Stimme strapaziert.
- Singen Sie in kleinen Gruppen, damit die Kinder Melodie und Text sicher erlernen. So gelingt es Ihnen auch leichter, die Kinder zu ausdrucksvollem und klanglich ausgewogenem Singen anzuleiten.
- Lassen Sie die Kinder freiwillig singen. Singen spricht die Gefühlswelt des Kindes an, es muss deshalb zum Singen bereit sein. Niemals zum Singen drängen.
- Wiederholen Sie bereits bekannte Lieder in der erlernten Form (Reproduktion), da ein einmalig eingeübtes Lied wieder vergessen würde.
- Variationen: Gestalten Sie bekannte Lieder aus spontanen Ideen heraus um. Die Stücke werden so den aktuellen Erlebnissen und Entwicklungsständen der Kinder angepasst.
- Die Methoden der Erarbeitung, des „Erspielens" sollten vielseitig sein und so das Aneignen neuer Lieder zu einem lebendigen und spannenden Erlebnis machen.

5.8 Das Wiegenlied von Erwachsenen vorgesungen

Mögliche Gattungen	Traditionelle Wiegenlieder
Wiegenlied zur Beruhigung, Geborgenheit, zum Schaukeln Scherzlied zur fröhlichen Kommunikation Erzähl- und Geschichtenlied (evtl. selbst erfunden)	Schlaf, Kindchen, schlaf, La-le-lu, Wer hat die schönsten Schäfchen? Hänschen klein, Vogelhochzeit (trad. Version)

Texte: Wiegenlieder haben sehr einfache Texte und Melodien. Selbst erfinden kann man sie leicht, indem man 2 kurze Aussagen macht über das Kind, für das man singen will (beim Trockenlegen, als Einschlafmelodie, zur Beruhigung). Es kann auch ein Objekt besungen werden (Teddybär, Puppe, Rassel, Schnuller, Brei).

> „Meine kleine Anna, du bist so süß!
> Strampelst mit den Beinen und ich kitzle deine Füß!"

Melodie: Wenn Sie einen solchen „Text" dem Kleinkind einige Male wiederholt vorsprechen, werden Sie vermutlich unbewusst melodisch sprechen. Vielleicht liegt Ihnen auch schon eine kleine Melodie im Ohr, die Sie wiederholt singen oder als Erkennungsmelodie für Anna weiterhin benutzen.

Singen Sie Einschlaf- und Wiegenlieder langsam und leise. Unterstützen Sie Ihren Gesang durch leichtes Schaukeln oder Wiegen im Rhythmus des Liedes.

5.9 Das Kinderlied im Elementarbereich

5.9.1 Grundsätzliches zur Vermittlung

Methodische Tipps zum Beginnen

- Legen Sie zu Anfang die Spielregeln gemeinsam fest:
  - Zum Singen sind alle erst einmal still. Mögliches Handzeichen: „Schnabel-zu-Kakadu" ➤ siehe Seite 13.
  - Während des Singens wird nicht dazwischengesprochen.
- Stimmen Sie den ersten Ton in einer kindgemäßen Tonlage an. Singen Sie möglichst in hoher Tonlage. Singen Sie allein vor, lassen Sie die Kinder zuhören. Die Kinder werden beizeiten in der höheren, kindgemäßen Tonlage nachsingen können.
- Es ist hilfreich, wenn alle Kinder zunächst den ersten Ton nachsingen.
- Bei kleinen Kindern können Sie leise den Anfang der Melodie vorsingen, damit sich die Kinder besser erinnern.
- Aufforderung: „Blick zu mir!" Machen Sie eine suggestiv einatmende Körpergeste, z. B. Hand heben, und starten Sie auf der 1. (Bei sogenannten Auftakten startet man entsprechend vorher ➤ siehe Kap. 12 Notenkunde und Seite 147 Dirigieren).
- Fortschritte bewusst machen und loben. Gruppenbeifall tut gut.
- Nicht ständig korrigierend eingreifen (kränkt!), sondern Kinder zum genauen Hinhören ermutigen.
- Bei neuen Liedern: erst kleine Teilabschnitte einüben ➤ siehe Kap. 5.4.2.

Weitere Ideen

„Wunschkonzert": 2 oder 3 Lieblingslieder dürfen von den Kindern genannt und gesungen werden. Erzieher ist „Publikum".

Lied ohne Text: Es wird nur die Melodie angesungen, alle singen das Lied vollständig zu Ende.

Frage-Antwort-Gesang: Erzieherin singt vor, Kinder singen nach.

Visueller Liederfundus: Hängen Sie Symbole für die bekannten Lieder an eine Wand, eine Leine oder eine große Pflanze, um das Anwachsen des Liederfundus zu dokumentieren (auch für Eltern und Kollegen).

5.9.2 Mit Handzeichen führen – die Tonika-Do-Methode

Hier ist eine Möglichkeit, den Kindern während des Singens durch Zeichen Töne und Tonsprünge per Handzeichen anzuzeigen. Die Tonika-Do-Methode (relative Solmisation) von der deutschen Musikpädagogin Agnes Hundoegger (1858–1927) lässt Lieder über Tonsilben (z. B. so-mi-mi-fa-re-re-do-re-mi-fa-so) singen, die mit Gesten angezeigt werden. Sie wird in manchen Kindergärten spielerisch eingesetzt.

DO	RE	MI	FA

entspricht **1. Ton einer Durtonleiter**	entspricht **2. Ton**	entspricht **3. Ton**	entspricht **4. Ton**

SO	LA	TI	DO

entspricht **5. Ton**	entspricht **6. Ton**	entspricht **7. Ton**	entspricht **8. Ton**

5.9.3 Die Kinder singen schief?

Um als Fachkraft nicht allzu sehr darunter zu leiden, dass kleine Kinder „schief" singen, die Tonlage nicht treffen oder die Melodieführung nicht richtig wiedergeben, ist es nötig, die Entwicklung des kindlichen Singens zu verstehen.

Bis zum 3. Lebensjahr ist die **Melodie** der meisten Lieder, die ein Kind singt, schwer oder gar nicht wiederzuerkennen. Auch wenn das Kind die unterschiedlichen Tonhöhen hört, bedeutet das nicht, dass es die Melodie tonhöhengebunden richtig wiedergeben kann.

Vom frühkindlichen experimentierenden Spiel mit der Stimme zum wiederholenden Singsang kleiner eigener Melodiephrasen bis zum Spontangesang mit z. T. bekannten Liedfragmenten (➤ siehe Kap. 5.2) erobert sich das Kleinkind die Fähigkeit, erste Lieder zu singen.

Da das Gefühl für **Tonarten** noch fehlt, können die Kinder ab ca. 4 Jahren zwar schon die melodische Kontur eines Liedes oft weitgehend richtig singen, auch wenn die Intonation oft noch sehr unsicher ist. Die Melodie orientiert sich dabei stark am Text und am Sprachrhythmus des Liedes. Dies aber ist alles abhängig davon, wie viel Gelegenheiten das Kind bekommt, sich zu erproben und singend zu erfahren.

> Große altersbedingte Schwankungen in den Gesangsfähigkeiten der Gruppenmitglieder sind sehr wahrscheinlich und kein Grund zur Besorgnis. Im Gegenteil: Lassen Sie sich ermutigen, mit den Kindern viel und lustvoll zu singen – mit großer Toleranz für alles, was musikalisch möglich und unmöglich ist.

5.9.4 Ablauf und Methodisches

Liedauswahl unter Beteiligung der Kinder
Ein Beispiel für einen möglichen Entscheidungsvorgang, der die Kinder beteiligt:
Welche Lieder aus meinem Liederfundus könnten für die momentane Situation in der Kindergruppe gut passen?

- Soll ein bestimmtes Thema der Gruppe berücksichtigt werden? Ich lasse Beobachtungen der Kinder bei meinen Überlegungen mit einfließen. Welche Themen sind umsetzbar?
- Soll das Lied etwas bewirken, z. B. Ruhe, Bewegung, Nachdenken, Ritualisieren?
- Ich sichte meine Liederfundusmappe.
- Für welche Altersgruppe sind die Lieder gedacht? Text, Melodie, Inhalt, Bewegungen. Sind sie leicht/schwer, förderlich, abwandelbar?
- Ich erinnere mich an Schule, Kindheit. War da etwas Geeignetes dabei? Dies hätte den Vorteil, dass ich das Lied schon kenne.
- Ich sichte Liederbücher, Tonträger in Kita und Schule, zu Hause, frage die Anleiterin, Fachlehrerin.
- Gibt es spielerische, gestalterische Anregungen, Stützen?
- Mag ich das Lied? Kann ich das Lied singen? Kann ich das Lied begleiten?
- Gibt es eine CD zum Erlernen? Gibt es ein Playback für mich?

Mit 3–4 Ideen für Lieder gehen Sie in die Kindergruppe und initiieren einen Entscheidungsprozess, bei dem jedes Kind zu Wort kommen sollte. Sie sind offen für Impulse. Es wird diskutiert, abgewogen und abgestimmt, die Mehrheit setzt sich durch.

Liedanalyse
Liedform: Bewegungslied, Rituallied, Lernlied o.a.
Liedaufbau: Strophe = A, Refrain = B, weiterer Gesangsteil = C (Übergang, Ausklang?)
Takt: 2/2, 3/4, 4/4, 6/8, 5/4
Tonart (wichtig für Begleitmusik, z.B. Klavier): Dur? Moll? Pentatonik (Müssen z.B. die Xylophon-/Glockenspielstäbe ausgetauscht werden?)
Tonumfang: tiefster und höchster Ton im Lied (hoch genug für Kinderstimme?)
Gesamtwirkung: fröhlich, getragen, traurig, gibt es einen Gag wie bei „3 Chinesen mit dem Kontrabass"?
Text: Textbetonungen passen zur Melodie, Atemmöglichkeit am Zeilenende
Sind Begriffe kindgerecht/müssen sie erläutert werden?

1 Analysieren Sie eines dieser Lieder zu zweit: „Sonne scheine", „Ich schenk dir einen Regenbogen", „Der musikalische Wasserhahn"

Wie könnte ich vorgehen?
- Was lasse ich mir als sinnes- oder bewegungsfördernde Einstimmung einfallen?
- Singe ich das ganze Lied gleich vor oder erst später?
- Starte ich mit dem leichten und zu wiederholenden Reim?
- Überlegen wir uns zuerst geeignete Bewegungen, Geräusche und üben sie ein?
- Will ich das ganze Lied mit den Kindern singen oder nur die erste Strophe und den Refrain?
- Sorge ich zuerst dafür, dass die Kinder den Text verstehen? (schwierige Begriffe, Sachverhalte, Anknüpfung an Bekanntes)
- Lasse ich die Kinder den Text zuerst sprechen, bevor wir singen? [Das kann sinnvoll sein bei afrikanischen, englischen, spanischen (u.a.) Liedern. Es birgt jedoch die Gefahr, dass die Melodie zu kurz kommt und man in einen Sprechgesang verfällt.]
- Klatschen, stampfen, tanzen die Kinder mit?
- Nehme ich eine Originalhörvorlage (Tonträger) zu Hilfe?
- Kann ich das Lied mit einem Instrument begleiten?
- Muss ich den Text umschreiben?
- Muss ich den Text auswendig kennen?

Welcher Schluss? (Erfolgssicherung)
- Wir singen das Lied für uns, für die ganze Gruppe, die Eltern o.a.
- Die Zugabe üben
- Die Kinder klatschen sich selbst Beifall.
- Den Gesang auf Tonträger aufnehmen und später anhören

Reflexion
Was ist gut gelaufen? Wo kann ich mich verbessern? Beachte ich alle Kinder?

5.10 Planung eines Angebots: Sonne scheine

Praxis

Wer mag nicht gern Sonnenaufgänge oder -untergänge? Bereits sehr kleine Kinder genießen den Blick aus dem Fenster, wenn der Himmel ganz feurig oder verschwommen rosaviolett ist und die Sonne riesig groß wirkt. Das kann schöne Gesprächsanlässe über Natur und ihre Erscheinungen liefern. Es gibt beliebte Bauernweisheiten zur Wetterbestimmung, z.B. „Abendrot bringt Wadder in Sod" oder „Morgenrot wird's Wedder goud". ➤ siehe Fingerspiele Seite 30

Sonne scheine (Ute und Andris Meinig)

Refrain:

Sonne scheine, auf uns Große und uns Kleine.
Sonne scheine, auf uns Große und uns Kleine.

1. Am Morgen geht die Sonne auf.
   Am Mittag nimmt sie ihren Lauf.
   Und abends wird sie untergehn.
   Ja, nachts, da ist sie nie zu sehn.

2. Im Osten geht die Sonne auf.
   im Süden nimmt sie ihren Lauf.
   im Westen wird sie untergehn.
   im Norden ist sie nie zu sehn.

3. Morgens muss ich früh aufstehn.
   Mittags werd ich spielen gehn.
   Und abends soll ich schlafen gehn.
   Ja das, das werd ich nie verstehn.

Dieses Lied ist in der Audio-Sammlung zum Buch.

Der Text im Lied „Sonne scheine"

Über den Text bekommt jedes Lied neben dem musikalischen Inhalt eine kommunikative Bedeutung, es transportiert eine Aussage. Da Sprache immer Sprechrhythmus, Klang, Versmaß und Phrasierung hat, wird der musikalische Anteil des „Sprechenlernens" überdeutlich. Hier wird auch bewusst, wie wichtig der Text eines Kinderliedes über die bloße Aussage hinaus sein kann.

Das Lied beginnt mit dem Refrain in der Rufterz (➤ siehe Seite 57).

„Sonne scheine"

Die kleinen Kinder können die Sonne, die scheint oder sich hinter Wolken oder Regenwolken versteckt, rufen: „auf uns Große und uns Kleine".

Wenn dieses Lied in der Krippe gesungen werden soll, reicht fürs Erste der Refrain. Mit Kindern ab 4 Jahren kann man weitere Textphrasen dazu dichten, z. B.:

„auf den Bauch und auf die Beine,
auf die Hunde an der Leine,
auf den Rasen und die Steine,
nicht nur auf mich alleine,
wenn ich lache oder weine,
auf die Schafe und die Schweine" usw. [Mit den Kindern evtl. weiterreimen.]

Mit älteren Kindern kann man nun das Bildungsgut folgenden tradierten Sinnspruches musikalisch untermalt weitergeben:

„Im Osten geht die Sonne auf,
im Süden nimmt sie ihren Lauf,
im Westen wird sie untergehn,
im Norden ist sie nie zu sehn"

Die Kinder haben mit diesem Lied die Möglichkeit, sich mit täglicher Naturerscheinung sinnlich zu befassen und Himmelsrichtungen zu erlernen. Mit Elementar- oder Vorschulkindern kann man alles rund ums Thema Sonne erkunden, erforschen oder einfach nur bewusst wahrnehmen lassen. Die sprachliche Fähigkeit des Reimens kann geweckt werden: Die Endsilben des Reimwortes sollten gleich klingen.

Die melodische Aussage entspricht der des Textes, siehe unten, Melodieführung.

Wie kann man die Kinder an diesem Angebot partizipieren lassen? Beobachten Sie die Kinder und erkunden Sie unterschiedliche Interessenslagen, z. B. draußen beim Spielen. Die Sonne spielt im Leben von kleinen Kindern eine große Rolle, da sie u. a. den Tag strukturiert, Wärme und Helligkeit ausstrahlt, freundlich gelb ist. Kinder lernen schon früh, dass sie schlafen sollen, wenn es dunkel ist, und wach sind, wenn es hell ist. Weitere Aspekte können je nach Interessen hinzugefügt werden.

Die **Melodieführung**

Die Melodie dieses Liedes ist analog zum Text und so rund wie die Sonne. Der Refrain verdeutlicht groß = hohe Töne, klein = etwas tiefere Töne. Lassen Sie Kinder ab 3 Jahren die Notenköpfe der Strophe mit einem Stift verbinden (Kopie der Noten), dann entsteht eine Melodielinie, die fast entsprechend der inhaltlichen Aussage verläuft. Die Kinder können erkennen:

Text im Refrain	Melodie
Am Morgen geht die Sonne auf	Die Melodie steigt auf
Am Mittag nimmt sie ihren Lauf	Sie bewegt sich von hoher Lage herunter auf ein mittleres Niveau
Am Abend wird sie untergehn	Abends „sinkt" die Melodie
Nachts, da ist sie nie zu sehn	Sie bewegt sich auf niedrigem Niveau, in tiefer Lage

- Die Melodie macht Bewegungen. Die Melodie kann durch entsprechende Armbewegungen in der Luft nachgemalt werden.
- Auch der Text kann melodisch nachvollzogen werden. Dies geschieht bei vielen Liedern und hilft oft, sachliche Erkenntnisse aus einem Text nachzuvollziehen und zu merken.
- Die Kinder bekommen so auch einen ersten Zugang zur grafischen Notation ➤ siehe Kap. 12.1

Mindmap: Förderung am Lied „Sonne scheine"

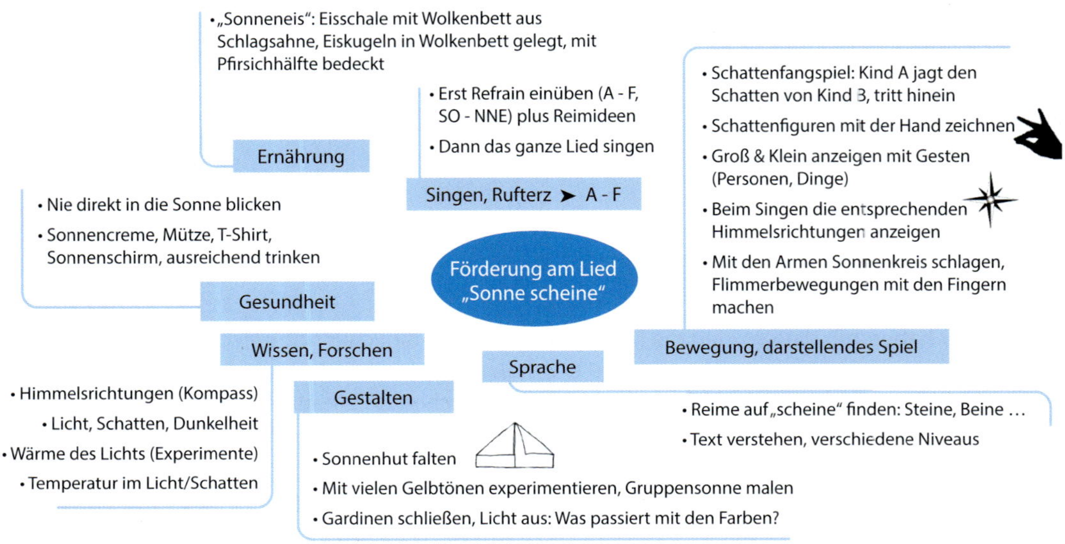

Hinführung

Die Kinder stehen im Kreis.

- Die Fachkraft geht in die Mitte und schlägt mit der Hand einen großen Halbkreis (Sonnenkreis), während sie mit den Fingern Flimmerbewegungen macht. Die Kinder erraten, was dieses Sonnen-Zeichen bedeutet (evtl. mit Tipps: warm, hell).
- Heute regnet es und man kann sie gar nicht sehen, deshalb singen alle: „Sonne, scheine, auf uns Große und uns Kleine."

Hauptteil

Fragen Sie: Wer weiß, wo und wann die Sonne aufgeht und wie das aussieht?

- Die Kinder diskutieren.
- Der Sinnspruch wird eingeübt.
- Die Melodie wird eingeübt.
- Die Gesten für den Sonnenweg und für Groß und Klein werden abgesprochen. Der Refrain wird mit Bewegung und Gesten eingeübt.
- Das ganze Lied wird komplett gesungen.

Abschluss

Es können neue Refrain-Varianten erfunden werden. Je nach Alter und Interesse der Kinder können Experimente oder gestalterische Ideen zum Thema „Sonne" angeschlossen werden, siehe Mindmap. Die ausführliche Planung eines musikalischen Angebots muss den aktuellen Entwicklungs- und Interessenstand der Kinder berücksichtigen und fordert daher fachliche Begründungen.

6 Der Text im Lied

Musik (auch ohne Text) ist ein Mittel zur Kommunikation und kann Bedeutung und Aussagen übermitteln. Ihre Töne, Melodien und Rhythmen können weich, schrill, spitz, dumpf, schwungvoll, träge wirken und so z. B. an das Flattern eines Schmetterlings erinnern, an Morgendämmerung oder an das Trampeln einer Elefantenherde.

Musik (auch ohne Text) hat eigene Regeln und einen „Satzbau" (eine Syntax). Allein durch das alltägliche Musikhören eignet man sich ein musikalisches Vorwissen an. So kennt fast jeder die elementaren Gesetzmäßigkeiten in der Musik und kann ohne Weiteres erkennen, ob er ein Kinderlied hört, einen Blues aus den1950er-Jahren, einen Rap oder einen Choral aus der Kirchenmusik, irische oder deutsche Volksmusik.

Fast alle Kinderlieder bestehen aus

- Melodie,
- Rhythmus und
- Text

und bilden in der Regel eine harmonische Einheit. Ausnahmen sind Raps und Hip-Hop-Songs: Hier dominieren Sprache und Rhythmus.

Der Text eines Kinderliedes richtet sich musikalisch nach dem Rhythmus und der Melodie (➤ siehe „Sonne scheine" in Kap. 5). Er transportiert nicht nur das Thema des Liedes, sondern auch eine musikalisch angepasste Sprache (Phrasierung), und diese ordnet sich beim Kinderlied dem Rhythmus des Liedes unter. Das Zusammenwirken von musikalischen und sprachlichen Erscheinungsformen als Einheit verdient besondere Beachtung.

6.1 Sprache und Musik sind eng miteinander verbunden

Jedes Wort hat seine eigene Musik, nämlich einen Sprechrhythmus, der aus Intensität, Dauer und Tonhöhe (Wortmelodie) besteht und damit spezifische Informationen mitliefert. Die Sprachmelodie von „Du machst Pause!" vermittelt dem Zuhörer eine völlig andere Information als „Du machst Pause?", obwohl Satzaufbau und Wortabfolge, d. h. die rein textliche Information in beiden Sätzen vollkommen identisch ist. Entscheidend ist, an welcher Stelle des Satzes die Worte mit niedriger und wo mit angehobener Tonhöhe gesprochen werden. Allein die Melodie des gesprochenen Satzes verwandelt die Worte von einer Feststellung („Du machst jetzt Pause!") nahezu in das Gegenteil, nämlich eine Infragestellung („Nanu! Du machst Pause?").

Unterschiedliche Betonungsintensitäten bewirken einen Bedeutungswandel:
Du singst ein schönes Lied (weder er noch ich)
Du singst ein schönes Lied (du spielst es nicht etwa auf der Gitarre)
Du singst ein schönes Lied (nicht zwei oder drei Lieder)
Du singst ein schönes Lied (ein fröhliches, kein langweiliges Lied)
Du singst ein schönes Lied (weder Opernarie noch Kirchenchoral)

1. Lesen Sie die 5 Sätze und betonen Sie jeweils das unterstrichene Wort besonders. Verständigen Sie sich über die unterschiedlichen Aussagen, die durch die Betonung entstehen. Nutzen Sie weitere Satzbeispiele dafür.

Spracherwerb – Musik unterstützt

Die neurobiologischen Erkenntnisse der letzten Jahre (vgl. Hüther, Spitzer, Bastian) haben eine enge und permanente Verknüpfung von Musik und Sprache mit dem Schwerpunkt Stimme und Bewegung nachgewiesen. Eine Stärkung dieser Bereiche gerade in der frühen entwicklungssensiblen Kindheit ist deshalb sowohl für den **Spracherwerb** als auch für den Erwerb **musikalischer Fähigkeiten** sehr wichtig. Geschehen kann dies durch musikalische und rhythmische Anregungen und Angebote für Säuglinge und Kleinkinder.

Die musikalischen Aktivitäten sind allerdings nur wirksam, wenn sie altersgerecht, in entspannter Atmosphäre, ohne Leistungsdruck, mit Humor und Freude und vor allem ansprechend für das kindliche Niveau stattfinden.

Entwicklung (Beispiele)	Alter
Hirnentwicklung	zwischen Schwangerschaft und der Pubertät (Einige Entwicklungsphasen des Gehirns liegen erst im jugendlichen Alter, wegen der langsamen Ausreifung des Präfrontalhirns.)
Motorikentwicklung	zwischen 7. Schwangerschaftswoche und 4 Jahren
Sprachentwicklung	zwischen 0 und 10 Jahren
Musikalisch sensible Phase (z. B. Erlernen eines Instruments)	zwischen 3 und 10 Jahren
Emotionale Entwicklung	zwischen 6 Monaten und der Pubertät

> Auch im späteren Alter kann gelernt werden, es ist aber ein höherer Aufwand erforderlich als in den jeweils sensiblen Phasen.

❷ Diskutieren Sie die Aussage „Musik ist die Sprache der Gefühle". Gilt dies auch für Sie?

Den Text beherrschen

Viele Lieder werden nur deshalb nicht gesungen, weil der Text nicht vollständig beherrscht wird. Dies stört einen selbstbewussten und überzeugten Gesang. So wie kleinere Kinder nicht lesen können und deshalb den Text auswendig lernen müssen, um ihn zu singen, ist es auch für die pädagogische Fachkraft nötig, Kinderliedertexte auswendig zu lernen. Für ein freies und selbstgestaltendes Singen muss man den Text musikalisch beherrschen.

Den Text verstehen

Kleinere Kinder werden oft mit Texten konfrontiert, die sie nur teilweise verstehen. Es sollten trotzdem viele Lieder gesungen werden. Bei zahlreichen alten Kinderliedern ist Kindern häufig bis ins Schulalter nicht klar, was der Text aussagt. Beispiele: „Es tanzt ein Bi-Ba-Butzemann", „Im Märzen der Bauer die Rösslein einspannt".

Viele Kleinkinder singen dennoch mit Begeisterung und Freude auch englische Hits, die selbst Erwachsene nicht übersetzen können, und sind dabei erstaunlich gut im originalgetreuen Imitieren, selbst wenn sie erst wenig sprechen können. Wichtig ist, dass die Kinder ungefähr wissen, worum es in dem Lied geht und was eine Vokabel, die sie noch nicht kennen, bedeutet.

6.2 Rhythmisches Sprechen

Im folgenden rhythmischen Sprechgesang sind Sprachspielereien enthalten, die auch Elementarkinder gern mitmachen, da die Geschichte Motive sowohl für ganz kleine als auch für größere Kinder anbietet.

❶ **Rhythmisches Sprechen „Bummbär":** Lesen Sie den Text von „Der Bummbär" (Seite 80) einmal für sich durch, damit Sie seinen Inhalt verstehen. Nun sprechen Sie den Text in einem Rhythmus, der Ihnen einfällt, wie einen Rap.

❷ **Altersgruppenarbeit:** Teilen Sie Ihre Lerngruppe in 4 Gruppen auf, indem Sie 4 A4-Blätter mit Altersgruppen beschriften:
- erstes Blatt: „Krippe: Kleinstkinder"
- zweites Blatt: „Krippe: Zwei- und Dreijährige"
- drittes Blatt: „Elementar: Drei- und Vierjährige"
- viertes Blatt: „Vorschulkinder"

Legen Sie sie in die 4 Ecken des Raumes und verteilen Sie sich gleichmäßig dazu. Ein Schüler ist Zeitwächter und gibt während und am Ende der Gruppenarbeit ein Feedback.

a) Überlegen Sie in jeder Ecke, wie Sie dieses rhythmische Lied interessant für „Ihre" Altersgruppe inszenieren können. Das können sein:
   - interessante, altersangemessene Bewegungsaktivitäten
   - Verwendung leicht zu organisierender Requisiten …

   Probieren Sie Ihre Gruppenversion intern aus.

b) Führen Sie Ihre Gruppenversion für die Klasse und dann mit ihr zusammen durch.
c) Ergänzen Sie sie um weitere Ideen von Ihren Mitschülern.

Der Bummbär (Birte Reuver)

Der Brummbär hat sein Rrr verlor'n – bumm, bumm, bumm.
Es brummt nicht mehr in seinen Ohr'n – bumm, bumm, bumm.
Es brummt nicht mehr in seinem Bauch – bumm, bumm, bumm.
Und in sein'm Hals vermisst er's auch – bumm, bumm, bumm.

Das Rrr, es hat sich aufgemacht – rrr, rrr, rrr,
hat sich ein Moped angelacht – rrr, rrr, rrr.
Es rattert los mit tiefem Ton – rrr, rrr, rrr,
und braust mit ihm auf und davon – rrr, rrr, rrrrrrrrrrrrrrrrrrrrrrrrr.

Der Bummbär trifft die Taschenuhr – tik, tik, tik.
Die sagt nix, die tickt immer nur – tik, tik, tik.
„Hey, Taschenuhr, du tickst so schön" – tik, tik, tik.
„Hast du vielleicht mein Rrr geseh'n?" – tik, tik, tik.

Da sagt ganz leis' die Taschenuhr: „Tik, tik, tik,
dein Rrr ist auf 'ner Mopedtour – tik, tik, tik.
Doch weißt du was? Bleib man bei mir – tik, tik, tik.
Dann spiel'n wir was zusammen hier – tik, tik, tik.

Der Bummbär findet das nicht schlecht – bumm, bumm, bumm,
und setzt sich erst einmal zurecht – bumm, bumm, bumm.
Die Uhr muss noch mal kurz aufs Klo – tik, tik, tik.
Obwohl – sie hat ja gar kein' Po – tik, tik, tik.
Und dann spiel'n sie zusammen, so: tik, bumm, tik.

Nun hat der Bummbär neuen Mut – bumm, bumm, bumm.
Auch ohne Rrr geht's ihm sehr gut – bumm, bumm, bumm.
Zusammen mit der Taschenuhr – tik, bumm, tik, –
geht er jetzt auf Europatour – tik, bumm, tik.

Dieser Sprechgesang ist in der Audio-Sammlung zum Buch.

❸ Vertonung „Bummbär“: Versuchen Sie nun, den „Bummbär“-Text zu vertonen, z. B. mit einer Begleitmelodie am Xylofon oder Glockenspiel.

Töne des Xylofons	Noten für Begleitmelodie (Bassmelodie)
Farbbezeichnung der Klangstäbe 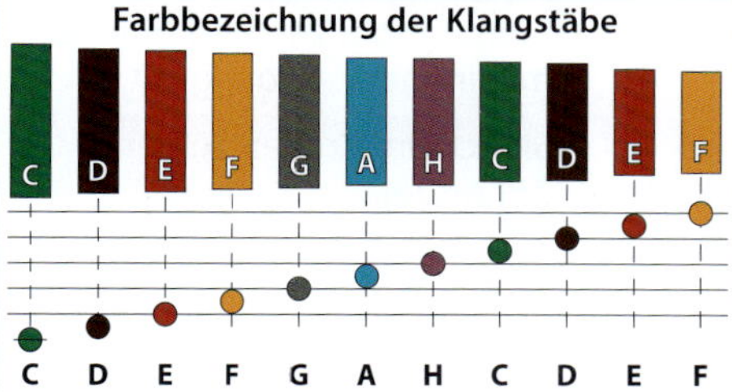	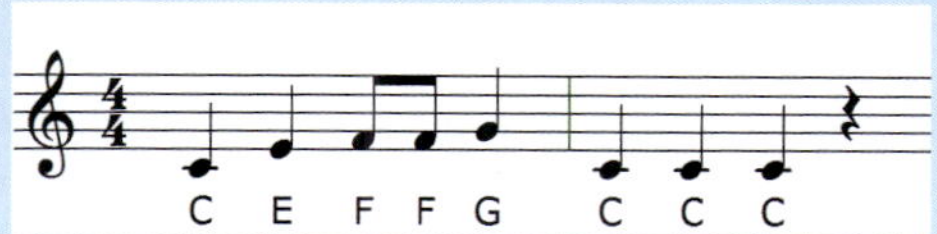
➤ Siehe auch Umschlaginnenseite für die Tonverteilung auf einem Keyboard	

Begleitung mit Xylofon, Glockenpiel, Keyboard

4	+	1	+	2	+	3	+	4	+	1	+	2	+	3	+	4	+
	Der	Bumm-	bär	hat	sein	Rrr	ver-	lor'n,		Bumm,		bumm,		bumm.			Es
		C		E		F	F	G		C		C		C			

Dieses Beispiel ist in der Audio-Sammlung zum Buch.

Ein Lied von der Melodie her einführen: In den meisten Fällen bietet es sich an, ein Lied von vornherein vorzusingen, wie es gedacht ist, d. h. als Einheit von Melodie, Text und Rhythmus. Diese Art der Liedeinführung ist zu empfehlen, denn so können Kinder ein Lied gleich als ganzheitliches Werk wahrnehmen und kennenlernen.

Ein Lied vom Text her einführen: Wenn Sie jedoch den Schwerpunkt legen auf

- die Förderung des Sprechens, der Sprachentwicklung,
- die Textinhalte mit ihren sprachrhythmischen Spielereien und Anspielungen,

können Sie auch ein Lied vom Text her einführen. Dies sollte in kleinen Einheiten geschehen (➤ siehe auch Kap. 5.6, Teilschritte). Es ist interessant, erst den Refrain vorzustellen, denn er passt zu allen Strophen, ist einprägsam und prägnant, sodass er leicht wiederholt werden kann.

Sprechen Sie den Refrain vorher

1. erst als normal gelesenen Alltagstext,
2. als rhythmisch gesprochenen Text, angelehnt an den Rhythmus der Melodie,
3. als Refrain, gesungen mit den Kindern,
4. gesungen und mit Aktivitäten, Bewegungen und Gesten passend zum Text,
5. als Einführung in eine Strophe, danach die Strophe anschließen.

Praxis

Katzenkinder auf Entdeckungstour (Birte Reuver/Ute Meinig)

Die Geschichte	Begleitende Kinderaktivitäten
Katzenmama Susi hat 3 Katzenkinder. Sie haben feine Stimmen, maunzen und fauchen durcheinander.	Kinder maunzen und fauchen miteinander. Miau, grrrr.
Die Kätzchen haben ein sehr weiches Fell, aber scharfe Krallen und kleine spitze Zähne. Sie balgen miteinander, es geht drunter und drüber.	Streicheln, Krallen zeigen, Zähne zeigen, balgen
Heute muss Katzenmama Susi zum Tierarzt. Das kann dauern. Mama Susi gibt jedem Kind ein Katzen-Abschiedsküsschen. Die Kinder jammern und maunzen, aber es nützt alles nichts, Mama muss los. Die Tür klappt zu. Jetzt sind sie allein.	Schmatz, schmatz, schmatz Miauen, Jammertöne Peng
Warten kann ziemlich langweilig sein, wenn einem nichts einfällt. Da hat Katzenkind „Miki" eine gute Idee:	Gähn …
„Lasst uns aus dem Körbchen gehen, Wollen uns mal die Welt ansehen. Das wird die Entdeckungstour, das wird Abenteuer pur! Wir haben ganz viel Mut, denn das tut gut!"	Alle sprechen/singen mit.
Aber erst müssen wir über den Körbchenrand klettern – kletter, kletter, kletter … Plumps (3x) Das wäre geschafft!	Kletterbewegungen mit Armen in der Luft machen. Plumps. Über die Stirn streichen
„Lasst uns jetzt mal weitergehen, wollen uns doch die Welt ansehen. Wir haben ganz viel Mut, denn das tut gut!"	Alle
„Wir gehen erstmal in die Abstellkammer. Oh, was ist das auf einmal? Da stehen lauter alte Flaschen herum! Wir müssen uns im Slalom dazwischen durchschlängeln. … Klirr, da ist eine Flasche umgekippt! Schnell weg …"	Slalomgeräusch mit den Kindern erfinden, z. B. ueeo, ueeo. Klirr, bing. Mit Füßen Laufbewegungen, trappeln
„Lasst uns jetzt mal weitergehen, wollen uns doch die Welt ansehen. Wir haben ganz viel Mut, denn das tut gut!"	Alle
„Kommt, wir gehen hinter das Regal. Oh, was ist das auf einmal? Da liegt ja ein großer Haufen Sand im Weg, es ist ganz rutschig hier! Schnell weg!"	Rutsch, knirsch; rutschige Geräusche erfinden. Trappeln, husch

„Lasst uns jetzt mal weitergehen, wollen uns doch die Welt ansehen. Wir haben ganz viel Mut, denn das tut gut!"	Alle
„Kommt, wir gehen hinter die nächste Ecke. Oh, was ist das auf einmal? Da liegt ein alter Kartoffelsack im Weg. Da bleiben wir ja mit unseren Krallen hängen! Zupf – zupf … Schnell weg!"	An Stoff zupfen Trappeln, husch
„Lasst uns jetzt mal weitergehen, wollen uns doch die Welt ansehen. Wir haben ganz viel Mut, denn das tut gut!"	Alle
„Kommt, wir schleichen in die Küche! Oh, was ist das auf einmal? Das ist ja ganz nass – iih! Eine große Pfütze! Plitsch platsch … Schnell weg!"	Leises Plitsch-platsch oder schmatzende Geräusche
„Lasst uns jetzt mal weitergehen, wollen uns doch die Welt ansehen. Wir haben ganz viel Mut, denn das tut gut!"	Alle
„Kommt, wir öffnen die Tür zur Diele. Oh, was ist das auf einmal? Die Tür geht gar nicht auf. Alle mal kräftig drücken! Hau ruck! Hau ruck! Noch mal: Hau ruck! Knack – die Tür springt auf. Aber – oh, was ist das auf einmal? Grr … wuff-wuff! Huh, ein riesengroßes Monster! Schnell – den ganzen Weg zurück!"	Hau ruck! Knack Knack Wuff-wuff! Aufgeregtes Trappeln, husch.
„Durch die Küche: plitsch-platsch. Über den Kartoffelsack: zupf-zupf. Durch den Sandhaufen: rutsch, knirsch. Zwischen den alten Flaschen durch: ueeo, ueeo, klirr, bing. Husch, ins Körbchen: kletter, kletter, kletter, plumps (3x). Gerade noch geschafft!"	Entsprechende Gesten und Geräusche wiederholen
„Aber vielleicht geht unsere Katzenmama morgen wieder zum Tierarzt …?"	

Lassen Sie den Kindern und sich genug Zeit, indem Sie langsam, deutlich und verdeutlichend sprechen. Üben Sie das Vortragen der Geschichte vorher, wie jeder Profi es auch tut.

> Lieder, bei denen bestimmte Sätze immer wiederholt werden, bewirken, dass die Kinder spielerisch ein **Grundrepertoire an Satzmustern** aufbauen.

6.3 Entwicklung der Sprache im Kindesalter

Krippenkinder: Rhythmus und Sprache
Zum Ende des 1. Lebensjahres entwickelt sich das Interesse der Säuglinge von bloßen Stimmlauten hin zu ganzen Wörtern. In dieser Phase wird das Zeitfenster für das Erlernen der Wörter und der Sprachregeln der Muttersprache geöffnet.

In der frühen Brabbel- und Lallphase des 1. Lebensjahres probieren Säuglinge und Krippenkinder die rhythmischen Möglichkeiten und Eigenheiten der Muttersprache durch. ➤ Siehe auch Tabelle in Kap. 5.2.

Kleinkinder: Sprache, Kontakt und Musizieren
Die Sprachentwicklung der Kinder zwischen 2. und 4. Lebensjahr ist rasant:
- Während Kinder im 2. Lebensjahr zwischen 100 und 200 Wörter sprechen können,
- erweitert sich ihr Wortschatz bis zum Ende des 4. Lebensjahres auf ca. 1.500 bis 2.000 Wörter.

Nun beginnen Kinder auch im täglichen Spiel, das Leben der Erwachsenenwelt nachzumachen und nachzuerleben. Es ist sehr wichtig, dass die Angebote und Anregungen der Fachkraft aus der Erlebniswelt der Kinder stammen: Spielplatz, Körper, Essen, Tiere, Spielzeug, Geschwister, Eltern, Natur, Geburtstag, Weihnachten, Ostern. Denn nun beginnen Kinder, den Kontakt zu anderen Kindern aufzunehmen und ihn spielerisch aktiv zu gestalten. Das Sprachverständnis, der Wortschatz und die Grammatik erweitern sich dadurch enorm.
In dieser Lebensphase wird übrigens auch die **Freude am aktiven, gemeinsamen Musizieren geweckt.**

> Das interessierte und genaue Beobachten der Kinder durch die Fachkraft ist ebenso wichtig wie die musikalische Anregung der Kinder.

1. **Lall- und Brabbeldialoge:** Probieren Sie selbst an mehreren Beispielen (z. B. mamamamamam, lalulalulala), welche Auswirkungen Intensität, Dauer und Tonhöhe auf das Gesprochene haben können. Kann man sich damit schon unterhalten?

2. **Lautmalereien:** Bereits in der Krippe sollten Sie mit den ganz Kleinen Kniereiter, Fingerspiele und rhythmische Reimlieder mit entsprechenden Lautmalereien ausprobieren und anregen. Beispiel:

   Sitting on my — wha wha,
   waiting for my — ja ja,
   it doesn't come — no no,
   I'm sad — so so.

   Diese Übung macht noch mehr Spaß, wenn die Wortspielereien in eine kleine Melodie gefasst und mit Vorsänger und nachsingender Großgruppe gesungen und/oder gesprochen werden:

Vorsänger:	Sitting on my	wha wha	[Die Gruppe singt nach: wha wha]
	waiting for my	ja ja,	
	singe la-la	la-la,	
	spreche jetzt kein	Blabla.	
	Nei nei neinei	neina.	
	Bist mir schon mein	Kleina.	

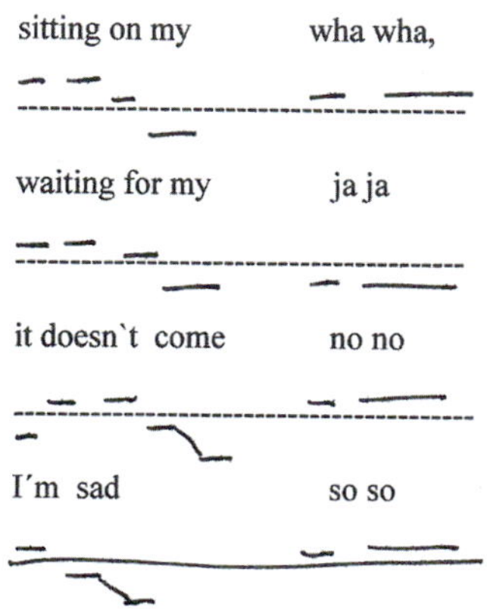

oder

❸ Erfinden und notieren Sie solch kleine Lautmalereien (mit Kose-, Scherz- und Quatschcharakter) für einen Besuch in der Krippe oder eine andere Situation mit Klein- und Kleinstkindern.

> Neckreime, Fingerspiele, rhythmisch gesprochene Liedtexte sind für die Kontaktaufnahme, Sprachbildung und Sprachförderung von Säuglingen und Krippenkindern sehr wichtig. Außerdem sind Fingerspiele und Gesten zu Liedern sehr förderlich und regen die Hirntätigkeit an.

6.4 Begleiten von Sprachrhythmen

Rhythmusbegleitung mit Körperinstrumenten (Body-Percussion)

Machen Sie es sich einfach, indem Sie im Rhythmus zu einem Vers oder zum Refrain eines Liedes klatschen oder mit dem Fuß klopfen. Nutzen Sie auch Möglichkeiten wie Schnipsen, Klatschen, Stampfen.

> Weniger (oder fast nichts) ist am Anfang oft mehr!

Begleitung mit Rhythmusinstrumenten

Mit einem Schellenband um den Knöchel, einer Trommel, einer Ratsche oder dem Schüttel-Ei können Sie ebenso leicht wie mit Körperinstrumenten einen Vers, ein Lied oder bestimmte Liedabschnitte rhythmisch begleiten.

Versuchen Sie ab jetzt immer, wenn Sie singen, mit der Hand oder mit dem Fuß oder einfachen Instrumenten den Rhythmus eines Liedes mitzumachen. So wird es Ihnen immer leichter fallen, diesen Impuls bei Bedarf später auch auf ein Melodie-Instrument wie Xylofon, Ukulele, Gitarre, Keyboard zu übertragen und in Ihrer Gruppe einzusetzen.

Begleitung mit melodischen Musikinstrumenten

Gitarre, Ukulele oder Xylofon sind gut geeignete Begleitinstrumente für die erziehende Person, wenn sie gut genug beherrscht werden. Es muss so einfach für Sie sein, dass es die eigene Stimme nicht beeinträchtigt, sondern sie unterstützt.
Tipp: Das Begleiten von Sprechgesängen und sehr einfachen Liedern wie „Sitting on my wha-wha" kann ein guter Einstieg sein in das Spiel mit Gitarre, Ukulele oder Xylofon. Selbst wenn man erst wenige Begleitakkorde gut beherrscht, kann deren Einsatz effektiv sein, um

- eine geeignete, gemeinsame Tonlage zu finden,
- den Rhythmus zu halten und
- den Spaß am gemeinsamen Musizieren zu verstärken.

Zunächst reicht ein einziger Akkord, um den eigenen Sprachrhythmus und den der Kinder zu unterstützen. Wenn Sie einmal aus dem Text oder dem Rhythmus „rauskommen", was anfangs selbst bei einfachen Refrains leicht passiert, haben Kinder oft größtes Verständnis und helfen Ihnen gern beim Üben, sofern Sie dies locker „rüberbringen". Im Übrigen freuen sich die Kinder über Ihre hörbaren Fortschritte, an denen sie mitgeholfen haben.

Auf manchen Kinderlieder-CDs finden sich auch Karaoke-Versionen (Originalmusik ohne Gesang). Diese können das Sprechen und Singen eines Liedes gut unterstützen, der Umgang mit den sogenannten Playback-Versionen will allerdings geübt sein (➤ siehe Kap. 14.1).

Liedbegleitung durch Kinder

Wenn die Kinder ein Lied begleiten (mit Percussion oder Instrumenten), sind Einfühlungsvermögen und eine gute Beobachtungsgrundlage gefragt. Das Grundprinzip lautet „vom Leichten zum Schwierigen":

1. Gemeinsam das Lied nur „einklopfen", während es vorgesungen wird.
2. Wahlweise erst den Text üben und dabei die rhythmisch geforderte „1" klatschen.
3. Nur den Refrain begleiten lassen.
4. Nur an bestimmten Stellen begleiten lassen.
5. Zunächst von Kindern mit entwickeltem Rhythmusgefühl.
6. Beachten und integrieren Sie die Ideen der Kinder!

❶ Suchen Sie zu einer der nächsten Situationen in der Kindergruppe einen Sprechvers, Zungenbrecher, Abzählreim oder ein Lied aus, dessen Text Sie gut beherrschen.

Praxis

Krippenkinder
Zungenbrecher mit Melodie unterlegen: „Wir Wiener Waschfrauen würden weiße Wäsche waschen, wenn wir wüssten, wo warmes Waschwasser wär."

1	+	2	+	3	+	4	+	1	+	2	+	3	+	4	+
Wir		Wie-	ner	Wasch-		frau-	en	wür-	den	wei-	ße	Wä-	sche	wa-	schen
C		D		C		A		C		D		C		A	

1	+	2	+	3	+	4	+	1	+	2	+	3	+	4	+
wenn	wir	wüss-	ten	wo		war-	mes	Wasch-		was-	ser	wär.			
C		D		C		A		C		D		C			

Abzählverse suchen und mit Körperrhythmen begleitet sprechen.

Jeweils eine Person spricht den Vers und begleitet sich selbst, der Blick schweift dabei von einem zum anderen im Kreis. Beim letzten Wort „du bist raus" o. Ä. bleibt der Blick bei einer Person stehen – nun ist diese Person an der Reihe mit rhythmischem Sprechen. Besprechen Sie in Zweiergruppen, welche Anforderungen mit diesem Spiel verbunden sind.

Beispiele für Abzählverse:
Ix ax ux, der feuerrote Fuchs,
die himmelgraue Maus und du bist raus!

Ene mene Miste, es rappelt in der Kiste,
ene mene meck und du bist weg!

1, 2, 3, 4, 5, 6, 7, eine alte Frau kocht Rüben,
eine alte Frau kocht Speck und du bist weg.

Eine kleine Mickeymaus zog sich mal die Hosen aus,
zog sie wieder an und du bist dran!

Elementarkinder Praxis
„Der Bummbär" von Birte Reuver ➤ siehe Seite 80

Pustekuchen (Birte Reuver)

Lassen Sie den Text nur rhythmisch sprechen, begleitet mit Klatschen oder Stampfen.
Der Refrain wird gesungen.

Strophe 1

... Pustekuchen. Willst du ihn versuchen? Mmh, der ist lecker, vom Bäcker. Oder willst du lieber Cracker? Die sind gut! Nur Mut! Immer wacker den Wecker gestellt und dann auf zum Bäcker – hopp, hopp, im Galopp springst du aus den Decken und denkst schon an die Wecken und den ... (Refrain ab hier)

Refrain

... Pustekuchen, willst du ihn versuchen?
Oh, er ist so lecker, ein echter Leckerschmecker.
Pustekuchen, lass ihn mich versuchen!
Ich lauf schnell zum Bäcker:
Mannoman, wie lecker!
(Strophe 1: 2x) (Refrain)

Zwischenteil (Bridge)

Ätsch – Pustekuchen! Wieder nix! Mach 'n X und 'n U. Happy birthday to you. Aprikose in der Hose. 'N Tannenbaum aus der Dose. Wo ist hier ´ne Schraube lose?! Wieder Winter ohne Schnee und es riecht nach Klee! Osterhasen wollen rodeln! Das Christkind übt jodeln und der Nikolaus macht einen Köpper in den Baggersee!

Dieses Lied ist in der Audio-Sammlung zum Buch.

7 Rhythmische Liedbegleitung

Ein Lied oder eine kleine Melodie für sich gesungen, sind schon sehr schön. Klopft man im Takt dazu, entsteht daraus noch mehr. Das Lied wird rhythmisch unterstützt und lebendiger. Diese Unterstützung erleichtert es jemandem, der das Lied noch nicht kennt, mitzumachen und aktiv beteiligt zu sein. Bei manchem Rockkonzert versucht der Sänger, das Publikum zum Mitmachen zu bewegen – zum Mitsingen eines Refrains, zum Mitklatschen im Takt. Bloßes Hören von Musik wird übertroffen vom eigenen aktiven „Musizieren" und die Besucher erfahren das Gefühl von Gemeinschaft. Es ist meist einfacher als gedacht – man muss sich nur der Musik hingeben und Hemmungen überwinden.

1. Tauschen Sie sich aus über eigene interessante Mitmacherlebnisse bei Konzerten. Beschreiben Sie Aktivitäten und Gefühle.

2. Beobachten Sie in nächster Zeit Mitmenschen, wenn sie Musik bewusst hören: im Bus, im Auto, beim Konzert. Machen Sie sich Notizen über die Beobachtungen.

Kinderlieder bestehen nicht nur aus Melodie und Text, sondern es ist der Rhythmus, der beides musikalisch verbindet. Während Melodie und Text eher das Mitdenken und die Fantasie ansprechen (bei Kindern in Gesten, Mimik und darstellendem Spiel zu beobachten), löst der Rhythmus des Liedes **Bewegungsimpulse** aus: mit dem Fuß wippen, mit dem Kopf nicken, mit den Fingern trommeln, hüpfen, schunkeln, klopfen, tanzen.

Was im Gehirn passiert: Wenn wir Musik lauschen, weist das menschliche Gehirn auch in der Region, die für Motorik zuständig ist, sehr starke Aktivität auf. Musik löst also auf neurobiologischer Ebene zusätzlich motorische Impulse aus. Dies geschieht sogar beim Stillsitzen, wie Erwachsene es oft machen (Beispiele: Kirchenkonzert, klassisches Konzert).

Voraussetzung für eine gesunde Entwicklung von Kleinkindern ist, dass diese Gehirnimpulse aufgegriffen werden und dass das differenzierte Verarbeiten von Musik und Rhythmus vielfältig angeregt und bewegungsfreudig ausgelebt wird. Wenn Kinder ihr Singen mit Gesten, Bewegungen, Tanzschritten und anderen rhythmischen Aktivitäten aktiv begleiten, hat dies folgende positive Wirkungen:

- Lied und Text werden bewusster wahrgenommenen.
- Aufmerksamkeit und Konzentration werden durch die Bewegungserfahrung spielerisch verbessert.
- Die musikalischen Formen im Lied (Tempo, Lautstärke, Klangvariation) werden leichter erfasst.
- Die Bewegungen ermöglichen das Ableiten von Anspannung und innerer Unruhe.

Häufig genutzte Lieder im Kindergartenalltag laufen Gefahr, langweilig zu werden. Wenn diese Lieder rhythmisch begleitet werden, entsteht eine neue Qualität und Herausforderung, sodass die Lieder wieder interessant wahrgenommen werden.

7.1 Rhythmusgefühl entwickeln

Rhythmus (von „rhythmos“, griech./lat.): Gleichmaß, gleichmäßig gegliederte Bewegung, regelmäßiges Vorkommen von natürlichen Vorgängen wie Sonnenaufgang/Sonnenuntergang, Wiederkehren der Jahreszeiten.

Situation: Groove hilft

Ramona versucht, ihren aktuellen Lieblingssong „Wonderwall“ von Oasis nachzusingen, aber im Strophenteil wird der Text kompliziert und sie kommt aus dem Takt. Der Rhythmus des Songs ist für sie zu schnell und die Phrasierung der Wörter zu speziell. Heute hat sie das Lied nicht von Anfang an mitgesungen (um immer an der gleichen Stelle zu scheitern), sie hat stattdessen den Tipp von ihrer Freundin ausprobiert:

1. Jeweils nur eine Textzeile anhören und dabei den Rhythmus leicht auf den Oberschenkel klopfen.
2. Dann die Textzeile ohne Musik nachsingen und gleichzeitig dazu klopfen.
3. Erst dann die Zeile mit Originalmusik vom MP3-Player mitsingen und -klopfen. Dies Zeile für Zeile wiederholen.

Jens-Janik, Hip-Hop-Fan: „Um den komplizierten Sprachrhythmus eines Songs zu erfassen, hilft es mir, wenn ich ‚mitgroove‘. Mich also nach dem Rhythmus bewege, ruhig auch mittanze, weil ich dann nicht rauskomme. Kann auch erst mal langsamer als im Original sein!“

1 Welche Begriffe fallen Ihnen im Zusammenhang mit dem Begriff Rhythmus ein?

Rhythmus und Takt werden leicht durcheinander gebracht.
Takt (mus.) ist eine Gruppierung von Grundschlägen, z. B. 4/4-, 5/4- oder 6/8-Takt.
Rhythmus (mus.) ist ein Akzentmuster aus Tönen und Pausen über einen Takt.

Jeder Mensch hat seinen eigenen Rhythmus (Lebensrhythmus, Schlaf-, Bewegungsrhythmus), er „rhythmisiert“ den Alltag und gibt ihm Orientierung. Diese ordnende und bewegende Rolle spielt der Rhythmus auch in der Musik. Geräusch ohne Rhythmus ist demnach keine Musik.

Herzschlag: Das erste Geräusch, das ein Mensch in seinem Leben wahrgenommen hat, war vermutlich im Mutterleib als Embryo von 16 Wochen der Herzschlag der Mutter, gleichmäßig und rhythmisch.

Sensibilisierungsübung: Puls messen

Fühlen Sie Ihren Puls, indem Sie an das linke Handgelenk greifen und mit dem Zeige-, Mittel und Ringfinger zwischen den Sehnen den Puls des Herzschlags erfühlen. Machen Sie ihn hörbar, indem Sie den Rhythmus mit der Stimme oder durch Fußklopfen nachahmen: Blubb – blubb – blubb.

Praxis

Elementarkinder: Rhythmus für Einsteiger

Folgende praktische Umsetzungen zu „Rhythmen erzeugen“ lassen sich zuerst in der Lerngruppe erproben, später mit Elementarkindern umsetzen.

Spielideen	Darum geht's	So geht's	Erfahrung, Lerneffekt
Raum sichten im Hinblick auf interessante Geräusch und Rhythmen produzierende Materialien und Objekte	Geräusche suchen, finden, erfinden, in gewohnter Umgebung	Kinder suchen Materialien im Raum, mit denen sie interessante Rhythmusgeräusche machen können.	Viele verschiedene Geräusche machen
Instrumente werden hinsichtlich ihrer Qualitäten erkundet und dann sortiert.	Differenzierung von verschiedenen Geräuschqualitäten	Es werden 3 Bereiche definiert: laut, mittellaut, leise. Ihnen werden die Instrumente zugeordnet.	Instrumente gibt es überall. Sie haben unterschiedliche musikalische Qualitäten.
Gewitter spielen	Es donnert, es tropft, es regnet, es blitzt.	Trampeln, auf den Tisch klopfen, mit den Fingern trippeln, auf dem Tisch kratzen	laut – leise langsam – schnell
Radiosender wechseln	Geräusche nachahmen	Es werden 2 Rhythmusgeräusche aneinandergereiht.	Nachahmung von Zufallsgeräuschen
Rhythmusmuster mit verschiedenen Objekten bekommen Zeichen zugewiesen.	Visualisierung von Geräuschqualitäten, als Vorübung für grafische Notation (Kap. 12.1)	Klappern von Buntstiften, Löffeln, Klopfen auf Teller, Schütteln des Salzstreuers. Dazu grafische Bilder zeichnen.	Grafische Notationsübung

7.2 Rhythmisches Sprechen

Kinderliedertexte können auch erst rhythmisch gesprochen werden, bevor sie gesungen werden: Zuerst einen gleichmäßigen Klatsch- oder Body-Percussion-Rhythmus erfinden und „automatisieren" (= so beherrschen, dass man nicht mehr darüber nachdenken muss). Nun kann der Text darübergesprochen werden (➤ siehe Kap. 6.2).

Es ist auch möglich, die Gruppen zu teilen in Rhythmusgruppe und Sprechgruppe. Wenn die Rhythmusgruppe „läuft", spricht die Sprechgruppe ihren Text darüber.

Erst Phrasierung von Texten:

Zählzeit	1	2	3	4	1	2	3	4
Text	Al - le	mei - ne	Ent-	chen	schwim-men	auf dem	See	
Klang	klatsch	schnips	klatsch	schnips	klatsch	schnips	klatsch	schnips

Dann Akzente setzen, z. B.:

Zählzeit	1	2	3	4	1	2	3	4
Text	Al - le	mei - ne	Ent-	chen	schwim-men	auf dem	See	
Klang	klatsch	klatsch	schnips		klatsch	klatsch	schnips	

1. Versuchen Sie weitere Akzente und Lieder. Bei Liedern im 3/4-Takt (Walzer) zählt man 1, 2, 3, 1, 2, 3 … Der Kreativität sind keine Grenzen gesetzt!

2. Neckreime für Säuglinge: „Da kommt ein Bär, der trottet sehr schwer, da schlüpft die kleine Maus in ihr Haus": mit Zeigefinger und Mittelfinger den Arm des Kleinkinds hinaufschreiten, dann die Hand an das Ohr kuscheln. Suchen Sie weitere Neckreime.

7.3 Mit Bewegung und Gesten begleiten

> Neurobiologisch begründet: In den ersten 7 Lebensjahren bilden sich neuronale Netzwerke im Gehirn aus, die für das Lernen notwendig sind. Bewegen und Toben unterstützen diesen Prozess. Kommt Musik ins Spiel, fördert es noch mehr: Da das gerade Erfahrene und Gelernte durch Freude positiv besetzt ist, wird es im Gehirn neuronal nachhaltig verankert und abrufbar.

Bewegungslieder und Tanzlieder: Es gibt viele Kinderlieder, bei denen Singen, Spielen und Bewegen eine Einheit bilden und die so dem naturgegebenen, kindlichen Bedürfnis nach Bewegung und Toben entsprechen. Viele traditionelle Bewegungslieder haben sich deshalb bis heute gehalten („Brüderchen, komm tanz mit mir", „Es tanzt ein Bi-Ba-Butzemann in unserm Haus herum", „Zeigt her eure Füße") ➤ siehe auch Kap. 9 Tanzen nach Musik.

Jeh joh – Meine beiden Hände **(Birte Reuver)**

1. Meine beiden Hände geben ein Konzert,
   sie trommeln nur zu laut, da werden sie eingesperrt.
   Ohne eine Trommel, das ist allerhand!
   Was machen meine Hände? Sie klatschen in die Hand.
   Klatsch, klatsch, klatsch, klatsch.

Refrain: Jeh joh jibida joh, mach das auch mal, das klingt so! (2x)

2. Meine beiden Hände klatschen feste mit,
   dieser tolle Rhythmus macht uns alle fit.
   Unser ganzer Körper kommt voll in den Genuss.
   Macht da noch wer mit? Na klar: der Fuß!
   Stampf, stampf, klatsch – stampf, stampf, klatsch.

3. Füße und auch Hände machen feste mit,
   dieser tolle Rhythmus macht uns alle fit.
   Mit euch zusammen klingt das richtig fein!
   Wer noch nicht genug hat, klatscht auf's Bein.
   Stampf, stampf, klatsch, pa-ta – stampf, stampf, klatsch.

4. Ist das mit den Beinen noch ein bisschen zu schwer?
   Na, dann macht doch einfach weiter wie bisher.
   Stampf, stampf, klatsch – stampf, stampf, klatsch.

5. Füße und Hände geben richtig Gas,
   so ein toller Rhythmus macht voll Spaß!
   Braucht noch einer 'n Tipp, sich die Zeit zu vertreiben?
   Fang doch einfach an, deine Hände zu reiben.
   Rische-rasche Rhythmus, das ist der Trick,
   so machen auch leise Töne schöne Musik.

6. Nun zu euch: Ihr könnt ruhig dabei bleiben,
   im Rhythmus immer schön eure Hände zu reiben.
   Ihr hier drüben seid gleich dran
   mit dem Rhythmus von eben: Fuß und Hand.
   Wenn wir alle schaffen, das zusammen zu bringen,
   können wir probieren noch dazu zu singen!

Dieses Lied ist in der Audio-Sammlung zum Buch.

Kleine Kinder können oft noch keinen Rhythmus durchgehend klatschen oder klopfen, deshalb sollten Sie nur kurze Begleitakzente abfordern – und großes Einfühlungsvermögen für die musikalischen Lernprozesse mitbringen: Der Weg ist das Ziel!

Dein Körper (Birte und Leonie Reuver)

1. Wo sind deine Haare?
   Wo sind deine Zehen?
   Wo sind deine Hüften?
   Womit kannst du sehen?

2. Wo sind deine Arme?
   Wo ist denn dein Bauch?
   Wo sind deine Beine?
   Womit riechst du Rauch?

3. Wo sind deine Zähne?
   Wo ist dein Popo?
   Wo sind deine Schultern?
   Womit sagst du „Oh"?

Refrain:
Womit kannst du tanzen?
Womit kannst du gehen?
Womit kannst du klatschen?
Wie kannst du dich drehen?
Dein Körper ist etwas sehr Schönes!
Der macht fast alles mit und geht mit dir die Wände rauf!
Doch du hast ja nur den einen für deinen besond'ren Lebenslauf,
drum pass gut auf ihn auf!

Dieses Lied ist in der Audio-Sammlung zum Buch.

Bewegungen

Strophen: Zeigt jeweils auf den gefragten Körperteil. Tanzen, Gehen, Klatschen und Drehen sofort umsetzen.

Refrain, Zeile 1: Klatscht auf die betonten Silben so: auf die Beine, in die Hände, auf die Schultern (erst rechte Hand auf linke Schulter, dann linke Hand auf rechte Schulter), dann winken wir.

Zeile 2 beginnt wie Zeile 1. Statt winken diesmal die Hände umeinander kreisen, immer höher.

Zeile 3 beginnt wie 1 u. 2, dann mit dem Daumen eine 1 zeigen, danach auf jemanden zeigen und bei „besond'ren Lebenslauf" die Hände auseinanderbreiten; zeige, wie lang du leben willst.

Zeile 4: Nimm dich selbst in den Arm (Oberkörper umfassen) und wiege dich hin und her.

4	+	1	+	2	+	3	+	4	+	1	+	2	+	3	+	4	+
	Dein	Kör-		per		ist	et-	was	sehr	Schö	-	nes!					Der
		Auf die Beine patschen		In die Hände klatschen		Die rechte Hand auf die linke Schulter		Die linke Hand auf die rechte Schulter		Beide Hände in die Luft und winken							

1	+	2	+	3	+	4	+	1	+	2	+	3	+	4	+
macht	fast	al-	les	mit	und	geht	mit	dir	die	Wän-	de	rauf.			
Auf die Beine patschen		In die Hände klatschen		Die rechte Hand auf die linke Schulter		Die linke Hand auf die rechte Schulter		Die Hände umeinander kreisen und nach oben bewegen							

1	+	2	+	3	+	4	+	1	+	2	+	3	+	4	+
Doch		du		hast	ja	nur	den	ei	-	nen	für	dei	-	nen	be-
Auf die Beine patschen		In die Hände klatschen		Die rechte Hand auf die linke Schulter		Die linke Hand auf die rechte Schulter		Daumen hoch und eine 1 darstellen				Auf jemanden zeigen			

1	+	2	+	3	+	4	+	1	+	2	+	3	+	4	+
son-	dren	Le-	bens	lauf,			drum	pass	gut	auf	ihn	auf!			
Die Arme ausbreiten, um einen langen Lebenslauf anzudeuten								Sich selbst in den Arm nehmen und hin und her wiegen							

7.4 Body-Percussion

Situation: Susanna springt ein

Susanna soll kurzfristig die Fachkraft in der Rasselbande-Elementargruppe vertreten. Die Kinder singen gern, weil die Gruppenleiterin ein Musik-Profil realisiert hat und ständig mit ihnen singt. Die Rasselbande wünscht sich, dass Susanna mit ihnen Lieder singt. Ein neues Lied mag sie in dieser Situation nicht einführen, zumal sie die Kinder nicht gut genug kennt und die Texte interessanter neuer Lieder noch nicht auswendig kann. Ihr Plan ist deshalb, bekannte Lieder neu erscheinen zu lassen, indem sie diese mit Körperinstrumenten (Body-Percussion) begleitet.

Es erfordert Konzentration, Gliedmaßen unabhängig voneinander zu klopfen

Das Instrument, das jeder immer zur Verfügung hat, ist sein eigener Körper – mit Füßen, Beinen, Händen, Bauch oder Brust lassen sich sehr schöne, musikalisch einsetzbare Geräusche und Rhythmen erzeugen.

Ein Schlagzeugrhythmus mit dem Körper:
H: gleichmäßiges, leichtes Klopfen mit den Fingern der rechten Hand auf der Tischkante
B: Mit einem Fuß auf den Boden treten
S: Kräftiges Schlagen mit der linken Hand auf der Tischkante (über Kreuz unter rechten Arm hindurch)

Hihat	H	H	H	H	H	H	H	H	H	H	H	H	H	H	H	H	H	H	H	H	H	H	H	H
Basstrommel	B								B								B							
Snare					S								S								S			

Hihat: doppeltes Becken vom Schlagzeug; Snare: helle Metalltrommel

Was ist möglich mit:

Fuß	Beine, Arme	Körper, Brust, Bauch	Hände	Kopf, Mund (Beatbox)
• Auf der Stelle treten (Metrum, Groove) • Ballen, Fersen • Fußspitz-Tipp • Schlurfen • Stampfen (Holzboden klingt besser als Teppich.)	• Auf die Oberschenkel klopfen • Patschen • gleichzeitig & abwechselnd	• Klopfen • Patschen • Schlagen • Reiben • Prasseln	• Klatschen • Flache Hände • Hohle Hände • Fingerspitzen	• Schnalzen • Ploppen • Zischen • Summen • Husten • Lallen • Brabbeln

Ein einfacher Schlagzeugrhythmus mit der Stimme:

Einer zählt:	1	+	2	+	3	+	4	+	1	+	2	+	3	+	4	+	1	+	2	+	3	+	4	+
Hihat	tz	tz	tz	tz	tz	tz	tz	tz	tz	tz	tz	tz	tz	tz	tz	tz	tz	tz	tz	tz	tz	tz	tz	tz
Basstrommel	dum								dum								dum							
Snare					tack								tack								tack			

Säuglinge und Krippenkinder

Beginnen Sie bereits in der Krippe, bei jeder möglichen Gelegenheit spontan mit Körperinstrumenten und deren Ausdrucksmöglichkeiten zu experimentieren:

- Mit den Händen klatschen, mit den Füßen stampfen, auf den Bauch klatschen, trommeln. Besonders beim Trockenlegen ergibt sich die Gelegenheit, Lall-, Brabbel-, Prust-, Plopp-, Schnalz-Geräusche zur Belustigung und Anregung des Kleinkinds zu machen. Folgende Vorteile können Sie für das Kind nutzen:
  - Die Wahrnehmung wird gefördert (Auge, Ohr).
  - Kreativität und Experimentierfreude werden geweckt und ausgelebt.
  - Eine Anpassung bei gemeinsamen Body-Percussion-Aktivitäten wird geübt.
  - Eine Begleitung ist zu jedem Kinderlied auf jedem Niveau möglich.
  - Body-Percussion ist ein Ausdrucksmittel, das sich bereits in der vorsprachlichen Phase entfaltet.
  - Das Kind erfährt, dass nicht immer Hilfsmittel oder Instrumente nötig sind.
  - Freude und Spaß sind allein und gemeinsam möglich.

Elementarkinder

Lassen Sie die Kinder ein Lied Ihrer Wahl zu obigem Rhythmus singen. Nehmen Sie einfache und sicher beherrschbare Lieder („Entchen-Rock", „Hänschen klein", „Bruder Jakob"). Probieren Sie mit den Kindern aus: Wie klingt ein typischer Rockrhythmus mit Body-Percussion? Erfinden Sie weitere interessante Rhythmen.

1 Denken Sie sich in Susannas Aufgabe (s. o.) hinein. Bilden Sie in Ihrer Lerngruppe Gruppen mit mind. 4 Sängern und 4–6 begleitenden Körperinstrumentalisten. Einigen Sie sich auf ein Lied aus Ihrem Liederfundus und beleben Sie es mit Körperinstrumenten so, a) dass es auf Ihrem Niveau und b) dass es mit Elementarkindern interessant gestaltet wird.

2 Schlagzeug-Trockenübung: Klatschen Sie sich in der Gruppe warm, gemeinsam nach einem Grundschlag/Tempo, bis Sie konzentriert „auf den Punkt" klatschen.
a) Üben Sie das durchgehende Zählen, erst gleichmäßig, dann betont auf einzelnen Schlägen:
A 1+2+3+4+1+2+3+4+1+2+3+4+1+2+3+4+1+2+3+4+1+2+3+4+1+2+3+4+1+2+3+4+1+2+3+4+1+2+3+4+
B 1+2+3+4+ 1+2+<u>3</u>+4+ <u>1</u>+2+3+4+ <u>1</u>+2+<u>3</u>+4+ (unterstrichen = betont)
b) Versuchen Sie, die Schlagzeugübungen aus der Tabelle nachzuspielen. So wird auch echtes Schlagzeug gespielt!

1 Hihat-Übung	2 Snare-Übung	3 Basstrommel-Übung	Gesamtrhythmus
Person sitzt, Hände über Kreuz. Rechte Hand klopft durchgehend Achtelschläge aufs linke Knie	Person sitzt, Hände über Kreuz. Auf „3“ klopft linke Hand auf rechtes Knie. Das Achtel-Schlagen mit rechts nicht stoppen! Automatisieren.	Nun Achtelschläge rechte Hand aufs linke Knie durchgehend und mit rechter Fußspitze auf „1“ klopfen. Automatisieren.	Wenn Sie alle 3 Übungen automatisch, ohne Nachdenken trommeln können: Übung 1, 2, 3 zusammenführen, begleitend zu Rock-Schlagzeuggroove. Dabei das gleichmäßige Zählen nicht vergessen!
	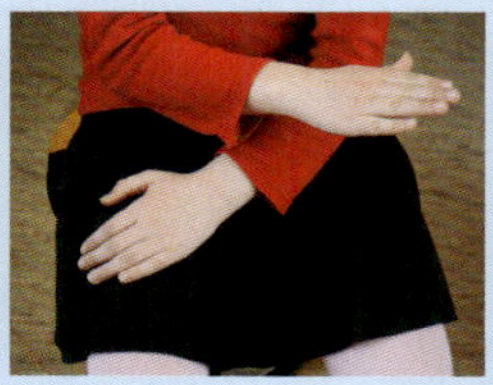	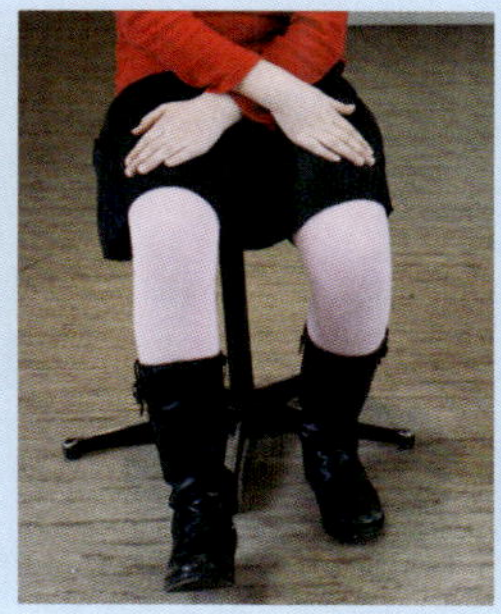	

Methodische Tipps zum Musizieren in der Gruppe

- Wir hören genau zu.
- Wir hören auf das Einzählen oder Startzeichen.
- „Eingrooven“: Die Gruppe stampft und klatscht sich nach einem sehr einfachen Rhythmusmuster warm. Erst wenn alle im Rhythmus sind, beginnt das eigentliche Gruppenmusizieren.
- Rhythmus(teil)pattern erst langsam und spieltechnisch bewusst richtig einüben. Später schneller werden.
- Der Gruppenpuls gilt.

❸ **Frage und Antwort:** Ein Mitspieler spielt über 2 Takte einen interessanten Rhythmus. Der Sitznachbar antwortet in gleicher Länge mit einem anderen, ähnlichen Rhythmus.

1	+	2	+	3	+	4	+	1	+	2	+	3	+	4	+
X	X	X		X		X		X		X		X	X	X	
X	X	X		X		X									

Variation 1: Ein Mitspieler spielt über 2 Takte sein Motiv. Musiker 2 wiederholt dieses Motiv und ergänzt es um einen neuen Takt. Musiker 3 verfährt so weiter. Erfinden Sie weitere Rhythmen und notieren Sie sie für Ihre Mitspieler nach dem vorgegebenen Muster.

Variation 2: Spielen Sie dieses Spiel nach dem Ich-packe-meinen-Koffer-Prinzip. Musiker A startet: XXXooXoX. Musiker B: XXXooXoX, XXXX. Musiker C: XXXooXoX, XXXX, oXoo.

4 **Rhythmuspattern (Muster):** Mitspieler zählt langsam (dann schneller) 1+2+3+4+1+2+... Die anderen versuchen, das Rhythmusmuster durch Body-Percussion zu spielen. Wenn es alle flüssig beherrschen, kann die Gruppe versuchen, einen einfachen Song gleichzeitig über den Rhythmus zu singen. (Erstklassiges Brainjogging, bestens zum Verknüpfen wichtiger Synapsen im Gehirn! Geeignet für Jung und Alt, macht wach.)

5 a) Versuchen Sie, die Rhythmusmuster in den 4 Feldern zu trommeln und unterschiedlich zu kombinieren, z. B.: 1 + 4 oder 1 + 2 oder 3 + 4.
b) Erfinden Sie weitere neue Rhythmuspattern und kombinieren Sie wieder je 2 zu einem Rhythmuspattern.

1	4/4 zählen	1	+	2	+	3	+	4	+
	Stampfen	X				X	X		
	Schenkelklopfen								
	Klatschen		X	X				X	
	Brustschlag				X				
	Schnipsen								X

2	4/4 zählen	1	+	2	+	3	+	4	+
	Stampfen	X	X			X	X		
	Schenkelklopfen								
	Klatschen								
	Brustschlag								
	Schnipsen			X	X				X

3	4/4 zählen	1	+	2	+	3	+	4	+
	Stampfen	X	X						
	Schenkelklopfen								X
	Klatschen			X		X			
	Brustschlag				X				
	Schnipsen								X

4	4/4 zählen	1	+	2	+	3	+	4	+
	Stampfen	X				X	X		
	Schenkelklopfen								
	Klatschen			X	X				
	Brustschlag								
	Schnipsen								X

7.5 Begleiten mit Musikinstrumenten

Quinte (von lat. quinta: „die Fünfte"): Die Quinte bezeichnet die Kombination von zwei Tönen, die zueinander einen Abstand von 7 Halbtonschritten haben, z. B. C-G, D-A. Diese Töne sind zusammen besonders wohlklingend ➤ siehe Intervalle, Kap. 12 Notenkunde.

Beispiel: Der letzte Ton eines Liedes ist F (das ist ein Hinweis darauf, dass das Lied in der Tonart F-Dur steht). Die Quinte von F ist C. Man kann mit diesem Intervall F+C (Quinte F+C) nun dieses Lied begleiten.
Endet ein Lied auf A, dann ist die Quinte zur Liedbegleitung A+E.
Endet ein Lied auf D, dann ist die Quinte zur Liedbegleitung D+A.
Endet ein Lied auf C, dann ist die Quinte zur Liedbegleitung C+G.

1 Bilden Sie 4 Gruppen, akustisch etwas abgegrenzt in den Ecken des Raums. Jede Gruppe nimmt ein Xylofon, Glockenspiel o. Ä. und spielt eine Quinte.
a) Erfinden Sie zunächst eine kleine Melodie, die harmonisch zu der Quinte passt.
b) Versuchen Sie dann, fertige Lieder zu begleiten, die so einfach sind, dass sie mit einem Grundton und dessen Quintenton harmonisch begleitbar sind: „Alle meine Entchen", „Laterne Laterne", „Schneeflöckchen", „Summ summ summ", „Schlaf, Kindlein, schlaf". Viele Kinderkanons lassen sich gut mit Quinten begleiten, denn sie haben sehr simple, auf einen Grundakkord zugeschnittene Melodien (z. B. Hejo spann den Wagen an, Ein kleines graues Eselchen).

Zähle	1	2	3	4	1	2	3	4	1	2	3	4	1	2	3	4
	Bru-	der	Ja-	kob	schläfst	du	noch?	.	Hörst du	nicht	die	Glocken?	Ding	dang	dong	.
Töne	F	G	A	F	A	B	C	-	CD	C	B	AF	F	C	F	
Quinten-begleitung	F-C	F-C	F-C	F-C	F-C	F-C	F-C	F-C	F-C	F-C	F-C	F-C	F-C	F-C	F-C	F-C

❷ Singen Sie „Bruder Jakob“, „Ist ein Mann in'n Brunn gefallen“, „Laterne Laterne“ und alle Kanons, die Sie kennen. Jeder darf einmal das Xylofon spielen und jeder versucht, eine bekannte oder selbst erfundene Melodie über das Muster zu singen.

❸ Nehmen Sie alle passenden Lieder in die Liederfundusmappe (➤ Kapitel 5) auf und kennzeichnen Sie sie als Lieder, die mit einer Quinte begleitet werden (Quintlieder „QL“). Weitere Lieder: „Alle-meine-Entchen-Rock“, „Singe immer wieder“, „Der Frosch zog Hemd und Hose an“, „Vogelhochzeit (trad.)“

❹ Versuchen Sie auch, die Quinten unterschiedlich zu spielen und rhythmisch zu akzentuieren.

Ein Vertonungsbeispiel von Bruder Jakob findet sich in der Audio-Sammlung zum Buch.

> Noten und Begleitakkorde für Kinderliedermelodien findet man im Internet, wenn man den Titel eines Liedes plus „Noten“ sucht, z. B. www.kitalieder.de oder www.liederbaum.de.
>
> **GEMA-freie Lieder** sind z. B. „Schlaf, Kindlein, schlaf“, „Summ, summ, summ“, „Der Kuckuck und der Esel“, „Brüderchen, komm tanz mit mir“, „Babalu-Tanz“.
>
> **GEMA-freie Kanons:** z. B.„Ein kleines graues Eselchen“, „Heut ist ein Fest bei den Fröschen am See“, „Hejo, spann den Wagen an“, „Gute Nacht, gute Ruh“, „Was müssen das für Bäume sein“

Rhythmustaugliche Materialien (Klangensembles)

- Body-/Vocal-Percussion (Geräusche mit Mund, Körper, Händen, Füßen ➤ siehe Seite 95)
- Alltagsmaterialien (Geräusche mit Objekten der Umgebung, z. B. Küchengeräte, aus Federtasche, Mülleimer, Gruppenraum)
- „Stomp“-Instrumente: Besen, Eimer, Bürsten, große Behälter (Tonnen, Waschmittelbehälter, Flaschen), Metallschrott, Werkzeug
- Naturmaterialien (Äste, Blätter, Steine, Kastanien, Nussschalen, Sand)
- Selbstbauinstrumente (Überraschungsei-Rasseln, Filmdosen-Rasseln ➤ siehe Kap. 13.2 Instrumentenkunde)
- Orffsche Rhythmusinstrumente (Tambourin, Gong, Zimbel ➤ siehe Kap. 8 Rhythmik)
- Schlagzeug
- Percussion-Instrumente aus der afrikanischen, südamerikanischen, irischen Folklore ➤ siehe Seite 154 ff.
- Orchester-Schlagwerk

> Die Grundlagen zum Spielen einer Ukelele z. B. hier: www.kleine-ukulele-schule.de von Birte Reuver

Mindmap: Rhythmus

Rhythmus

- **Hören**
  - Musik aus unterschiedlichen Kulturen u. Zeiten (Afro, Latin, Rock, Walzer 3/4)
  - Keyboard-Presets (Vorgaben) für Rhythmen anhören
  - Einzählen inkl. Auftakt: 1, 2, 3 und …
- **Forschen**
  - Ticken der Uhr, Tropfen des Wasserhahns, Zwitschern der Vögel
  - Tagesablauf („Sonne scheine"), Lebensrhythmus, Naturrhythmus
- **Sprechen**
  - Rhythmische Quatschsprache, z. B. „dadu-di-dack", „dum-di-dum", „hoppel-di-poppel", „tä-rä-tätä"
  - Wortkanon
  - Wortgetüme, Erfindungen, rhythmisch
  - Sprach-/Sprechrhythmus, Betonungsakzente
  - Bedeutungsveränderung
  - Anpassung an Gesang, Musik
- **Gestalten**
  - Grafische Gestaltung von Rhythmen
  - Ornamente, Muster
  - Zufallstechniken, z. B. rhythmisch klecksen, streuen
  - Sägen, schlagen, nageln
- **Fühlen, Tasten**
  - Regentropfen
  - Herzschlag, Puls
- **Singen, Musizieren**
  - Klatschen, rappen
  - Body-Percussion: „Jeh joh", „Was Gutes" (Hoppla!-Kindermusik)
  - Musikalischer Wasserhahn (Tropfgeräusche)
- **Bewegen**
  - Hüpfen (Frosch, Hase), gehen, flattern, schlängeln
  - Tanzschritte

Mindmap: Papiermusik

Papiermusik

- **Bewegen**
  - Koordination von Bewegungen mit dem Ziel, ein kalkuliertes, wiederholbares Geräusch zu machen
- **Sozial verhalten**
  - Absprachen beachten
  - Leise sein, zuhören, aufpassen
  - Gemeinsamen Rhythmus finden
  - Geduld haben, wenns nicht gleich klappt
- **Singen, Musizieren**
  - „Papiermusik" oder anderes Lied singen
  - Mit Papierinstrumenten begleiten
- **Sprechen, Kommunizieren**
  - Einsatz der Geräusche absprechen (wer fängt an u. a.)
- **Forschen**
  - Suchen, sammeln
  - Erforschen von Papier-/Pappmaterialien auf ihre Klangqualitäten hin
- **Gestalten, kreativ sein**
  - Papiermaterialien ungewohnt benutzen (Geräuschquellen fürs Musizieren)
  - Spielen und experimentieren, um dem Material interessante Klänge/Geräusche zu entlocken
- **Fühlen, Tasten**
  - Oberflächenqualität erfühlen, Abschätzen von Brauchbarkeit
  - Ideen zur Verstärkung, z. B. Knicken
- **Hören**
  - Wozu ist dieses Geräusch nutzbar? z. B. beim Hörspiel
  - Unterschiedliche Lautstärken zuordnen
  - Zuordnen zu gebrauchsüblichen Instrumenten

7.6 Planung eines Angebots: Papiermusik

Praxis

Janine ist Praktikantin in der „Mäusegruppe" und hat beobachtet, dass Mira (3,5 Jahre), Tom (4,2) und Lina (5) oft nach einer kurzen Malphase mit dem Papier spielen: rascheln, die Papierecke wie beim Umblättern wellen und über den Untergrund reiben oder eine Ecke hochhalten und mit dem Stift darauf schlagen. Was da so zufällig experimentiert wird, möchte Janine aufgreifen.

Sachanalyse
Papier ist ein Material aus Holzfasern und Leim. Es hat vielfältige Aufgaben: Man kann darauf schreiben, Bücher herstellen, Dinge einwickeln, um sie zu schützen oder sie zu präsentieren (Geschenk). Papier gibt es in unterschiedlichsten Qualitäten (Tabelle). Diese Papiersorten besitzen sehr verschiedene Klangqualitäten und sind meist in Kindergärten vorrätig.

Seidenpapier, Transparentpapier und Butterbrotpapier sind durchsichtig.	Packpapier und Tonpapier sind sehr fest und dick, haben eine matte Oberfläche.	Zeitungspapier ist sehr dünn und leicht.
Schreibpapiere und Zeichenpapiere sind undurchsichtig, glatt, weiß, fest, wenig saugfähig.	Aquarellpapier und Malpapier sind weiß, saugfähig, haben eine raue oder strukturierte Oberfläche.	Toilettenpapier und Küchenkrepp sind sehr weich und saugfähig.

Hinführung
Eine Provokation: Die Fachkraft nimmt vor der Gruppe ein Blatt Papier in die Hand und spielt ein bisschen damit: raschelt, lässt es kurz fliegen, fängt es auf, zerknüllt es laut und wirft es hinter sich. Die Kinder protestieren normalerweise: „Das darfst du nicht." Die Fachkraft bestätigt die Kinder und wirft das Papier gezielt in den Papierkorb.

Alle überlegen nun, was man mit dem Papier noch hätte anstellen können. Die Pädagogin holt das Papier aus dem Papierkorb, streicht es auseinander und bewundert die zerknitterte Oberfläche. Die Kinder dürfen das Papier erfühlen. Sie experimentiert weiter: lässt es in die Luft fliegen und auf die Erde segeln, hält es wie ein Fahne, schlägt darauf, knistert. Dann staucht sie das Papier wie eine Ziehharmonika zusammen/auseinander, sodass es einen lauten Ton ergibt. Dies wiederholt sie rhythmisch im 4/4-Takt:

1 ,2, 3, 4. Stauch, stauch, 3, 4, stauch, stauch, 3, 4, stauch, stauch, 3, 4

Über diesen Rhythmus sing/rappt sie den Text des Liedes „Papiermusik":
Jedes Kind darf sich nun einen Bogen bereitgelegtes Kopierpapier nehmen, um damit zu experimentieren. Jedes darf ein Geräusch vorführen.

Die Fachkraft greift ein einfaches und interessantes rhythmisches Geräusch auf, das im 4/4-Takt spielbar ist, und bittet alle, dies mit ihrem Papier mitzumachen. Sie singt das Lied noch einmal und die Kinder singen besonders den Refrain mit:

Pa-pa-pa-pa-papier, ganz viel Papier, pa-pa-pa-pa-papier brauchen wir.

Papiermusik (Ute Meinig)

Dieses schöne weiße Stück Papier,
wirf es nicht weg, sondern lass es hier!
Damit werden wir gleich musizier'n,
'nen fetzigen Rhythmus mit Papier komponier'n.

Refrain:
Pa-pa-pa-pa-papier, ganz viel Papier,
pa-pa-pa-pa-papier brauchen wir. (2x)

Dieses Lied ist in der Audio-Sammlung zum Buch.

Die Kinder suchen daraufhin Papier aller Art im Raum und in der Kita. Sie erproben ihr gesammeltes Papier auf Klangeigenschaften. Das Lied wird mit neuen Papiermaterialien und Rhythmen gesungen.

Abschluss
Der Versuch, welcher aus Sicht der Kinder am besten gefallen hat, wird wiederholt und der anderen Kindergruppe der Einrichtung vorgeführt. Danach folgt das Aufräumen und ein Abschlussgespräch mit Ausblick:
Ausblick: weitere Materialien ähnlich erproben und einsetzen (Murmeln, Sand, Küchenutensilien, Nussschalen, Luftballons, Perlen, Erbsen, Steine, Knöpfe, Besteck, Münzen)

Die ausführliche Planung eines musikalischen Angebots muss den Entwicklungs- und Interessenstand der Kinder berücksichtigen und fordert daher fachliche Begründungen. Nach der Durchführung des Angebots ist eine Reflexion notwendig.

8 Rhythmik

» *Man sollte alle Tage wenigstens ein kleines Lied hören, ein gutes Gedicht lesen, ein treffliches Gemälde sehen und, wenn es möglich zu machen wäre, einige vernünftige Worte sprechen.* «

Johann Wolfgang von Goethe

❶ Diskutieren Sie über dieses Zitat in Dreiergruppen und überlegen Sie, ob es Hinweise für Ihre eigene Entfaltung beinhaltet.

Obiges Zitat, das für Erwachsene gedacht war und eine eher passive Konfrontation mit Kunst und Bildung darstellt, könnte für Kinder und junge Menschen im Entwicklungsprozess wie folgt umformuliert werden:

» *Der junge Mensch sollte jeden Tag wenigstens ein kleines Lied singen, einen Gedanken reimen, ein Bild oder eine Skizze anfertigen und ein kleines Gespräch führen.* «

Ein wichtiger Aspekt fehlt aber noch – die Möglichkeit von Bewegung, die für die kindliche Entwicklung sehr wichtig ist. In diesem Bereich setzt die rhythmisch-musikalische Erziehung (oder Rhythmik) an:

Meyers Lexikon definiert **Rhythmik** so: „Rhythmisch-musikalische Erziehung (Rhythmik) ist eine Form der Musik- und Bewegungserziehung, bei der Melodie, Rhythmus, Formverlauf, Dynamik und Ausdruck von Musik in Bewegung umgesetzt werden. Sie beruht auf einem ganzheitlichen, sozialpädagogisch orientierten Erziehungsprinzip. Sie soll durch körperliche Schulung und Raumbeherrschung sowohl zu eigenschöpferischer Tätigkeit als auch sozialem Verhalten führen."

❷ Analysieren Sie diesen Definitionsversuch im Hinblick auf mögliche Aufgabenschwerpunkte für das Musizieren mit kleinen Kindern.

8.1 Idee der ganzheitlichen musikalischen Förderung

Die Ganzheitlichkeit der Sinne

Rhythmik ist vor allem „Erziehung durch Bewegung und Musik", jedoch fordert der ganzheitliche Ansatz, dass Ziele, Methoden, Themen und Inhalte an der Lebenssituation der Kinder ausgerichtet werden und dabei möglichst alle Sinnesbereiche einbezogen werden: Hören, Stimme, Sehen, Riechen, Schmecken, Fühlen, Bewegen. Sinne, die in frühen Jahren nicht altersgemäß entfaltet wurden, erschweren später das Gestalten eines sinnesfreudigen, selbstbestimmten, bewegten und damit lebendigen Lebens.

Das Konzept der Rhythmik erfreut sich großer Aktualität, da bewegungsunfreundliche Lebensbedingungen bereits weit verbreitet sind. Einige Aspekte:
- Beengte Wohnverhältnisse schränken den kindlichen Bewegungsdrang ein.
- Besonders in Städten gibt es zu wenig Möglichkeiten, in der Natur die Sinne zu entfalten.
- Übermäßiger Medienkonsum für bereits sehr kleine Kinder ist verbreitet.
- Beim passiven Konsumieren (TV, Computerspiele) bleiben die Sinneserlebnisse einseitig (nur Hören und Sehen), es herrscht Reizarmut.
- Die Freude darüber, etwas selbst gemacht (oder gebastelt, erforscht, erlebt) zu haben, kommt beim passiven Konsumieren zu kurz.

1. Denken Sie darüber nach, wie weit Ihr Leben aktiv und von Ihnen selbstbestimmt gelebt wird. Wo ist es passiv und fremdbestimmt?

2. Diskutieren Sie in der Klasse über die Möglichkeit, frei, ohne Kosten und größeren Aufwand ein sinnesfrohes und bewegtes (Freizeit-)Leben zu führen.

3. Überlegen Sie, warum gerade kleine Kinder auf eine Umgebung angewiesen sind, die die Entfaltung ihrer Sinne ermöglicht.

Vier Elemente wirken in der Rhythmik zusammen:

Raum Möglichkeiten, Fläche, Begrenzungen, Gegenstände, Aufteilung des Raumes, Höhe, Weite, Licht, Behinderungen, Geborgenheit, gemütlich/ungemütlich, Menschen im Raum …	**Kraft** Körperliche Kraft, geistige Kraft, positive Kraft gezielt einsetzen, Muskeln, Erfolgserlebnisse, Selbstvertrauen, Stärke, lustvoller Umgang, leicht/schwer …
Zeit Zeitgefühl, eigener Rhythmus, eigenes Tempo, Zeitvorgaben, Anpassung …	**Form** Geordneter/ungeordneter Ablauf einer Aktivität durch eine bestimmte Bewegung in einem bestimmten Raum, in einer bestimmten Zeit; Form entsteht durch ein harmonisches Verhältnis von Raum und Zeit; Formgebung, groß/klein, gerade/geschwungen, rund/eckig, hoch …

4. Überlegen Sie, was diese 4 Elemente für Sie persönlich bedeuten.

Kurzgeschichte der Rhythmik

Der Schweizer Musikpädagoge Emile Jaques-Dalcroze (1865–1950) erkannte zu Beginn des 20. Jahrhunderts, dass die *Bewegung* als Ausdrucksmittel einen größeren Stellenwert in der Pädagogik haben sollte, als dies zu der Zeit üblich war. So entwickelte er für seine Musikstudenten ein Konzept, das die rhythmische Körperbewegung als Hilfsmittel zur Unterstützung für musikalische Aktivitäten besonders nutzte. Er entwickelte vielfältige Übungen und die Möglichkeiten der Improvisation und rhythmischen Körperbewegung, um das musikalische und künstlerische Lernpotenzial seiner Studenten zu erweitern.

Da sich positive Wirkungen in pädagogischen Prozessen und im sozialen Lernbereich schnell einstellten, wurde am Konservatorium in Genf 1904 das Pflichtfach „Rhythmische Gymnastik" eingeführt. Eine Schülerin von Jacques-Dalcroze (Elfriede Feudel 1881–1966) verbreitete die Ideen der Rhythmik weiter in der Arbeit mit Kindern und nannte sie „rhythmisch-musikalische Erziehung".

Ziele einer Rhythmikstunde

Die teilnehmenden Kinder …
- sind wach, präsent, aktiv beteiligt,
- entwickeln Freude und Begeisterung und leben diese aus,
- entfalten Körper und Geist, die zu einer Einheit werden,
- verändern sich positiv, indem Wahrnehmung und Bewegung bewusster, vielfältiger, flexibler werden,
- erreichen eine Interaktion in der Gruppe, die neue Erfahrungen möglich macht,
- entwickeln Fantasie, während ihre kreative Entfaltung durch die aktive Mitgestaltung der Stunde und deren Themen gefördert wird,
- erweitern ihre musikalischen Fähigkeiten (Rhythmus, Lautstärke, Melodie, Tempo, Artikulation),
- erleben sich als lebendiges, aktives, gleichberechtigtes und mitgestaltendes Mitglied einer fröhlichen und bewegten Gruppe.

(nach: Flödl 2006)

5 Fassen Sie die Informationen aus obiger Aufzählung in der Tabelle zusammen.

Was soll erfahren/erreicht/gelernt werden?	Wie könnte dies angeboten/organisiert werden?	Welche Kompetenzen werden dadurch ausgebildet?
…	…	…

Typische Rhythmikmaterialien

Klassische Materialien	Rhythmikmaterialien aus dem Recycling	Rhythmikmaterialien aus der Natur
Luftballons in Grundfarben 	Papierbögen, aufgeblasene Leichtplastiktüten	Blätter, Federn
Chiffontücher, verschiedenfarbig	Stoffreste	Federn
Holzkugeln	Überraschungseier, Tennisbälle, Joghurtbecher, bunte Wollknäuel	Kieselsteine
Japanische Papierbälle	Faltschachteln aus Seidenpapier, Streichholzschachteln	
Holz- oder Plastikreifen	Reifen, Ringe aus Draht oder Plastikflaschen	Reifen, aus elastischen Ästen zusammengebunden
Seile	Seile, aus Stoffstreifen, selbst gefädelt oder selbst geflochten	Gräser, Blumenstiele, elastische Äste
Murmeln	Murmeln aus Alufolienresten	runde Kieselsteine, Kastanien
Bälle in verschiedenen Größen	Papierbälle, Wollknäuel	Mit Sand gefüllte Luftballons
Handtrommeln	Frisbee, Plastikteller, Eimer mit Deckel	Holzstäbe
Rasseln 	Kleine Plastikbehälter mit Füllung	Kokosnüsse oder Walnussschalen mit Steinchen gefüllt
Klanghölzer 	Kochlöffel aus Holz	Äste

8.2 Eine Rhythmikstunde in der Kita

Methodische Tipps

- **Raum:** Achten Sie darauf, dass er möglichst groß und frei von ablenkenden Gegenständen ist. So kann spontan ein Spiel durchgeführt werden, es muss nicht erst Platz geschaffen werden. Der Raum sollte hell und gut belüftbar sein. Lärm sollte andere nicht stören.
- **Rhythmikmaterial und Instrumente:** Sie sollten einen festen Platz haben, damit für alle Kinder klar ist, wo die Objekte hingehören und wo sie sie holen können.
- **Aufmerksamkeit:** Ein Zeichen für Ruhe sollte vereinbart werden (➤ siehe Kap. 1.5.1). Das Sammeln in der Gruppe wird erleichtert, wenn die Kreisaufstellung vorher geübt wurde.
- **Zeit:** Sorgen Sie dafür, dass genügend Zeit zur Verfügung steht, damit das Rhythmikangebot nicht vorzeitig abgebrochen werden muss. Die verschiedenen Angebote benötigen unterschiedlich viel Zeit.
- Ein Rhythmikangebot lebt davon, dass es eine klare Struktur aufweist, dies gibt Sicherheit. Der Ablauf kann so aussehen:
  - Einstieg: Begrüßungsritual, dann Einstimmung auf das Thema
  - Hauptteil: Rhythmische Spiele zum Thema (wechselnde Mittel und Methoden)
  - Ausklang: Abschlussritual

8.3 Planung eines Angebots: Rhythmikstunde mit Luftballons

Praxis

Rhythmik mit Luftballons
Schwerpunkte: Stimmbildung, fantasievoller Umgang mit Luftballons, akustische Wahrnehmung, fein- und grobmotorische Fähigkeiten, Koordination
Material: bunte Luftballons, Glockenspiel, evtl. Lotusflöte, Liedtext „10 kleine Luftballons" (s. u.)

Einstieg (5–10 Minuten)	Zielsetzung
Kinder und Spielleiterin (SL) sitzen im Kreis, singen das Begrüßungslied. Pantomimisches Rätsel: SL zieht imaginären Luftballon aus der Tasche, bläst ihn pantomimisch auf, lässt ihn fliegen. Die Hand der SL fliegt wild umher, bis sie am Boden liegt. Dabei atmet sie mit flatternden Lippen kräftig aus. „Was habe ich gespielt?" Nach Bedarf Wiederholung.	Sammlung, gewohntes Ritual, Aufmerksamkeit, Fantasie wecken, Vorstellungkraft
Kinder liegen verteilt auf dem Boden, sind so klein wie nicht aufgeblasene Luftballons. SL „pustet" laut hörbar die „Kinderluftballons" auf, macht dann das Geräusch des umherflatternden Luftballons (evtl. mit einer Lotusflöte).	Koordination, Atemübung, akustische Wahrnehmung
Aufgabe: „Zeige, was du hörst!" Kinder spielen ganzkörperlich den größer werdenden und umherfliegenden Luftballon nach, bis sie wieder entspannt am Boden liegen.	Grobmotorik, Fantasie, Raumorientierung

Hauptteil	Zielsetzung
Kinder liegen im Raum verteilt auf dem Bauch, Hände auf dem Rücken (evtl. Augen geschlossen), SL gibt jedem Kind einen schlappen Luftballon in die Hand. Aufgabe: „Fühlt, ob der Ballon groß oder klein ist. Warm oder kalt. Schwer oder leicht. Laut oder leise. Glatt oder rau." Dann erst wird der Ballon angesehen. Farbe? Ballon ausprobieren, z. B. dehnen, balancieren (auf Kopf, Schulter, Fuß), werfen und fangen. „Was fällt dir noch ein?" Aufgabe: „Beim nächsten Ton (vom Glockenspiel) probieren alle Kinder, was Anton mit dem Ballon macht." Im Kreis: Ballon aufpusten, fliegen lassen und wiederfinden. Ballon aufpusten, durch Verziehen des Mundstücks quietschen lassen, mit der Stimme das Geräusch nachmachen.	Taktile Wahrnehmung, Begriffsbildung Kreativität, Fantasie, Fein- und Grobmotorik Akustische Wahrnehmung
Ballon aufpusten, mit Knoten verschließen. Ausprobieren: werfen und fangen, mit Körperteilen den Ballon spielen, zu zweit tragen (mit Händen, Köpfen, Bäuchen, Rücken). „Was fällt dir noch ein?" <u>Musik vom Glockenspiel mit Aufgaben:</u> „Zur Musik vom Glockenspiel lass deinen Luftballon tanzen; wenn die Musik aufhört, setze dich mit deinem Ballon hin." Weitere Ideen: Zur Musik … trage deinen Ballon auf einer Hand / tanzt nur der blaue Ballon / machen alle Kinder nach, was Marie mit ihrem Ballon macht. Alle Kinder verstecken ihren Ballon im Raum, setzen sich zum Kreis, ein Kind hat das Glockenspiel. SL lässt einen Ballon tanzen, die Kinder beobachten. Aufgabe: „Spiele mit dem Glockenspiel, solange der Ballon tanzt." Glockenspielende Kinder wechseln ab. Kinder sind Luftballons, fliegen zur Glockenspielmusik durch den Raum. Musikstopp = Pause.	Atmung, Stimmbildung Fein- und Grobmotorik, Kreativität, Fantasie Sozialkompetenz Akustische Wahrnehmung, Koordination, visuelle Wahrnehmung, Koordination Abwarten können, akustische Wahrnehmung, Reaktionsschulung
Abschluss	**Zielsetzung**
Im Kreis: Lied „10 kleine Luftballons" (siehe unten) vorsingen. Besprechen, wie das Lied gespielt werden könnte. Vorschlag z. B.: Kinder sind Luftballons, SL fängt ein Kind nach dem anderen. Gefangene setzen sich an den Rand. Schließlich kommen alle wieder hervor. Tipp: Nur so viele Strophen singen, wie Kinder mitspielen. Bei mehr als 10 Kindern abwechseln. Evtl. darf ein Kind mit Glockenspiel das Singen begleiten (Töne F + C). Alle versteckten Ballons wieder hervorholen, an eine lange Schnur knüpfen und als Girlande im Raum aufhängen.	Akustische Wahrnehmung, Grobmotorik, Raumorientierung Erinnerungsvermögen, Gemeinschaftserlebnis festhalten

(Birte Reuver)

10 kleine Luftballons (Birte Reuver)

(Zur Melodie von „10 kleine Zappelmänner“)

10 kleine Luftballons fliegen durch den Raum.
Einer fliegt zum Fenster raus, nun sind es nur noch 9.

9 kleine Luftballons fliegen leis und sacht.
Einem geht die Puste aus, nun sind es nur noch 8.

8 kleine Luftballons spielen gerne Kriegen.
Ein Ballon, der platzt vor Schreck, nun sind es nur noch 7.

7 kleine Luftballons fliegen zu der Hex.
Einen Ballon verzaubert sie, nun sind es nur noch 6.

6 kleine Luftballons haben keine Strümpf'.
Einer fliegt ins Kaufhaus rein, nun sind es nur noch 5.

5 kleine Luftballons spielen gern Klavier.
Bei einem fällt die Klappe zu, nun sind es nur noch 4.

4 kleine Luftballons fliegen zur Polizei.
Einen Ballon verhaften sie, nun sind es nur noch 3.

3 kleine Luftballons fliegen in den Zoo.
Mit einem spielt der Pavian, nun sind es nur noch zwo.

2 kleine Luftballons fliegen zu Klaus-Rainer.
Der setzt sich auf den einen drauf, nun ist es nur noch einer.

Ein kleiner Luftballon pustet sich groß auf.
Dick und rund, so fliegt er dann bis in den Himmel rauf.

Als er in den Himmel kommt, da gibt's ein groß „Hallo!“,
da warten all die andern schon, nun sind sie alle froh.

La la la …

Spielidee
Die Kinder stellen sich vor, sie sind kleine bunte Luftballons. Diese können aufgepustet werden: Entweder sie pusten sich selbst auf oder sie reagieren auf den Klang einer Luftpumpenflöte (= den Aufsatz einer Luftpumpe abschrauben, Pumpe wie eine Querflöte spielen). Wenn alle aufgepustet sind, schweben sie in einer Reihe. Mit jeder Strophe geht einem „Ballon“ die Luft aus oder er verschwindet. Es kann vorher ein Kind bestimmt werden, das jeweils einen „Ballon“ antickt.

In der letzten Strophe tauchen plötzlich alle wieder auf und tanzen auf „La la la“ noch eine Strophe fröhlich zusammen im Kreis, bevor ihnen ganz zum Schluss wieder die Puste ausgeht und sie immer kleiner werden.

8.4 Orff'sches Instrumentarium

Beispiele von Orff-Instrumenten: diverse Klangmaterialien

Zimbeln, Trommel, Pauke

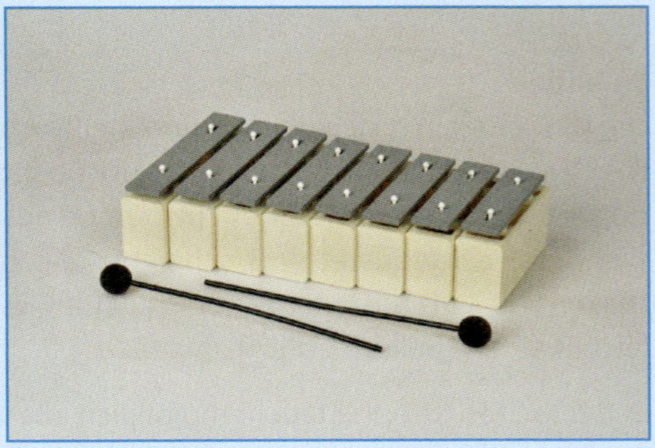

Metallophon

Orff'sches Instrumentarium: Bezeichnung für die von dem deutschen Komponisten und Pädagogen Carl Orff (1895–1982) zusammengestellten Gruppen von einfach zu handhabenden Instrumenten. Sie werden besonders in der musikalischen Früherziehung und in der Schule („Orff-Schulwerk") verwendet, da sie für alle Altersgruppen leicht zu spielen sind. Besondere Bedeutung hat das Orff-Schulwerk auch in der Sozial- und Heilpädagogik sowie in der Musiktherapie.

Von großer pädagogischer Wichtigkeit war für Orff das von kindlichen Ideen ausgehende Spiel und der schöpferische, kreative Ausdruck. Noten und fertige Stücke sollten lediglich als Vorlage für weiterführende Improvisation dienen. Bekanntheit als Komponist erlangte Orff durch seine musikalische und textliche Interpretation der mittelalterlichen Textsammlung „Carmina Burana" (1937).

» *Die Texte, Lieder und Instrumentalstücke sind Modelle, die Kinder und Lehrer zum Spielen, Singen und Tanzen herausfordern, aber auch zum eigenen Improvisieren und Gestalten führen sollen.* «

Carl Orff/Gunild Keetmann: „Die Musik für Kinder" 1950

9 Tanzen nach Musik

Tanz bedeutet, dass Körperbewegungen rhythmisch und zumeist nach Musik koordiniert werden. Im freien Tanz kann man sich kreativ und frei selbst ausdrücken.

Genau wie die Musik gibt es den Tanz vermutlich schon seit Beginn der Menschheit. Dies belegen Höhlenmalereien, die tanzende Menschen darstellen. Der Ursprung des Tanzes ist im religiösen Bereich zu suchen. Getanzt haben die Menschen bei Gebräuchen und Festen. Da Kinder selbstverständlich bei Festen dabei waren, war Tanz auch immer ein Bestandteil kindlicher Erfahrung. Heutzutage ist allerdings eine rückläufige Tendenz zu verzeichnen, da es wenig Anlässe und Gelegenheiten gibt, bei denen selbstverständlich getanzt wird. In der Kindertageseinrichtung lässt sich der freie und geordnete Tanz gut in die Förderung von Kindern integrieren.

Neurobiologisch begründet: In den ersten 7 Lebensjahren bilden sich neuronale Netzwerke im Gehirn aus, die für das Lernen notwendig sind. Bewegen und das Tanzen zu Musik unterstützen diesen Prozess. Da das Erfahrene durch Freude positiv besetzt ist, wird es im Gehirn neuronal nachhaltig verankert und abrufbar.

Bewegungslieder und Tanzlieder: Es gibt viele Kinderlieder, bei denen Singen und Bewegen eine Einheit bilden und die so dem naturgegebenen, kindlichen Bedürfnis nach Toben entsprechen. Viele traditionelle Bewegungslieder haben sich deshalb bis heute gehalten („Brüderchen, komm tanz mit mir", „Es tanzt ein Bi-Ba-Butzemann in unserm Haus herum", „Zeigt her eure Füße").

Die Kindermusikgruppe „Trio Kunterbunt" ist eine Gruppe, die nach dem Vorbild alter Bewegungslieder eigene Lieder produziert (oder textlich aktualisiert), z. B. „Wer will fröhliche Kinder seh'n":

Wer will fröhliche Kinder seh'n (Wolfgang Hering/Trio Kunterbunt)

(zur Melodie von „Wer will fleißige Handwerker seh'n?")

Refrain:
Wer will fröhliche Kinder seh'n,
der muss zum Kinderturnen geh'n.

1. Lauf, lauf, lauf, lauf, lauf, lauf,
uns geht dabei die Puste aus.
Hopp, hopp, hopp, hopp, hopp, hopp,
alle laufen im Galopp.

2. Stampf, stampf, stampf – stampf, stampf, stampf,
alle haben sehr viel Dampf.
Trapp, trapp, trapp, trapp, trapp, trapp,
keiner macht uns heute schlapp.

3. Rechtes Bein, linkes Bein,
das können Kinder ganz allein.
Gebt fein acht, gebt fein acht,
wie der Hampelmann es macht.

4. Oh, wie schön, oh, wie schön,
wenn wir in die Hocke geh'n.
Auf die Zeh, auf die Zeh,
und streckt die Arme in die Höh.

5. Rückwärts geh'n, rückwärts geh'n
und dabei den Kopf nicht drehn.
Zunge raus, Zunge raus,
das Lied vom Turnen ist jetzt aus!

Dein Körper (Leonie u. Birte Reuver)

➤ Siehe Kap. 7, Seite 93

Dieses Lied ist in der Audio-Sammlung zum Buch.

9.1 Vom Nichttänzer zum Tänzer

» *Tanzen ist wie Singen mit dem Körper.* «

(Unbekannnter Autor)

Situation: Tanz dich frei

Karina bewundert schon immer Leute, die ausdrucksvoll tanzen können. In der Disco wird manchmal Musik mit interessanten Rhythmen gespielt. Gern beobachtet sie die Besucher, die etwas ausdrucksvoller, kreativer und eigenwilliger tanzen. Karina würde auch gern kreativere Tanzbewegungen umsetzen, aber sie traut sich nicht richtig.

Ihr fällt ein Flyer in die Hände: Unter dem Motto „Tanz dich frei" wird ein Workshop angeboten, der besonders darauf abzielt, dass Tanzen ein gutes, glückliches Gefühl auslöst, das sich auch auf andere übertragen kann. Die Teilnehmer sollen lernen, wie sie ihren körperlichen und emotionalen Impulsen Ausdruck verleihen. Sie würden entdecken, dass auch sie eine besondere, positive Ausstrahlung haben. Die Erfahrungen, Tipps und Übungen sollen in den Alltag übertragbar sein.

Karina, die sich etwas „langweilig" findet, ist hoch motiviert, etwas für sich zu tun, und auf Tanzen hätte sie große Lust.

1. Notieren Sie alle Argumente für und gegen das Tanzen, die Ihnen spontan einfallen, und diskutieren Sie in der Gruppe.

Sensibilisierungsübung: Warm-ups

Die folgenden Übungen sind dazu gedacht, Sie für den aktiven Teil dieses Kapitels aufzulockern. Ist Ihre Tanzgruppe noch abwartend, gehemmt, unmotiviert, sorgen mehrere Luftballons oder Bälle, die nicht den Boden berühren dürfen, zwangsweise für Bewegung auf der Tanzfläche.

1 Begrüßen: Bewegen Sie sich nach Ihrem eigenen Tempo durcheinander durch den Raum und begrüßen Sie sich möglichst interessant und unterschiedlich, gern international (Hallo! Give me five, Na, du, How are you? Bonjour! Ciao, bella! Dober dan, Kalimera). Achten Sie auf Ihre Mitspieler/-innen.

2 Clustern: Alle bewegen sich durch den Raum. Sobald ein Tänzer vor Ihnen stehen bleibt, versammeln sich 7 Mittänzer eng um diese Person, die übrigen bilden weitere 7er-Cluster. Wenn sich alle zugeordnet haben, geht das Spiel weiter und alle bewegen sich wieder durcheinander durch den Raum.

3 Spiegeltanz: Dazu haben sich 2 Schüler/-innen als Discjockey vorbereitet, und spielen nun unterschiedlichste Musik ab: Hip-Hop, Walzer, Rockmusik, House, dramatische Filmmusik, Folklore, Trance o. a.

Stellen Sie sich paarweise gegenüber auf und tanzen Sie nach der jeweiligen Musik. Ahmen Sie nun die Bewegungen des Partners nach, als wären Sie sein Spiegelbild. Tanzen Sie nicht nur mit den Beinen auf der Stelle, sondern machen Sie Vor-, Rück- und Seitwärtsbewegungen, bewegen Sie auch Hüfte, Bauch, Schultern Arme, Hände, Kopf. Wechseln Sie nach jedem Stück die Führungsrolle und nach jedem zweiten Stück den Partner.

Abschluss: Tauschen Sie sich in der Großgruppe darüber aus, was Sie erlebt haben. Jeder kommt mindestens einmal zu Wort.

9.2 Grundwissen und Aufstellungen (Formationstänze)

Tanz: Allen neuen Tänzen ist das Ziel gemeinsam, die Musik zu interpretieren, indem Bewegung und Musik in harmonischen, ästhetischen Einklang gebracht werden. Entscheidend dafür ist, dass der Rhythmus den Tanz und die Musik miteinander verbindet.

Der **Gesellschaftstanz** ist die Tanzform, die in der westlichen Welt besonders verbreitet ist. Volkstänze wie Samba, Walzer, lateinamerikanische oder afrikanische Tänze spielen eine herausragende Rolle. Standardtänze wie langsamer Walzer, Tango, Wiener Walzer, Slowfox, Quickstepp kennen alle, die eine klassische Tanzschule besucht haben. Weitere Tänze sind Samba, Rumba, Cha-Cha-Cha, Paso doble, Jive, Foxtrott, Discofox. Die Jazz-Bewegung in den USA brachte Tänze des Swing hervor: Lindy Hop, Charlston bis hin zum Boogie-Woogie und Rock 'n' Roll.

Eine andere Kategorie sind **Bühnentänze** wie das Ballett und Tanztheater.

Aktuell erlebt „Tanz" in den Medien durch Tanzaufführungen zu musikalischen Darbietungen und durch Tanzwettbewerbe im Fernsehen neue kulturelle Beachtung und Bedeutung.

Tanz	Beschreibung	Besonderheit
Solotanz	Ein Tänzer tanzt allein.	
Paartanz	Tänze mit Zweiergruppen	
Polonaise	Die große Tanzgruppe reiht sich zu einer Schlange auf, hintereinander stehend mit den Händen auf den Schultern der Vorderperson.	
Line Dance	Eine große Tanzgruppe, die sich zu mehreren Personen in Reihen hintereinander aufstellt. Jeder tanzt auf seinem Platz. Wird zumeist zu Country- oder Popmusik getanzt.	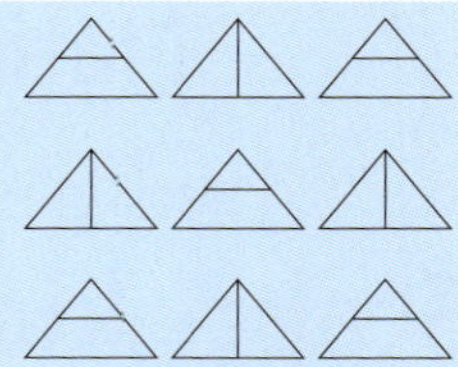
Kreistanz	Kreisaufstellung. Wird meist zu Kinderliedern in der Kita getanzt.	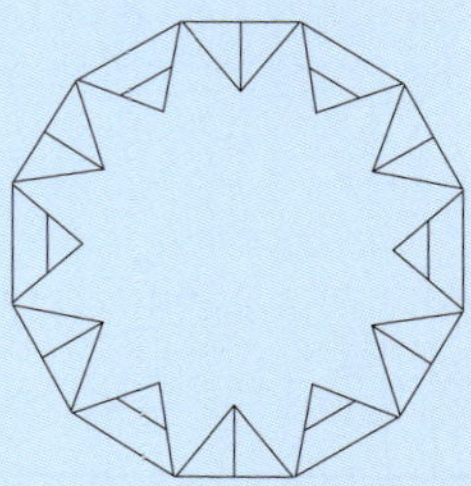
Jazz Dance	Keine Gruppierung festgelegt	
Reigen	Reihentanz, ein Vorsänger führt den Reigen an und schreitet vor. Wurde im Mittelalter von Bauern getanzt (geschritten und gesprungen); später auch von Adeligen an den Höfen getanzt.	
Improvisation	Völlig freies Tanzen; allein, zu zweit oder in spontan gebildeten Gruppen	
Choreografie (griech.: „Tanzschrift")	Erfinden und Einstudieren von Bewegungsabläufen bis hin zu einem vollständigen Kunstwerk	
Performance	Eine situationsbezogene, handlungsbetonte und vergängliche tänzerische Darbietung	

Der Kinderliedermacher Robert Metcalf definiert typische Tanzanweisungen:

Kick = mit dem Fuß nach vorne kicken (wie beim Fußball)
Rück = Fuß zurückziehen
Vor = Fuß vorziehen
Seite = ein Schritt zur Seite (normalerweise erst nach rechts)
Tipp = Boden mit der Fußspitze antippen
Über Kreuz = Beine/Arme überkreuzen
On your own – allein gehen
Promenade – zu zweit nebeneinander gehen
Swing your partner – schwing/dreh deinen Partner, d. h. zu zweit im Kreis drehen
Change your partner – wechsle den Partner

Weitere Begriffe können mit den Kindern am aktuellen Tanz-/Bewegungsablauf abgesprochen werden.)

Tipp: Die Kommandos lassen sich für Kinder auch gut als Zeichnung darstellen (besonders die ersten drei).

9.2.1 Tanzbewegungsbausteine

Grundlegende Tanzbewegungen können je nach Musik und Gruppe eingesetzt werden. Sie sollen nach Bedarf abgewandelt, ergänzt oder optimiert werden. Hier einige Ideen von Nika (7 Jahre). Es gibt viele weitere und originelle Varianten, die Sie bei Bedarf mit Strichmännchen skizzieren können, um sie sich zu merken.

Beachten Sie folgende didaktische Prinzipien: Vom Einfachen zum Schweren. Erst langsam, dann schneller.

Praxis

Arme nach rechts oben strecken, Hüfte nach links bewegen

Arme nach links oben strecken, Hüfte nach rechts bewegen

Arme nach rechts unten strecken, Füße Seite Tipp links

Arme nach links unten strecken, Füße Seite Tipp rechts

Mit dem ganzen Körper nach links drehen

Mit dem ganzen Körper nach rechts drehen

Hände vorm Körper gekreuzt,
Füße gekreuzt

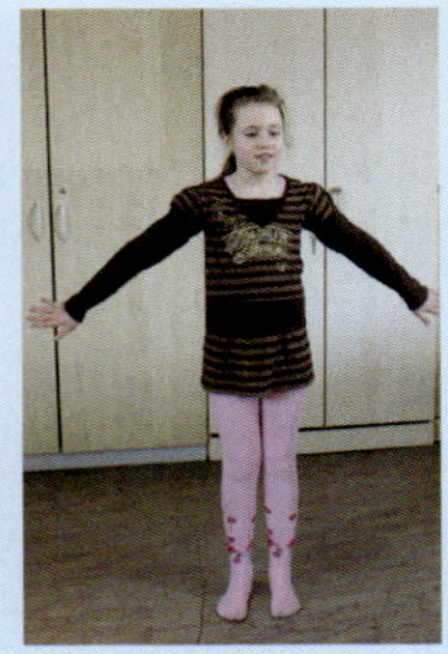

Arme vom Körper abspreizen

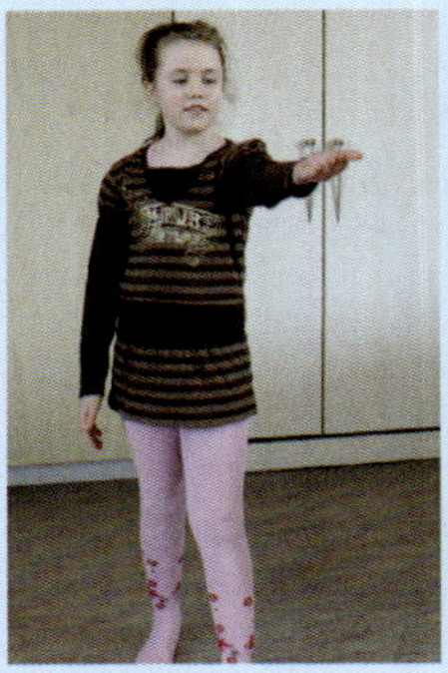

Nach vorne gehen, rechten Arm nach vorne gestreckt. Rückwärts gehen, linken Arm nach vorne gestreckt

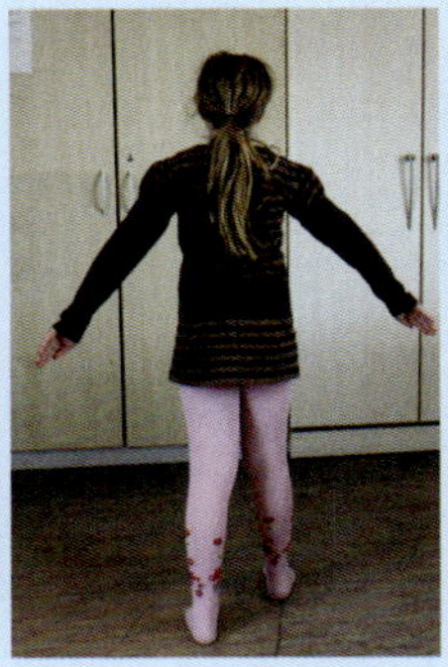

Beide Arme abgespreizt, Hände gestreckt. Nach vorne oder rückwärts oder diagonal schreiten

Beide Arme erhoben, vorwärts, rückwärts oder diagonal gehen

Beide Arme seitwärts gestreckt. Stehen oder vorwärts gehen.
½ Drehung, rückwärts gehen

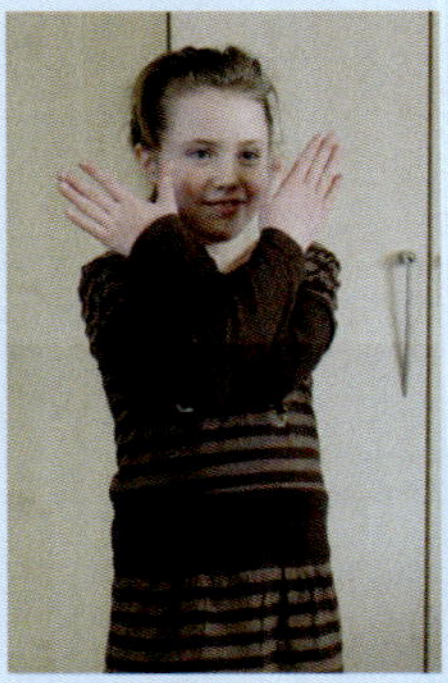

Beide Hände vor dem Körper (oder Gesicht, Bauch) gespreizt

Winken

Nach vorne gehen, Oberkörper und Gesicht zur Seite (rechts/links) gedreht

Hochspringen, mit Armen nach oben gestreckt

9.2.2 Vom einfachen Schritt zur Schrittfolge

1 Eine Choreografie erfinden (Kleingruppe)

a) Die Gesamtgruppe einigt sich auf einen Popsong, der einen gut hörbaren Rockrhythmus hat. Teilen Sie sich in Vierergruppen auf. Versuchen Sie, für den Grundrhythmus aus folgenden Bewegungsvorgaben eine Bewegungskombination an Tanzschritten, die zu dem Rhythmus passt, zu erfinden und einzuüben.

Beispiel:

1	2	3	4	1	2	3	4
Kick	und	ran	und	Seite (rechts)	Tipp	Seite (links)	Tipp

Etwas schwieriger:

1	2	3	4	1	2	3	4	1	2	3	4
Kick	Rück	vor	und	Kick	Rück	vor	und	Seite (rechts)	Tipp	Seite (links)	Tipp

b) Nun entwickeln Sie auf der Basis dieser Schrittfolge und weiterer Ideen eine Choreografie inklusive Armbewegungen, indem Sie die Bewegungsmuster am Sprechrhythmus des jeweiligen Popsongs entwickeln.

Methodische Tipps für die eigene Choreografie

- Ihre Choreografie gelingt am besten, wenn Sie nicht alles auf einmal einüben, sondern nur sinnvolle Teilschritte nehmen und später zusammenfügen. Bereits eingeübte Tanzbausteine können auch für andere Lieder wiederverwendet werden.
- Sorgen Sie für einen spannungsreichen Start (alle stehen bewegungslos in einer interessanten Pose, z. B. mit dem Rücken zum Publikum).
- Sprechen Sie ein Startzeichen ab.
- Der Refrain wird von allen in der Gruppe getanzt und sollte deshalb leicht nachzumachen sein. Zu den Strophen mit komplizierten Choreografien tanzt eventuell eine andere Gruppe.
- Achten Sie auf eine exakte Handhaltung und gute Körperspannung. Hilfreich ist es, sich an den sichersten Mittänzern zu orientieren, auch wenn man „rauskommt". Mit etwas Übung erreicht man auch synchrone (parallel laufende) Bewegungen aller Tänzer.
- Geben Sie vollen Körpereinsatz: Tanzen ist nicht nur Beinarbeit, sondern gefordert sind auch Bewegungen mit Kopf, Oberkörper, Armen, Händen, Fingern, Brust, Bauch und Hüften!

2 Eine Choreografie erfinden (Großgruppe)

a) Entwickeln und üben Sie eine kurze Choreografie für eine Schrittfolge in der Großgruppe.
b) Teilen Sie sich auf 2 oder 3 Gruppen auf und entwickeln Sie unabhängig voneinander (am besten räumlich getrennt) die dazu passenden Bewegungen für Kopf, Oberkörper, Arme, Hände, Finger, Brust, Bauch, Hüften. Die Fußschrittfolge bleibt bestehen. Eine gut tanzbare Form wird eingeübt und der zweiten/dritten Gruppe jeweils vorgeführt.

9.2.3 Tanzfigur Polonaise

Die Polonaise kann gut eingesetzt werden zur Raumwahrnehmung und Koordination in der Großgruppe. Hier einige Tanzaktivitäten mithilfe der Polonaise-Aufstellung.
Beginn: Die Teilnehmer sammeln sich hintereinander mit Blick zur Tanzrichtung. Die Hände liegen auf den Schultern der Vorderperson. Es werden Paare gebildet.

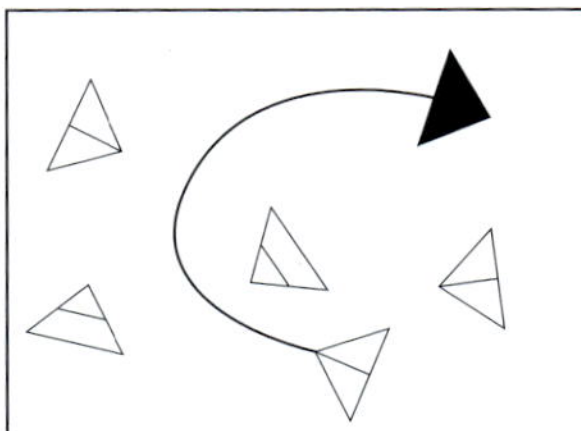
Sammelphase

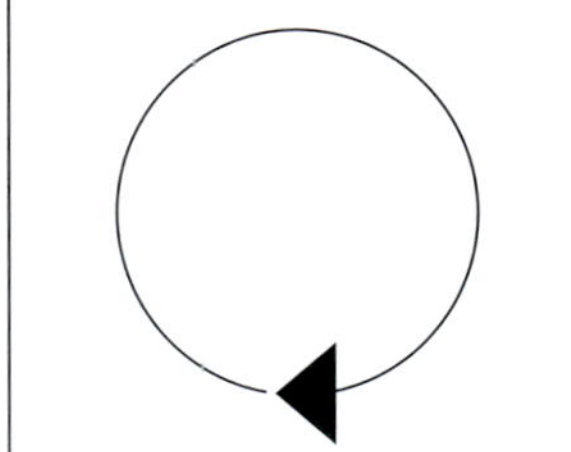
Kreisbildung

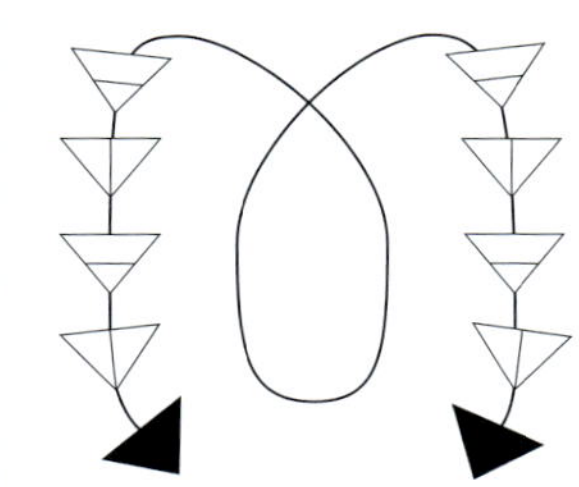
Aufteilung

Parallelformation

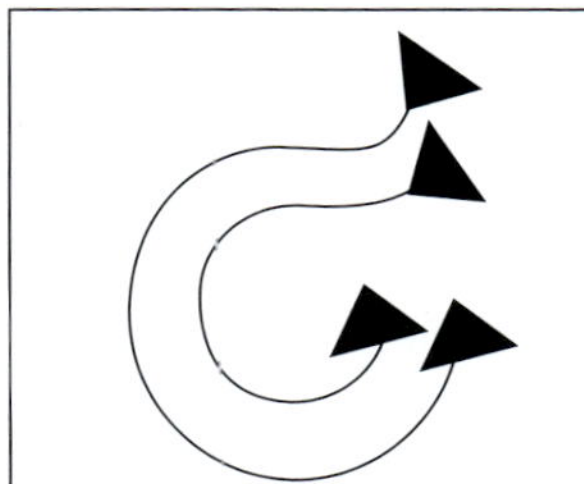
Innen- und Außenkreis

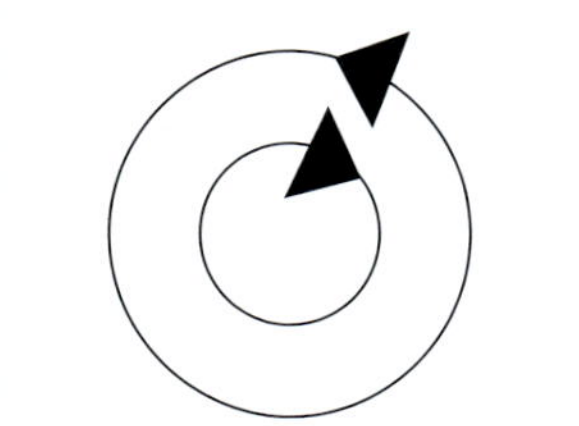
Gegenrichtung – Wechsel – Parallelrichtung

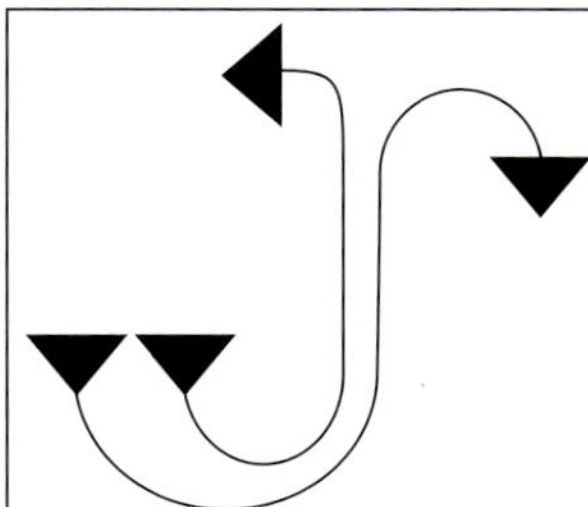
Parallelformation teilen

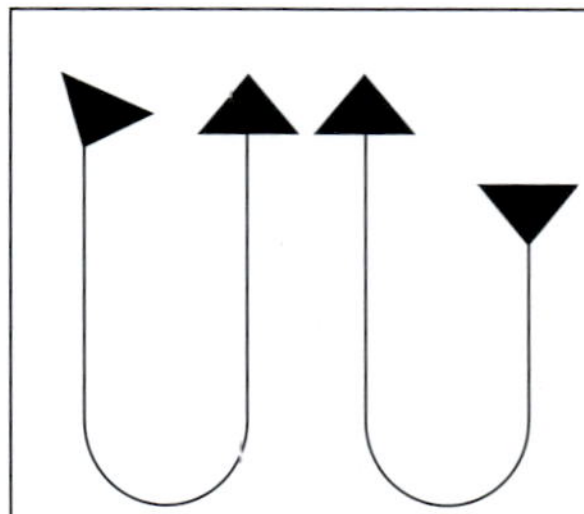
Gasse bilden

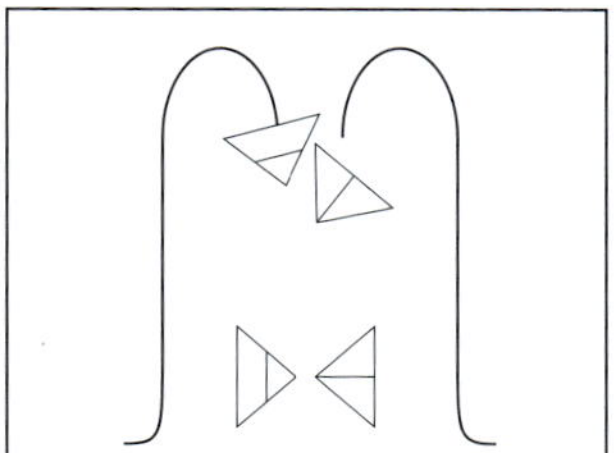
Paarweise oder einzeln durch die Gasse

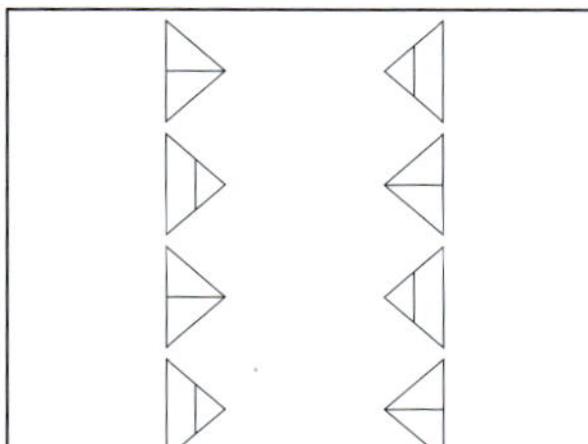
Die Gasse macht Paartanz und -aktivitäten möglich

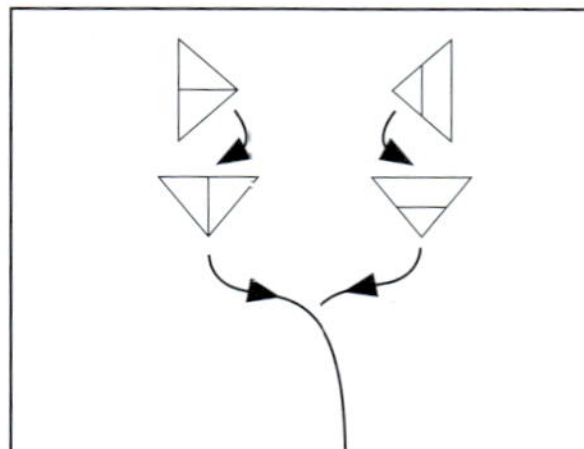
Weiter gehts als Polonaise

9.2.4 Requisiten und Verkleidung

Um eine Tanzvorführung interessanter zu machen und synchrone Bewegungsabläufe besonders zu betonen, kann es sinnvoll sein, dass die Tänzer/-innen speziell gekleidet sind, z. B.

- in einer einheitlichen Farbe: alle in Schwarz, Blau, Weiß oder entsprechend der Figur (z. B. Frösche sind grün, Feen rosa – oder extra anders)
- mit Requisiten wie Hüten, Mützen, Perücken, Regenschirmen, Brillen, Stirnbändern, Halsbändern, Schals, Halstüchern, T-Shirts, Hüfttüchern, Handschuhen, Arm-/Beinstulpen, Gehstöcken, Besen u. a.
- mit übertriebener Schminke bis hin zu Masken (evtl. selbst hergestellt)
- mit eindeutigen Hinweisen bei bestimmten Rollen (Pirat, Vampir, Tier), dies können sein Augenklappe, Vampirzähne und schwarze Lippen, Tierzeichnungen auf Nase und Wangen

9.3 Transfer in Krippe und Kindergarten

Alle tänzerischen Bewegungsmuster und –übungen sollen den Kindern vor allem Freude bereiten und dementsprechend von der Fachkraft kreativ, humorvoll und ergebnisoffen an sie herangetragen werden.

Säuglinge und Krippenkinder

Praxis

Säuglinge können schon von Anfang an das Zusammenspiel von Musikrhythmus und Bewegungsausdruck auf dem Arm oder den Knien der betreuenden Person erleben. Dies geht bei fast jeder Art von Musik (Klassik, Meditations-, Rockmusik u. a.). Musik, die Angst macht, sollte gemieden werden, ebenso zu laute Musik (s. Seite 12). Es ist sinnvoll, Kinder frühzeitig bei Kinderkonzerten (speziell für Kinder von 0–3 Jahren) und Kindertanzvorführungen zusehen zu lassen.

Krippenkinder, die schon sicher laufen und stehen können, sollten häufig rhythmische Musik hören und sich ohne Anleitung ganz frei und individuell ihren Bewegungsimpulsen hingeben. Sie reagieren sehr unterschiedlich, jedoch meist spontan mit Freude, sie jauchzen, gehen in die Knie, werfen die Arme in die Luft oder klatschen. Manche hören verzückt auf die Musik, ohne motorisch auf sie zu reagieren. Das ist abhängig davon,

- ob die Kinder häufig Fingerspiele, Kniereiter oder Ähnliches erfahren haben und
- wie weit sie motorisch entwickelt sind.

Präzise Bewegungen, passend zum Rhythmus des Kinderliedes, sind jedoch selbst von 3-Jährigen noch nicht zu erwarten. Solche Bewegungen müssten erst spielerisch eingeübt werden, z. B. indem das Kind den Grundschlag eines einfachen Kinderliedes oder Tanzes erkennt und umsetzt.

➤ siehe auch Kap. 7

Kreisbewegungen: Die Kinder fassen sich an der Hand und gehen im Kreis

- erst eine Textzeile des Liedes nach links, dann eine Textzeile nach rechts,
- dann in die Mitte und rückwärts zurück
- oder in die Mitte, Hände loslassen, auf der Stelle eine 1/2 Drehung vollführen und vorwärts zurück.
- Variante: Stampfen wie die Elefanten.

Durchs Tor gehen: Je 2 Kinder heben angefasst den Arm, sodass ein Torbogen entsteht. Erst geht das erste Kind durch das Tor, dann das zweite (locker anfassen, damit sich die Hände nicht verdrehen).

Bereich der ganzheitlichen Förderung	Auswirkungen (alle Altersstufen)	Aktivitäten
Körperliche Kompetenzen	gute Körperhaltung, Gelenkigkeit, Bewegungssicherheit, Kondition, Kraft, Bewegungskoordination, Orientierung im Raum	musikalisch-rhythmische Lieder, Spiele, leichte Tanzbewegungen, Choreografien
Soziale Kompetenzen	Gemeinschaftsgefühl, Gruppendynamik, Abbau von Berührungsängsten, Sozialverhalten, Selbstvertrauen, Anpassungsfähigkeit	Spiele, leichte Tanzbewegungen, Choreografien, Rituale, Gruppen-Partnertänze, Absprechen/Einhalten von Regeln, Aufführungen
Geistige Kompetenzen	Sensibilisierung der Wahrnehmung, Selbstbewusstsein, Kreativität, Fantasie, Improvisationsfähigkeit, Ausdrucksfähigkeit, Musikalität, Flexibilität, Konzentration, Koordination	Üben, Wiederholen, musikalisch-rhythmische Lieder, unterschiedliche Musikstile, Spiele, leichte Tanzbewegungen, Choreografien

❶ Beobachten Sie die Kinder Ihrer Gruppe, wenn Sie eine lustige und lebendige Musik abspielen. (Achten Sie darauf, dass die Kinder stehen, wenn Sie die Musik einschalten.) Notieren Sie stichwortartig, welche Bewegungsimpulse die Musik bei den verschiedenen Kindern auslöst.

9.4 Mit Kindern tanzen

Aufwärmen: Hierzu ist es sinnvoll, dass sich die Kinder nach rhythmischer Musik (Rock, Jazz oder Folklore) bewegen und reihum z. B. einen Hut wechseln oder dass ein Schaumstoffball/ Luftballon in die Runde gegeben wird, der den Boden nicht berühren darf. Stoppsignale können ebenfalls eingeübt werden.

Spielerisch einen Partner finden: Memorypaare verteilen (so viele Karten, wie Kinder in der Gruppe sind), mit der Musik und dem Tanz starten. Die Karten müssen ständig getauscht werden. Hat sich ein zusammenpassendes (Karten-)Paar gefunden, setzen sich beide an den Rand. Variante: Auf Kommando müssen alle ganz schnell ihren Partner finden.

Partnerfindung 2: Auf Kommando stellen sich die Mitspieler zu einer Gasse auf. Wer sich gegenübersteht, bildet ein Paar.

❶ Überlegen Sie in Vierergruppen weitere Spiele zur Partnerfindung und Gruppierung. Jedes Gruppierungsspiel wird notiert und erhält eine kleine Einstimmungsgeschichte.

Praxis

Grundsätze des Kindertanzes	Pädagogische Konsequenz daraus
Sie sind die „Animateurin" und das Vorbild. Von Ihrer Ausstrahlung, Freude, Geduld und Begeisterung für das Tanzen und die Kinder hängt der Erfolg Ihres Angebots ab.	→ Lächeln Sie, strahlen Sie Freude aus.
Es soll genügend Platz zum Tanzen und eine gute Lüftung vorhanden sein.	→ Verlegen Sie die Aktivitäten in Bewegungsraum, Turnhalle, evtl. nach draußen in den Park, auf die Wiese (benötigtes Material: mobiles Abspielgerät).
Es gibt genügend Möglichkeiten für kindliche Individualität, für kreativen Selbstausdruck und um Ideen umzusetzen.	→ Wechseln Sie die Phasen der freien Improvisation, des Tobens und der „geordneten und vorgegebenen" Bewegung ab.
Jedes Kind kann sich einbringen und hat ein Erfolgserlebnis. Dies hat Vorrang vor dem Perfektionismus in der Darbietung!	→ Achten Sie darauf, dass auch weniger geübte Kinder das Gefühl haben „Das kann ich." Der Weg ist das Ziel.
Der Zeitraum für die „Tanzstunde" richtet sich nach den Bedürfnissen und Möglichkeiten der Kinder. Bei Bedarf wird variiert.	→ Haben Sie immer 1–2 Ideen im Hinterkopf, falls Abwechslung nötig ist oder die „Stunde" angesichts der Tagesform der Kinder vorzeitig beendet wird.
Vom Einfachen zum Schwierigen und von Teilschritten zum Ganzen.	→ Die Kinder oder Sie dürfen sich auch selbst applaudieren, wenn etwas gut geklappt hat.
Wiederholung und Übung sind ganz normale, angemessene Methoden, um etwas zu lernen.	→ Mit Witz, Humor und Geduld vermeiden Sie die Anmutung von Stress und Drill. Bauen Sie eventuell Ruhe- und Stilleübungen ein (➤ siehe Kap. 1.5.2).
Kleine Requisiten (Handschuhe, Bänder an Hand/Fuß, Schmuck, Stirnbänder) geben neue Impulse für wiederholungsbedürftige Phasen und erleichtern Bewegungsabläufe	→ Halten Sie passendes Material parat.
Kein Kind wird gezwungen, jedes Kind ist integriert. Die Partizipation der Kinder bei der Auswahl von Musik u.a. ist erwünscht (➤ siehe Kap. 5.9.4).	→ Wenn ein Kind nicht mitmachen möchte, darf es Publikum sein und gern auch klatschen. Spielregeln für das Publikum: leise sein, auf dem Zuschauerplatz sitzen bleiben, gut aufpassen. Später von dem Kind ein Feedback einholen.

❷ Ergänzen Sie diese Tabelle fortlaufend mit Ihren eigenen Erfahrungen aus der Praxis. Machen Sie sich in der praktischen Arbeit in der Einrichtung Notizen, was Sie gemacht haben – und worauf Sie das nächste Mal besonders achten möchten.

Mindmap: Tanz mit Kindern

Tanz mit Kindern

Singen, Musizieren
- Melodie, Rhythmus, Text & Bewegung: in Einklang bringen und koordinieren
- Während des Tanzes singen oder mit Rasseln, Glöckchen, Kastagnetten die Tanzmusik aktiv begleiten (Besonders neurobiologisch wertvoll – aber nicht überfordern!)

Sprechen, Kommunizieren
- Es gibt versch. Begriffe für Tanzbewegungsabläufe (Stopp, Tipp)
- Bewegungsabläufe benennen, beschreiben
- Über tänzerische Erfahrungen und Gefühle sprechen
- Spiegeltanz: Kinder versuchen die Bewegungen des Gegenübers im Spiegel nachzumachen

Hören
- Kann das Kind Rhythmus bzw. spezielle Akzente des Rhythmus hören & in Bewegung umsetzen?
- Anweisungen verstehen und umsetzen
- Akzente in der Tanzmusik wiederfinden
- Walzer, 4/4-Takt, 3/5-Takt

Persönlichkeitsausdruck finden
- Temperament ausleben

Sehen
- Was sieht schön aus? Was weniger?
- Genau hinsehen: Wer macht was?

Sozial verhalten
- Niemanden anrempeln
- Bei Paartanz, Reihentanz: sich mit Partner abstimmen
- Geduld miteinander (z. B. kleine Kinder)
- Der kleinste gemeinsame Nenner ist der „Schwächste"
- Tanzanweisungen beachten: bei Stopp ist Stopp!
- Konkurrenz aushalten, Hemmungen überwinden

Bewegen
- Bewegungskoordination: Beim gelenkten Tanz vorgegebene Muster nachahmen & merken!
- Freie Bewegung nach der Musik, spontane Kreativität wird ausgelebt, Kinder tanzen, wie sie sich fühlen

Forschen
- Tanzvorführungen von Eltern anschauen (z. B. aus anderen Kulturen)
- Gibt es Tiere, die tanzen?
- Kann man im Sitzen, nur mit dem Kopf oder nur mit den Armen tanzen?
- Welche Arten von Tanz gibt es in den Epochen, Kulturen (Folklore)?

Gestalten
- Wahrnehmung des Raumes
- Raumwege zeichnen
- Bewegungen (Arme, Beine, Hände) mitgestalten, Ideen einbringen
- Eigene Ideen
- Verkleidung, Schminke, Deko, Einladung für Vorführung

Praxis 9.5 Planung eines Angebots: Tanz

Ziele (für Elementarkinder)
- Bewegungsförderung
- rhythmische Wahrnehmung und Bewegung
- soziales Miteinander
- Entwicklung des Gehirns durch Überkreuzbewegung

Hinführung (zum Aufwärmen)

Die Kinder dürfen sich für eine Musik von dreien entscheiden.

Kreisaufstellung. Alle hören die Musik und gehen rhythmisch auf der Stelle, passend dazu. (Falls zu leicht, kann zusätzlich geklatscht werden: tipp-tapp-klatschen.)
- Einige (Fitness-)Bewegungen werden eingebunden: beugen, strecken, rundherum drehen, 2x klatschen, hoppeln, stehen.
- Varianten: halbe Drehung, Vierteldrehung, statt „beugen" bücken oder knien, statt „stampfen" trampeln, trippeln, hüpfen, hoppeln.

- Altersgemischte Gruppen: Geben Sie den kleinen oder ungeübten Teilnehmern Teilaufgaben mit wichtigen Akzenten, z. B. nur beugen, recken, dann 3x klatschen.

Beobachten Sie die Kinder gut: Wie ist die Tagesform? Sind sie überfordert? Fit für den nächsten Schritt? Eine Überforderung führt schnell zu Misserfolgsgefühl und Entmutigung.

Hauptteil (Einübung des Tanzes, z. B. Polonaise, Hip-Hop)

- Die Aufstellung des Tanzes wird geklärt, z. B. über Aufzeichnungen mit Kreide auf dem Boden. Über aufgeklebte (in der Hinführungsphase hergestellte) Fußabdrücke aus Papier oder Seile gibt es Orientierung im Raum.
- Jetzt wird ein kleiner, übersichtlicher Teil einer einfachen Schrittfolge ohne Musik eingeübt. Der Pädagoge steht vor den Kindern mit dem Rücken zugewandt, damit die Kinder seine Schritte und Bewegungen leichter nachmachen können.
- Fachkraft tanzt vor, Kinder machen nach. Die einzelnen Teile werden zusammengefügt und geübt. Achtung: vom Einfachen zum Schwierigen! Spielerische Elemente einbauen, z. B. Zeitlupe, schneller werden.
- Das Erlernen von „rechts" und „links" kann in den Tanz eingebunden werden. Hierzu kann man R- und L-Aufkleber für den Handrücken vorbereiten.

Abschluss (Vorführung)

Der Tanz kann den Kindern aus einer anderen Gruppe (oder den Eltern oder einer interessierten Erzieherin) vorgetanzt werden. Sich selbst applaudieren!

> Die ausführliche Planung eines musikalischen Angebots muss den Entwicklungs- und Interessenstand der einzelnen Kinder berücksichtigen und fordert daher fachliche Begründungen. Nach der Durchführung des Angebots ist eine Reflexion notwendig.

Praxis

Situation: Svea möchte mit den Kindern tanzen

Die angehende Erzieherin Svea tanzt privat in einer Breakdance-Gruppe und möchte in ihrer Kindergruppe (Elementarkinder, 3–6 Jahre alt) eine kleine Tanzperformance einüben. Die Gruppe bekam bisher im Bereich Musik und Tanz kaum Anregungen. Svea hat die Gruppe beobachtet und festgestellt, dass die Kinder sehr unsicher oder sogar desinteressiert auf ausgesuchte Musik reagieren. Einige klatschten nur kurze Zeit im Rhythmus, manche hüpften an bestimmten Stellen.

Svea kommt zu dem Schluss, dass sie mit ganz einfachen Übungen beginnen muss, bevor an eine kleine Tanzperformance zu denken ist. Zunächst führt sie die Aufwärmübungen „Warm-ups" aus dem Unterricht (➤ siehe Seite 114) in abgewandelter Form durch.

Aufwärmspiel 1: Marktplatz

Die Kinder sollen sich vorstellen, sie sind in Italien am Sonntag nach der Kirche auf dem Marktplatz. Hier ist viel los, Menschen aus allen Ländern, sie begrüßen sich (nacheinander, von Stopp zu Stopp):

- Galant, mit Handkuss, grob, erfreut, nur mit Handbewegung, Schulterklopfen o. a.
- Jeder soll jeden aus der Gruppe mindestens einmal begrüßt haben.
- Nun mit Musik und ohne Worte: verneigen, Knicks, Arm heben o. a.
- Die Ideen der Kinder aufgreifen, z. B. Begrüßen mit dem Ellenbogen, den Nächsten wie einen Elefanten.

Aufwärmspiel 2: Wechselbad der Gefühle

- Sitzkreis. Die Kinder reden in Dreiergruppen über normale und extreme Gefühle, die sie kennen.
- Jedes Kind überlegt sich 3 Gefühlszustände, z. B. Kind ist wütend, fröhlich, traurig, müde, enttäuscht, verrückt, verliebt, arrogant, unsicher.
- Jedes Kind nennt einen Gefühlszustand, der noch nicht genannt wurde.
- Nun darf jedes Kind sein Gefühl durch Mimik, Bewegung und Tanzschritte vorführen. (Hilfreich, wenn die Erzieherin mit Trommel/Instrument mit dem Kind Rhythmus und Geschwindigkeit abspricht. Die Begleitung können auch geübte Kinder übernehmen.)
- Anschließend Gespräch über das Erlebte.

Tanz 1: Spiegeltanz

Die Gruppe teilt sich in Tanzpaare auf. Sie stellen sich verteilt im Raum so auf, dass Tänzer und Tanzpartner sich gegenüberstehen. Nun macht der Vortänzer Tanzbewegungen, die sein „Spiegelbild"-Partner möglichst gleichzeitig nachahmt, aber seitenverkehrt. Danach Rollentausch. Anschließend Gespräch über das Erlebte.

Tanz 2: Schaufensterpuppen werden wach

Schaufensterpuppen haben ein trauriges Leben: Den ganzen Tag müssen sie still und regungslos im Schaufenster stehen. Aber nachts, wenn die Straßen leer sind und keiner sie sieht, werden sie lebendig und tanzen sich langsam ins Leben...!

- Der Spielleiter zeigt an, welches Körperteil wach wird – vom kleinen Finger zur ganzen Hand, zum Fuß, zum Knie, zum Gesicht –, bis der Körper von einzelnen steifen, ungeschickten Bewegungen zu harmonischen, eleganten, fließenden Bewegungen erwacht.
- Danach als „Stopptanz" weiterspielen: Wenn die Musik stoppt („Da kommt jemand!"), bleiben alle wie versteinert in der Position stehen, die sie gerade hatten, und sei sie noch so verrückt.

Methodische Tipps für die Anleiterin

Als Anleiterin sollten Sie sich Ihrer Rolle bewusst sein, denn die Kinder richten sich nach Ihnen. Sie sind die Vortänzerin.

- Sie sollten die Tanzbewegungen selbst sicher nach der Musik tanzen können.
- Nehmen Sie einen Platz ein, von dem aus Sie von allen Kindern gut gesehen werden (z. B. in der Mitte des Kreises). Bei kleinen Kindern ist es besser, wenn Sie vor der Gruppe vortanzen, die Kinder in einer Reihe dahinterstehend.
- In der Regel ist es notwendig, die Bewegungen mit Sichtkontakt zu den Kindern vorzumachen, d. h. spiegelverkehrt vorzutanzen.
- Klären Sie, wo rechts und wo links ist, z. B. mit R-/L-Aufkleber auf dem Handrücken oder Stempelabdruck oder einem Armband.
- Erst mit kurzen, einfachen Bewegungsabläufen langsam und ohne Musik starten. Dann schneller und komplexer werden.
- Aufstellung: Es ist sinnvoll, wenn die sichersten Tänzer in der ersten Reihe tanzen, da sich die anderen Tänzer an ihnen orientieren können.
- Im Kreis ist ein Wechsel des Vortänzers (z. B. reihum) möglich.

9.6 Planung eines Angebots: Nach einem Kinderlied tanzen

Praxis

Es gibt was Gutes (Ute Meinig, Birte Reuver)

1. Hey Kinder, hört mal alle her:
Bewegung nach Musik ist toll und gar nicht schwer.
Den Rhythmus klatscht ihr am besten alle mit.
Ihr werdet gleich seh'n, das wird heute unser Hit.

Refrain:

Es gibt nichts Gutes, außer ihr tut es!
Es gibt nichts Gutes, außer ihr tut es!

2. Mit den Händen klatschen, mit den Füßen auf der Stelle geh'n
und dann die Ohren spitzen, damit alle was versteh'n.
Ich singe euch den Text jetzt noch einmal vor,
denn dann geht er in die Beine und auch ins Ohr:

3. Ist doch leicht, das sieht man an jedem Gesicht,
schon fast zu langweilig oder etwa nicht?!
Dreht euch jetzt nach rechts um euch selbst herum,
und wer's nach links tut, dem nehm' wir das nicht krumm.

4. Und dann geht ihr in die Knie und wackelt mit dem Po,
denn das macht die Muskeln stark und den Nachbarn froh!
Und dann flattert mit den Armen, wie beim Entengang.
Ja, Tanzen ist lustig und macht gar nicht krank!

5. Und nun dreht euch mal um, zu dem, der neben euch steht. [Zeit lassen!]
Schaut ihm in die Augen, fragt, wie es ihm geht!
Dann fasst euch an den Händen und tanzt ein Stück –
nach links vielleicht – und dann nach rechts zurück.

Dieses Lied ist in der Audio-Sammlung zum Buch.

Ziele (für Elementarkinder)

- Bewegungsförderung durch verschiedene Bewegungsaufforderungen im Lied
- Rhythmik, indem der Rhythmus des Liedes durch verschiedene Übungen erfasst und tänzerisch umgesetzt wird
- Soziales Miteinander durch gemeinschaftlich koordinierte Tanzbewegungen zu einer Gruppenchoreografie

Hinführung

- Die Gruppe hört sich „Es gibt was Gutes" gemeinsam an. Der Rhythmus wird mitgeklatscht.
- Reihen- oder Kreisaufstellung. Beginn mit dem rechten Fuß. Erst gehen alle im Rhythmus der Musik auf der Stelle. Beobachten Sie die Kinder gut: Wie ist die Tagesform? Sind sie überfordert? Fit für den nächsten Schritt? Eine Überforderung führt schnell zu Misserfolgsgefühl und Entmutigung.

Hauptteil
Zur Klärung von Rechts- und Linksanweisungen werden Aufkleber verteilt und auf den Handrücken geklebt. Varianten: Stempel auf den Handrücken, Armbändchen aus Wolle, Klammer an Ärmel befestigen.

Das Lied wird gesungen und die Bewegungsvorschläge im Lied werden gemeinschaftlich umgesetzt. Erst wenn die 1. Strophe eingeübt ist, wird die nächste vorgenommen. (Bei kleinen Kindern: Nicht alle Strophen
am ersten Tag durchspielen.)

Die Gruppe überlegt sich evtl. weitere Bewegungsideen für Arme, Hände oder den Einsatz von Requisiten (z. B. Tuch oder Band in einheitlicher Farbe um die rechte Hand binden oder Handschuhe anziehen).

Abschluss
Den Tanz in der eigenen Gruppe durchspielen. Sich selbst applaudieren!
Danach Gruppengespräch. Was machen wir zum nächsten Termin (Partizipation)? Themen könnten sein:

- Passende Kleidung
- Andere Aufstellung als Kreis wählen
- Lernen, das Lied ohne das Hilfsmittel der CD einzuüben und vorzutanzen
- Mit den Kindern in eine andere Gruppe des Kindergartens gehen und das das Lied einüben.
- Begleitung durch Musikinstrumente erfinden und einüben. Der Strophenteil kann mit „D", der Refrain mit „A" begleitet werden und endet auf „D". Dies ist für ungeübte Kinder machbar, wenn sie den Rhythmus halten können.

> Die ausführliche Planung eines musikalischen Angebots muss den Entwicklungs- und Interessenstand der einzelnen Kinder berücksichtigen und fordert daher fachliche Begründungen. Nach der Durchführung des Angebots ist eine Reflexion notwendig.

10 Malen nach Musik

Wer Musik hört, erfährt mehr als eine Melodie, einen Rhythmus oder den Text eines Liedes. Er kann mit der Musik oft auch eine bestimmte Grundfarbe oder grafische Grundmuster verbinden, die sich je nach Musikverlauf ändern. Mediaplayer-Software auf dem Computer ist übrigens ganz ähnlich in der Lage, musikalische Impulse als grafische Bilder darzustellen (➤ siehe rechts).

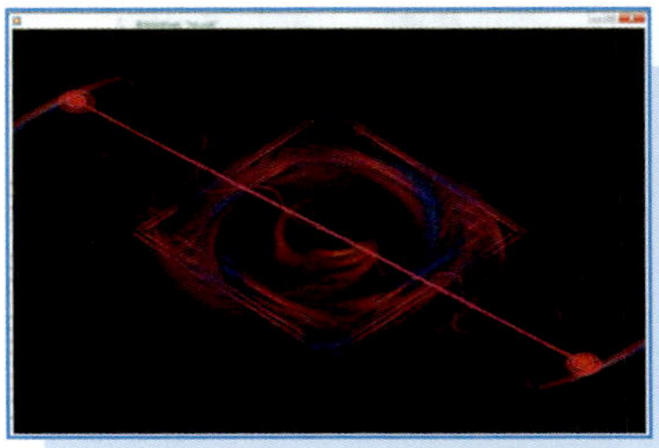

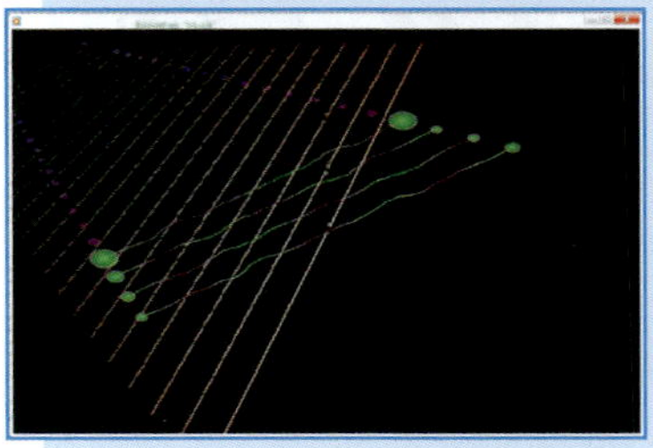

Software kann Musik visuell darstellen

Angeregt beim Hören von Klängen und Musik werden die Fantasie und die Imagination (Vorstellungskraft, anschauliches Denken). Die Film-, Musik,- und Werbeindustrie arbeitet sehr bewusst mit dieser (dem Konsumenten oft unbewussten) Fähigkeit des Menschen.

❶ **Filmmusik.** Wählen Sie einen Film (auf DVD, Video) aus und suchen Sie einen etwas längeren Ausschnitt, in der Filmmusik hörbar ist.
a) Spielen Sie diese Passage mit ausgeschaltetem Bildschirm in der Klasse vor. Welche bildliche

Vorstellung entwickeln Sie beim Hören? Schreiben oder zeichnen Sie mit. Vergleichen Sie, ob es Übereinstimmungen in der Klasse gibt.
b) Nun sehen Sie sich die Passage inklusive Filmmusik an. Gibt es Übereinstimmungen in der Klasse bezüglich Farbe und Form der Bildinhalte oder Abläufe?

2. Tauschen Sie sich in Kleingruppen darüber aus, wie Sie sich bei der Übung 1 gefühlt haben und wie Sie Ihr künstlerisches Ergebnis einschätzen.

10.1 Entsprechung: Farben und Klangfarben, Grafik und Bewegung

1. **Visualisierung von Gehörtem durch Farben und Formen**
Malen Sie ein Bild zu einem Musikstück, das Sie in der Klasse hören. Nutzen Sie Farben, Formen und Bewegung, um die Töne darzustellen ➤ siehe Tabelle. Um klischeehaft gegenständliches Malen zu vermeiden (z. B. Sonne, Blumen, Bäume), gelten diese Regeln:
   - Malen Sie keine Gegenstände.
   - Verwenden Sie die 3 Grundfarben Gelb/Rot/Blau. Diese können zu Grün und beliebig vielen Mischtönen kombiniert werden.
   - Klären Sie vorher, welche Grundfarben für welche Stimmung stehen sollen: Freude/Fröhlichkeit, Anspannung, Leichtigkeit, Schwere, Gefahr u. a.

2. Präsentieren Sie Ihre Bilder in Gruppen. Jeder spricht über sein Bild anderthalb Minuten lang. Danach folgt eine Auswertung: Gibt es Übereinstimmungen?

Beispiele für grafische Gestaltungsmöglichkeiten

Zeichen, grafische Mittel	Flächenbildend	Strukturen
Punkt, Klecks Linie (dynamisch, gerade, gekrümmt, zackig, gerundet, schleifig) Anfang/Ende einer Linie = Strich	Körperlichkeit, Stofflichkeit von Oberflächen Hell-dunkel-Differenzierung Kontrast Schraffuren (Richtungsverlauf der Linien) Parallelschraffur	Verdichtung, Streuung Materialität Verbindungen Fläche Spur (einer Bewegung) Aneinanderreihung mehrerer Punkte

10.2 Entsprechung: Farben und Töne

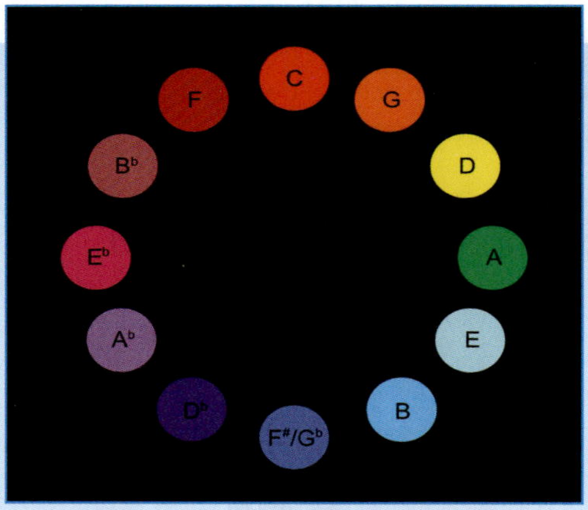

Klaviatur mit Ton-Farbe-Zuordnung nach Skrjabin

Töne können mit Farbwahrnehmungen verknüpft werden (hier: Quintenzirkel nach Skrjabin)

Zwischen den Tönen in der Musik und den Farbtönen in der Kunst gibt es nicht nur sprachliche Verwandtschaften, z. B. wenn man von einem „warmen Ton" spricht. Schon immer beschäftigten sich Philosophen und Naturwissenschaftler mit einem Zusammenhang zwischen Farben und Klängen.

- Viele Menschen haben beim Hören eines Tons eine Farbvorstellung, bewusst oder unbewusst. Bei Veränderungen von Lautstärke und Tempo der Töne variieren entsprechend Formen, Größe der Farbobjekte und Helligkeit der Farben. Menschen mit einer seltenen Begabung (sogenannte Synästhetiker) nehmen Eindrücke generell auf 2 Kanälen wahr, sie sehen z. B. Farben bei Geräuschen oder lesen Zahlen und Buchstaben gleichzeitig auch als Formen.
- Umgekehrt kann man auch Farben auditiv umdeuten: So entspricht die Farbe Orange in der subjektiven Wahrnehmung der meisten Menschen einem tiefen, vibrierenden Ton.
- Physiker stellten Zusammenhänge fest zwischen den Wellenlängen (Frequenzen) der Musiktöne und den Wellenlängen der Farben.

❶ Versuchen Sie, die Töne, die man Ihnen auf Klavier, Xylofon oder Gitarre vorspielt, einer dieser Farben zuzuordnen:

- Gelb
- Orange
- Rot
- Violett
- Blau
- Türkis
- Grün

❷ Vergleichen Sie in der Klasse, ob es Übereinstimmungen in Ihren Zuordnungen gibt.

10.3 Wir machen Musik nach einem Bild

Elementarkinder

Praxis

Schwerpunkte: aktives Hören, Wahrnehmung (auditiv und taktil), Fantasie, meditatives Malen

Bild wird Musik 1

Wimmelbilder bieten oft eine Geräuschkulisse an, die mit Orffschen Instrumenten oder Selbstbauinstrumenten hörbar gemacht werden können (Themen: in der Badeanstalt, im Hafen, auf der Baustelle).

- Ein Kind beschreibt, was auf dem Bild geschieht (z.B. auf der Baustelle). Die anderen Kinder versuchen, mit verschiedenen Instrumenten, Gegenständen, Körperinstrumenten passende Geräusche zu erfinden.
- Zum Schluss kann der komplette Baustellenlärm von morgens bis abends zu einer Klangkomposition zusammengefügt werden.
- Andere Kinder aus der Einrichtung (und/oder Eltern) können eingeladen werden und dürfen raten, was die Klangkomposition darstellen sollte.

Bild wird Musik 2

Verschiedene Bilder (Motive: Sonnenuntergang, Straßengetümmel, Natur, Gespräch/Diskussion, Zoo, Baustelle, Kindergeburtstag) werden gezeigt. Die Kinder haben jeweils 5 Minuten Zeit zum Betrachten.

- In einer Kleingruppe (3–5 Kinder) wird ein Bild dann mit verschiedenen Instrumenten, Gegenständen, Körperinstrumenten vertont.
- Die Vertonung wird den anderen vorgeführt und das Publikum rät, welches der Bilder vertont wurde.

Bilderbuch wird Musik 3 (auch für Krippenkinder)

- Eine Bilderbuchgeschichte (max. 4–5 Seiten) wird musikalisch illustriert. Gut geeignete Instrumente sind Gitarre, Ukulele oder Xylofon.
- Die Kinder finden zu bestimmten Begebenheiten im Buch die passenden Geräusche, z.B.:
  - fällt hin (rums)
  - fällt die Treppe runter (bling, bling, blums, blums, rums)

Träumen nach Musik (auch für Krippenkinder)

Schwerpunkte: bewusstes Hören, das Zulassen innerer Bilder und Fantasien
Eine ruhige Ecke, Kuschelhöhle oder der Rückzugsraum wird als „Hörecke" akustisch und optisch besonders mit Kissen, Tüchern oder Decken abgegrenzt und ausgestaltet.

- In die Hörecke dürfen sich die Kinder mit CD-Player und ausgesucht ruhiger, meditativer Musik zurückziehen.
- Die Erzieherin sorgt bei der Übung für Ruhe und geschlossene Augen – dies fällt unruhigen Kindern im Liegen am leichtesten. Abmachung: Die Augen werden erst wieder geöffnet, wenn die Musik zu Ende ist.
- Danach kann das Erlebte besprochen oder gemalt werden.

10.4 Wir malen ein Bild nach Musik

Praxis **Elementarkinder**

Musikspuren im Sand

Material

Pro Kind 1 Kartondeckel oder Schuhkarton, darin trockener Vogelsand als Bodenbelag. Tonpapier, Leim, dicker Pinsel.

- Die Kinder halten ihren Karton mit Vogelsand und bilden einen Sitzkreis. Alle warten, bis jeder ruhig, still und entspannt sitzt, ohne schon mit dem Sand in Kontakt zu kommen.
- Leise erklingt die Musik. Alle sind ruhig und lauschen.
- Mit dem Zeigefinger oder der ganzen Hand (auch mit beiden Händen, wenn die Größe des Deckels es zulässt) werden nun sanft Spuren durch Bewegungen erzeugt.
- Dann werden farbige oder schwarze Tonpapiere mit Leim bestrichen und vorsichtig auf die Oberfläche des Sands gedrückt. Ein bleibender Abdruck entsteht.
- Die Kinder können beim Betrachten der Ergebnisse über Erlebtes sprechen.

Gruppe

Als Gruppenbild ist diese Übung auch möglich. Dazu wird der Vogelsand auf einem kleinen Tisch oder auf dem Fußboden auf einer Folie verteilt. 4–8 Kinder hocken um die Sandfläche herum und erzeugen gemeinsam ruhig-meditative Musikspuren im Sand.

Malen nach Musik

Material

Große Papierbögen (Packpapier, Makulaturpapier oder Tapetenrollen), denn das große Format ermöglicht großzügige Bewegungen. Mit Klebeband auf dem Boden oder an den Wänden fixieren. Bunte Wachsmalblöcke und Wachsmalstifte (alternativ Fingerfarben, Leimfarben).

Musikauswahl

Gut geeignet ist Klavierkonzert Nr. 5 (2. Satz Adagio) von Beethoven. Generell eignet sich klassische Musik, z. B. „Die Moldau" von Smetana; „Eine Kleine Nachtmusik" (die Sätze Romanze, Menuett, Rondo) von Mozart oder „Konzert für Flöte, Harfe und Orchester C-Dur" (die Sätze Andantino, Rondo) von Mozart oder Popsongs.

Ablauf

- Jedes Kind malt sein eigenes Bild, schwungvoll geleitet von der Musik. Dabei sollen sie sich grafisch und farblich großzügig ausdrücken (in Kreisen, Schwüngen, Linien). Durch Schraffur können Flächen leicht farblich ausgestaltet werden.
- Später sind **Gemeinschaftsbilder** sinnvoll, die die Kommunikation mit anderen Kindern über den Gestaltungsprozess ermöglichen.
- Ein fertiges Gemeinschaftsbild kann von den Kindern später in Form einer Klangimprovisation mit verschiedenen Melodie- und Rhythmusinstrumenten akustisch nachvollzogen werden. Dazu können vorher bestimmte Graphen (zeichnerische Darstellungen) und Farben spezifischen Instrumenten zugeordnet werden.

Methodische Tipps: Malen nach Musik

- Das Malen im Stehen oder kniend auf dem Boden ermöglicht, die Musik körperlicher aufzunehmen als im Sitzen. So werden die Malaktivitäten spontaner und freier. Die Übertragung von rhythmischer Hörerfahrung auf Bewegung bis zum Graphen ist direkter.
- Mit beiden Händen zu malen, kann die Gestaltungsvielfalt erweitern.
- Sorgen Sie vor dem Start von Musik und Malaktivitäten für Ruhe, damit die Kinder sich auf die Herausforderung einlassen und konzentrieren können.
- Die offene Aufgabenstellung (zu malen, was man hört) vermeidet, dass die Kinder vorgegebene Erwartungen bedienen.
- **Lernerfahrungen:** Das Malen nach Musik ermöglicht dem Kind sehr individuell und frei,
  - gehörte Musik visuell widerzuspiegeln,
  - seine Stimmungen in Bewegung und durch Farben und Formen auszudrücken,
  - das Gehörte in sichtbare und nachvollziehbare farbige Spuren zu übertragen. Diese hinterlassenen Spuren bleiben dem Kind beim nachträglichen Betrachten der Bilder als innere Bewegung nachvollziehbar.
- Das Kind kann sich der Musik hingeben und sich entspannen.

Klang, Farbe und Form

Praxis

Schwerpunkte

Die Klangcharakteristik verschiedener Instrumente erfahren und bewusst wahrnehmen. Das Gehörte bildlich umsetzen/darstellen.

Material

Pro Kind 1 Blatt Papier, dazu Farbstifte, Malunterlage. Ca. 5 Instrumente.

Einstimmung

1. Die Instrumente liegen (mit einem Tuch verdeckt oder im Korb verborgen) in der Kreismitte.
2. Durch Tasten erraten die Kinder, was sich unter dem Tuch befindet.
3. Die Kinder probieren die Instrumente aus und benennen sie.
4. Freies Experimentieren mit den Instrumenten.

Hauptteil

1. Vereinbaren von Kombination Instrument und Farbe: z. B. Trommel = rot, Triangel = weiß. Vor jedes Instrument wird ein Buntstift in der besprochenen Farbe gelegt.
2. Die Kinder verteilen sich mit Malunterlage und Malpapier im Raum (auf dem Bauch liegend, kniend o. a.). Achten Sie darauf, dass die Kinder von ihrer Position aus die Fachkraft mit den Instrumenten nicht sehen können.
3. Nun spielt die Fachkraft verschiedene Töne an. Die Kinder zeichnen fortlaufend in frei gewählten Formen (Striche, Punkte, Kreise) jeweils in der Farbe mit, die dem gehörten Instrument zugeordnet ist.

Abschluss

Die Kinder betrachten gemeinsam die Kunstwerke, die auf dem Boden liegen, und beschreiben, erklären, reden darüber. Ist ein Zusammenhang zwischen Gehörtem und Form der Linien oder Farbentscheidungen erkennbar? Jedes Kind kommt zu Wort. Anschließend werden die Bilder im Gruppenraum ausgestellt.

> Eine ausführliche Planung eines musikalischen Angebots muss den aktuellen Entwicklungs- und Interessenstand der Kinder berücksichtigen.

11 Geschichten illustrieren durch Klänge

Man kann Geschichten erzählen, ohne ein Wort zu sprechen. Dies nennt man Pantomime. Pantomimische Darstellungen werden oft mit Instrumenten und Geräuschen unterlegt, was ausdrucksstark, lustig, stimmungsuntermalend oder auch verdeutlichend wirkt. Auch Geschichten, die vorgelesen oder erzählt werden, können mit passenden Geräuschen untermalt und illustriert sein – wie bei einem Hörspiel. Richtig spannend wird es aber erst, wenn eine bestimmte Geschichte ohne Worte – nur mit Geräuschen – erzählt wird.

1 a) Versuchen Sie, sich an die Geräusche zu erinnern, die Sie heute Morgen von Ihrem Aufstehen bis hierhin wahrgenommen haben, und notieren Sie sie.
b) Sammeln Sie sich in Dreiergruppen und überlegen Sie eine humorvolle Geräuschgeschichte über die Pannen und Freuden eines jungen Tages bis in die Schule oder bis in die Kita. Sprechsprache ist nicht erlaubt, allenfalls Fantasiesprache! Suchen Sie Objekte, Materialien, Gegenstände, um passende Geräusche möglich zu machen.
c) Führen Sie Ihre Geräuschgeschichte in der Großgruppe vor. Gibt es Verbesserungen? Wie ist es Ihnen ergangen?

11.1 Geschichten untermalen

Die Geschichte: Wir machen einen Waldausflug 	**Geräusche mit dem Mund/Körper erzeugen**	**Geräusche mit Instrumenten erzeugen**
Mama und Papa wollen am Wochenende immer spazieren gehen, und zwar besonders gern im Wald. Mama sagt, da sei es immer so schön ruhig und das entspanne. Aber zuerst müssen sie mit dem Auto dorthin fahren. Papa öffnet mit einem dicken Schlüsselbund die Türen.	Klimper, klimper Klick (Zentralveriegelung)	Schlüsselbund auf Tischplatte

Die Geschichte: Wir machen einen Waldausflug 	Geräusche mit dem Mund/Körper erzeugen	Geräusche mit Instrumenten erzeugen
Alle steigen ein und 4 Türen klappen zu.	Peng, peng, peng, peng (unterschiedlich stark)	Trommel
Der Motor wird versucht zu starten. Die Zündung leiert erst ein bisschen. Papa: „Oh, da ist die Batterie wohl etwas schlapp!“	Tacka, tacka, rrr, r r r, klick, Stille	Ratsche ganz langsam spielen
Dann aber springt der Motor an und läuft. Papa (wahlweise Mama) gibt Gas und fährt los.	Tacka, tacka, rrrrrrr, brmm, brmmm	Ratsche schneller
Mama lehnt sich zurück und seufzt entspannt.	Hmmm (oder ähnlich)	
Tochter Svea lauscht den Autos, die vorbeifahren. Nun klopft sie mit den Fingernägeln den Rhythmus eines Liedes an die Fensterscheibe. So trommelt sie ein bekanntes Kinderlied. Erkennt ihr es?	Brmmm, brmmm. Mit Fingernägeln trommeln: Hänschen klein oder Alle meine Entchen	Trommel oder Klangstäbe
Sohn Jan spielt mit seinem Gameboy, mit klickenden Begleitgeräuschen. Wenn er Punkte gewinnt, gibt es ein fröhliches Geräusch, wenn er Punkte verliert, gibt es ein trauriges Geräusch. „Ah, da vorne sieht man schon den Wald!“	Digitale Geräusche und Soundeffekte nachmachen	z. B. Bleistift auf Tischplatte
Papa bremst ab und murmelt: „Wo war denn noch der Parkplatz?“ Dann macht er plötzlich eine Vollbremsung. Die Räder quietschen sogar ein bisschen.	Motoren- und Bremsgeräusche, quietsch	z. B. Luftballon
Papa parkt den Wagen ein, zieht den Zündschlüssel ab und steckt ihn in die Hosentasche. Alle steigen aus. Vier Türen öffnen sich und werden wieder zugeschlagen.	Schlüsselbund klimpert Peng, peng, peng, peng z. B. klatschen	z. B. Holzblocktrommel
Im Wald beginnt eine neue aufregende Klanggeschichte, die besonders vielfältig anzuhören ist, z. B. mit diesen Themen: ein Gewitter kommt auf, alle Waldtiere bringen sich in Sicherheit, krabbelnde Ameisen, hüpfende Kaninchen, flatternde Vögel …	Entsprechende Körper-/ Mundgeräusche	Verschiedene Papiersorten oder Instrumente

1 Spinnen Sie die Geschichte „Wir machen einen Waldausflug“ weiter oder machen Sie einen Rollentausch.

11.2 Klanggeschichten selbst erfinden

Man kann fast jede Lebenssituation klanglich illustrieren. Wichtig ist, dass Sie und die Kinder möglichst viele Instrumente und Materialien zur Verfügung haben und diese im Hinblick auf ihre klanglichen Möglichkeiten erproben können.

Gerade bei Instrumenten lernen Kinder sensibel und auf kreative Weise, die Möglichkeiten und Grenzen des Instruments zu erforschen und es zu zweckzuentfremden, um es klanglich interessant einzusetzen. Beispiel Gitarre: Mit und auf ihr kann man Trommel- und Kratzgeräusche machen, auf ihren Saiten kann man diverse Quietschgeräusche erzeugen.

❶ **Die klangliche Lebenswelt von Kindern:** Erarbeiten Sie in Kleingruppen klanglich ergiebige Situationen aus der Erfahrungswelt von den 3 Altersgruppen Krippenkinder, Kleinkinder und Elementarkinder. Sammeln Sie Ihre Ergebnisse in Form einer Tabelle:

Krippenkind, ca. 2–3 Jahre (einfach, kurz)	Kleinkind, ca. 3–4 Jahre	Elementarkind, ca. 4–6 Jahre
Ein Teddy trottet heran, stolpert, fällt hin (mit Tennisball, Faust auf weicher Oberfläche). Ganz leises bis lautes Tapsen. Zuerst kann man den Teddy nur hören (versteckt hinterm Rücken), dann erst sehen.	Imaginäres Suppekochen (Topf, Löffel, Zutaten, mit einigen Pannen, z. B. Erbsen prasseln in den Topf und daneben, Kartoffeln kullern). Reparieren eines Fahrradreifens (Luftpumpe, Gummiquietschen, Entweichen)	Karneval der Instrumente oder Vorhang auf (die Geräusche der Instrumente werden mit dem Körper erzeugt). Die Pauken sind tapsig, die Cellos mimen Eleganz, die Geigen machen Katzenmusik.

❷ Ergänzen Sie Ihre Ideentabelle mit den Anregungen aus den Gruppen.

❸ **Klanggeschichte:** Erfinden Sie nun in jeder Gruppe für jede Altersstufe eine witzige Klanggeschichte. Präsentieren Sie diese Ihren Mitschülern.

Der Fundus der interessanten Geschichten wird dann getippt und für alle vervielfältigt, damit diese Geschichten in der Liederfundusmappe gesammelt werden können.

Methodische Tipps

- Fantasie, Witz, Humor, Experimentierfreude, vielleicht auch etwas Mut und Geschick sowie Einfühlungsvermögen in die Altersgruppe sind gefragt.
- Weitere Möglichkeiten, eine Klanggeschichte zu erfinden:
  - Sie wählen bestimmte Geräusche und Klänge (evtl. mithilfe von Instrumenten) aus. Sie experimentieren und lassen sich durch die interessanten Klänge zu einer Geschichte, einem Szenarium inspirieren.
  - Eine bestimmte kurze Klangfolge wird festgelegt und abgespielt. Nun werden verschiedene Geschichten rund um diese Klangfolge gesponnen.

Mindmap: Klanggeschichten, Geräuschillustrationen

Klanggeschichten Geräuschillustrationen

Sprechen, Kommunizieren
- Erzählen von Begebenheiten, von Beobachtungen
- Sich verständigen über Klanggeschichte

Präsentieren
- Tonaufnahmen, Videos, Fotos
- Vorführung: Eltern, Kitagruppe, Anleiterin, Gruppenleiterin

Planen, Strukturieren
- Spannungsbogen
- Ablauf der Geschichte
- Entscheidungen treffen
- Objekte bereitlegen

Wahrnehmen, Hören, Sehen
- Umwelt bewusster „hören"
- Wimmelbilderbücher sichten

Sozial verhalten
- Einigungsprozess für eine Klanggeschichte
- Rollenverteilung nach Möglichkeiten der Beteiligten
- Ideen sozialisieren
- Warten, zuhören, leise sein

Themen
- KÜCHE:
  - Kochen; Geräte und Objekte
- DRAUSSEN:
  - Jahreszeiten
  - Wasserwelten
  - Wald, Wiese, Erde
  - Orte: Zoo, Bus, Bahn, Theater, Orchester, Zuhause, Kita
- TIERE
- FANTASIEWELT:
  - Feenland, Waldschratwelt, Galaxis

Bewegen, Spielen
- Pantomime mit Geräuschen
- Klangobjekte spielerisch erkunden
- Geschichte darbieten, evtl. Rollenverteilung (Sprecher, Spieler, Regie, Texter)
- Feinmotorik schulen für das Erzeugen von vorbestimmten Geräuschen & Klängen

Musizieren, Experimentieren mit Klängen
- Orffsches Instrumentarium ausprobieren und sichten
- Materialien: Papiersorten, Küchenwerkzeuge, Naturmaterial, Spielzeug, Stimme
- Ein Instrument wird genau erkundet, z. B. Gitarre, Ukulele
- Körperinstrumente

12 Notenkunde

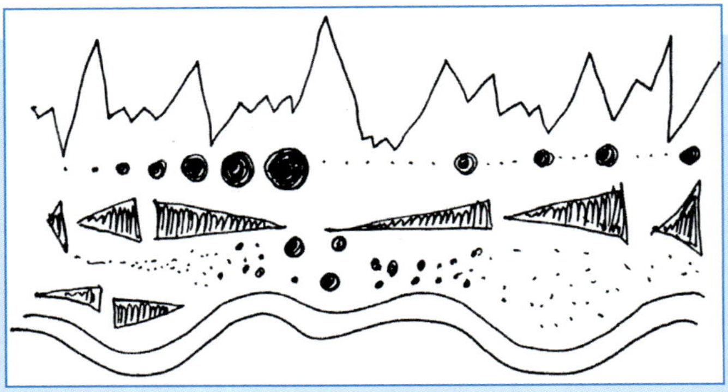

Grafische Notation eines Liedes (Beispiel)

Ein erster Einstieg in die Welt der Noten ist der spielerische Umgang mit „Notenbildern" – bereits Elementarkinder ab einem ungefähren Alter von 5 Jahren können damit spielen: So können Kinder die Noten eines Liedes mit einem Stift verbinden, um so die Melodielinie eines Liedes besser zu erkennen. Es entsteht eine Linie mit Zacken, Bergen und Tälern. Diese können die Kinder melodisch nachvollziehen, wenn sie wissen, dass tiefe Töne unten und hohe Töne oben liegen ➤ siehe auch S. 74 „Sonne scheine".

12.1 Grafische Notation

Sensibilisierungsübung: grafisch notieren

a) Hören Sie je 3–5 Minuten mehrere Musikausschnitte verschiedenster Art, z. B. Klassik wie „Air" (J.-S. Bach) oder andere Gattungen wie „Jumping Jack Flash" (Rolling Stones), „Wish you were here" (Pink Floyd), Techno, Blasmusik.

b) Während Sie diese Musikstücke hören, malen Sie Eindrücke vom Gehörten mit Wachsmalstiften oder Fingerfarben auf ein A3- oder A2-Blatt Papier. Jedes Musikstück bekommt ein eigenes Blatt. Versuchen Sie, mit grafischen Zeichen (Notationen) zu arbeiten.

c) Nun legen Sie die Bilder durcheinander auf den Fußboden und versuchen Sie, sie den Stücken zuzuordnen. Auch wenn Musik sehr unterschiedlich aufgenommen wird, gibt es meist Übereinstimmungen. Besonders die grafischen Zeichen sind oft eindeutig.

Auch Kindergartenkinder finden sich schon früh sehr gut mit Zeichen und Symbolen zurecht, wenn diese einfach und plausibel sind und spielerisch bekannt gemacht wurden.

1 Grafische Notationen nachspielen: Das Bild links ist eine „Partitur“, nach der man musizieren kann. Jede Zeile steht für ein Instrument und dessen Verlauf im Lied. Versuchen Sie es einmal, z. B. mit einem Xylofon, Glockenspiel, Keyboard.

Partitur: ein Notensatz, in dem die Noten aller Instrumente/Stimmen eines Liedes untereinander aufgeschrieben sind, z. B. als Hilfe für einen Dirigenten

12.2 Noten – das Grundwissen

Noten lesen ist leichter als man denkt! Die Notenschrift besteht aus einfachen Zeichen, die man lernen sollte und die man mithilfe einer Klaviertastatur (auch im Internet zu finden) leicht üben kann.

Elementare Notenkenntnisse sind für die Berufstätigkeit mit Kindern äußerst hilfreich. Damit können Sie sich Ihre Wunschlieder auch dann aneignen, wenn diese (nur) in Notenschrift gefasst sind. Notenkenntnisse erleichtern es Ihnen außerdem, die Lieder z. B. mit Xylofon, Flöte oder Gitarre vorzuspielen und zu begleiten. Die Notenschrift, die man aus Liederbüchern kennt, macht es generell möglich, Musik und Lieder

- genau niederzuschreiben,
- einzuprägen und zu erinnern,
- genau und unverändert wiederzugeben,
- unbekannt sofort spielen zu können („vom Blatt abzulesen“).

Das Liniensystem der Noten

Gebildet wird das Liniensystem aus:

- 5 Linien und 4 Zwischenräumen. Sie bilden das Gerüst für die Noten.
- Hilfslinien bei Bedarf. Dieser kurze Strich wird eingesetzt, wenn der Ton oberhalb oder unterhalb der 5 Linien liegt. Mit der Hilfslinie erhält man eine neue Linie, aber es bleibt übersichtlich (weiterhin 5 Linien).

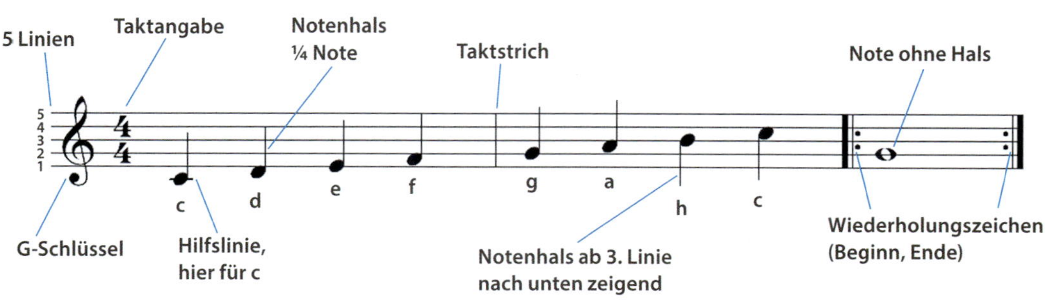

Am Anfang des Liniensystems steht ein Notenschüssel, der angibt, in welcher Tonlage das folgende Stück gespielt wird. Die wichtigsten sind:

Violinschlüssel: wird am häufigsten eingesetzt. Er setzt die Tonlage für Melodieinstrumente fest und gilt für die rechte Seite der Klaviertastatur mit den höheren Tönen. Auch G-Schlüssel genannt.

Bassschlüssel: wird für tiefere Töne verwendet, z. B. die Noten von Bassinstrumenten oder die linke (tiefe) Seite der Klaviertastatur. Auch F-Schlüssel genannt.

Die Noten und ihre Namen (C-Dur-Tonleiter)

Noten: Die Noten werden auf die Linien und in die Zwischenräume des Liniensystems gesetzt. Ihre Position gibt die Tonhöhe an. Als Namen für die **Stammtöne** der C-Dur-Tonleiter werden die Buchstaben **c, d, e, f, g, a, h** verwendet.

Tonleiter: Sie ist eine geordnete Reihe von Tönen. In den meisten Fällen hat eine Tonleiter den Umfang einer Oktave und besteht aus 7, manchmal auch aus 5 Tönen (pentatonische Tonleiter, siehe Seite 144). Gebräuchlich sind die **Dur-Tonleitern** (heller, klarer Klang) und die **Moll-Tonleitern** (weicher, dunkler Klang). Beide sind aus 5 **Ganztonschritten** und 2 **Halbtonschritten** aufgebaut. Der Unterschied zwischen Dur- und Moll-Tonleitern liegt in der Anordnung der Halbtonschritte: Diese befinden sich bei der Dur-Tonleiter zwischen dem 3. und 4. Ton und zwischen dem 7. und 8. Ton (siehe unten). Bei der Moll-Tonleiter zwischen dem 2. und 3., sowie dem 5. und 6. Ton.

Oktave: Der gesamte Tonraum ist in Oktaven eingeteilt ➤ siehe Klaviertastatur rechts. Eine Oktave umfasst 7 Tonschritte und geht beispielsweise vom Ton c' bis zum Ton c''.

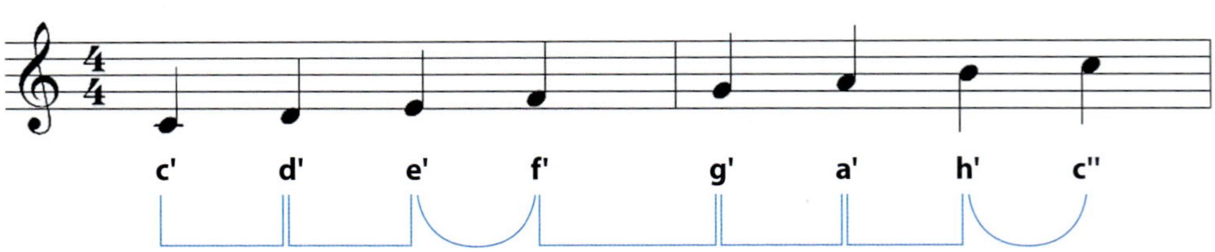

Die Töne der C-Dur-Tonleiter (mit Violinschlüssel, eine Oktave umfassend)

 = ein ganzer Tonschritt  = ein halber Tonschritt

Eselsbrücke für die C-Dur-Tonleiter: das Tonleiterlied

Die Töne auf der Klaviertastatur

Auf der Tastatur eines Klaviers ergeben die weißen Tasten, beginnend mit dem „mittleren“ C (in der Mitte der Tastenreihe), eine C-Dur-Tonleiter: C-D-E-F-G-A-H-C.

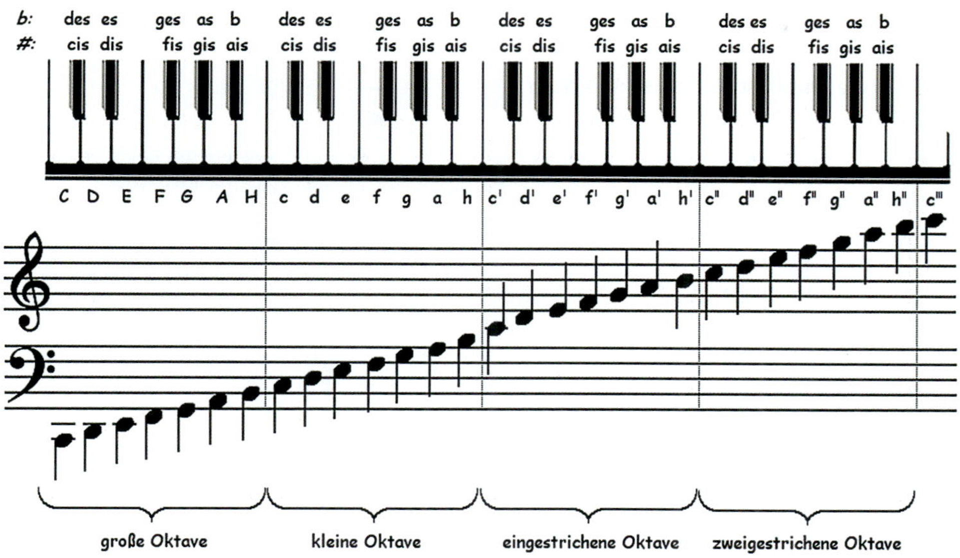

Stammtöne der C-Dur-Tonleiter

Methodische Tipps zum Notenlesen

- Möchten Sie die Melodie eines Liedes ermitteln, das Ihnen als Noten vorliegt, können Sie als Anfänger die Notennamen unter die Noten schreiben. So ermitteln Sie die Tonabfolge der Melodie, die Sie dann auf einem Klavier oder einem Glockenspiel nachspielen können.
- Manchmal kann man den Rhythmus herausfinden, wenn man sich am Textrhythmus orientiert. Da Text aber immer wieder anders betont werden kann, ist dies keine Garantie.
- Rhythmuserarbeitung auch ➤ siehe Seite 145 Notenwerte und Pausen.

Versetzungszeichen oder Vorzeichen

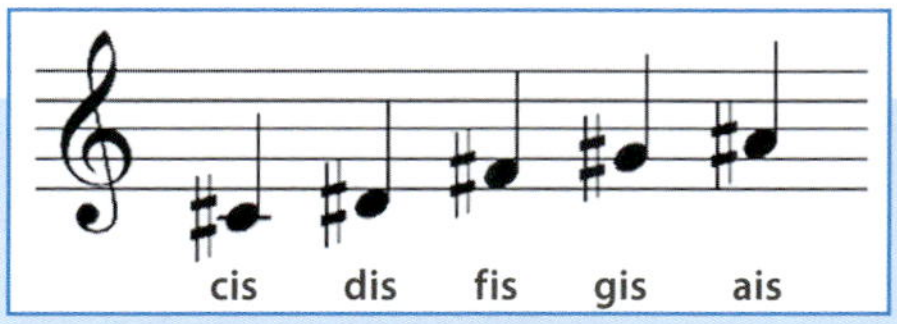

Kreuzzeichen: Ein Ton wird um ½ Schritt erhöht

b-Zeichen: Ein Ton wird um ½ Schritt erniedrigt

Kreuzzeichen: Wenn das Kreuz # vor einer Note steht, bedeutet dies, dass die Note einen Halbton höher gespielt werden soll. Der Notenname bekommt die Silbe „-is“ angehängt: C → Cis, D → Dis.

B-Zeichen: Wenn das Versetzungszeichen b vor der Note steht, wird sie einen Halbton tiefer gespielt und man hängt (meist) „-es“ an den Notennamen an: C→ Ces, D → Des. Ausnahme: H → B, E → Es, A → As

Auflösungszeichen: Ein Auflösungszeichen hebt die Wirkung eines Vorzeichens im Takt auf.

Vorzeichen am Anfang einer Notenzeile gelten für das gesamte Musikstück. Sonst gelten sie nur für einen Takt (bis zum nächsten Taktstrich).

Das Auflösungszeichen steht direkt vor einer einzelnen Note

Vorzeichen (in diesem Lied: jedes f wird als fis, jedes c als cis gespielt)

Die Töne auf dem Gitarrenhals

← Gitarrenkopf **Gitarrenkörper →**

leere Saite	1. Bund	2.	3.	4.	5.	6.
e'	f'	fis'	g'	gis'	a'	b'
h	c'	cis'	d'	dis'	e	f
g	gis	a	b	h	c	cis
d	dis	e	f	fis	g	gis
A	B	H	c	cis	d	dis
E	F	Fis	G	gis	A	B

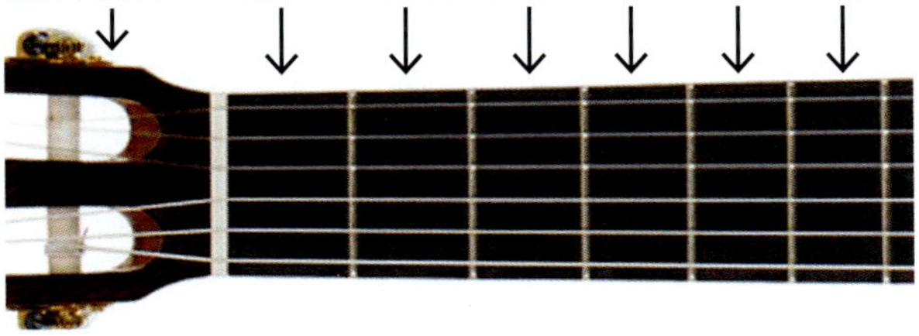

Die pentatonische Tonleiter

Die einfachste von allen Tonleitern ist die „pentatonische Tonleiter“ (penta, griech. „fünf“). Die pentatonische Tonleiter besteht aus 5 verschiedenen Tönen.

Eine pentatonische Tonleiter bilden z. B. die schwarzen Tasten eines Klaviers. Jede Kombination von Tönen in dieser „Fünftonleiter“ passt zueinander, d. h. klingt harmonisch. Sie heißen cis, dis, fis, gis, ais (➤ siehe Seite 143 unten).

Die Töne der pentatonischen Tonleiter kann man gut für Klangimprovisationen in der Kita nutzen.

Beispiele für pentatorische Tonleitern:

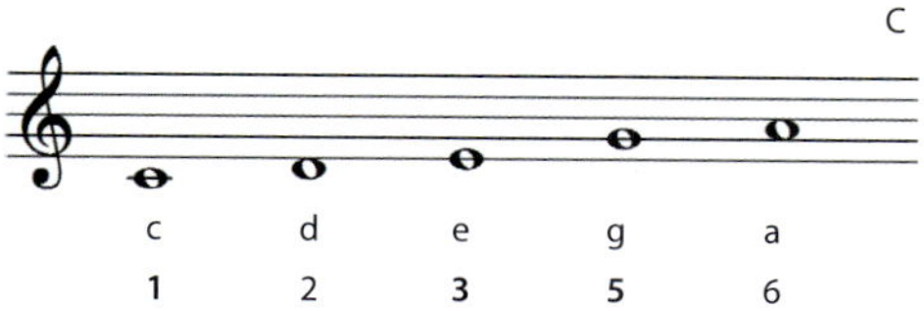

C-Dur-Pentatonik (Fünftonleiter)

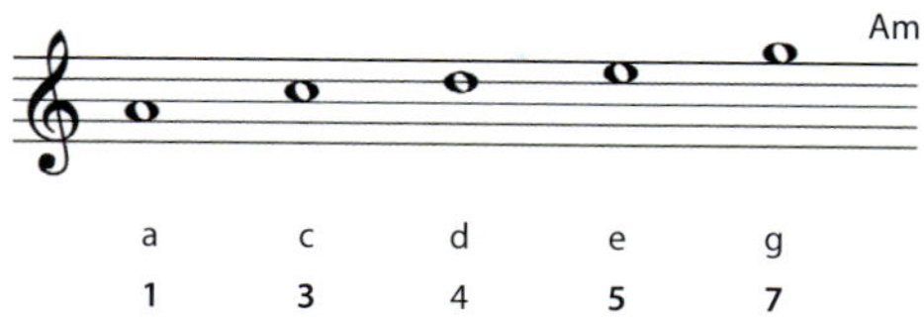

A-Moll-Pentatonik (Fünftonleiter)

Die Notenwerte und Pausen

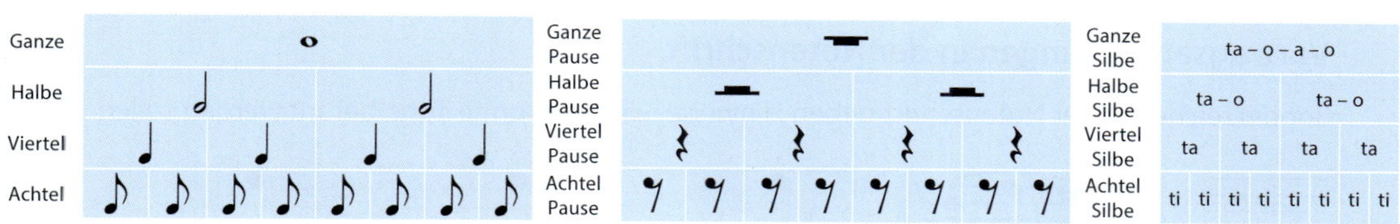

Zeichen für die verschiedenen Notenwerte (links) und deren Pausenzeichen (rechts)

Hierarchie der Notenwerte: Eine ganze Note ist gleich lang wie 2 halbe Noten usw. (Prinzip Bruchrechnung). Die entsprechenden Pausenzeichen haben die gleiche Hierarchie.

Sprechen Sie die Notenwerte mit diesen Silben.

Wert: Der Notenwert gibt an, wie lange eine Note im Verhältnis zu anderen Noten andauert (Tondauer). Die gebräuchlichsten Notenwerte sind ganze, halbe, Viertel-, Achtel- und Sechzehntel-Noten, die sich in der Darstellung unterscheiden, indem man sie mit oder ohne Hals bzw. Fähnchen zeichnet.

Hälse und deren Ausrichtung: Halbe, Viertel-, Achtel- und Sechzehntel-Noten haben einen senkrechten Strich als Hals. Bis zur dritten Linie im Liniensystem zeigen diese Hälse nach rechts oben. Ab dem dritten Zwischenraum zeigen die Notenhälse nach links unten ➤ siehe S. 143.

Fähnchen: Ein Fähnchen am Notenhals zeigt an, dass ihr Wert ein Achtel beträgt (Achtel-Note). Zwei Fähnchen bedeuten ein Sechzehntel. Manchmal werden die Fähnchen mehrerer ¼- oder 1/8- oder 1/16-Noten zu einem Balken verbunden, da sie so leichter lesbar sind.

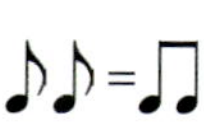

Pausen: Spezielle Pausenzeichen geben an, wie lange die Stille nach einer Note sein soll. Man nennt sie ganze Pause, halbe Pause, Viertelpause usw. Ganze Pausen entsprechen der Dauer von ganzen Noten, halbe Pausen entsprechen halben Noten usw., ➤ siehe oben.

❶ **Notenwerte lesen:** Im folgenden „Tonleiterlied" gibt es verschiedene Geschwindigkeiten. Versuchen Sie, diese durch gleichmäßiges Klopfen nachzuspielen.

Das Tonleiterlied mit 2 verschiedenen Tempi (Geschwindigkeiten)

Die Taktarten

Takte bilden den rhythmischen Rahmen für Musik. In der Notenschrift werden die Takte durch senkrechte Taktstriche voneinander abgegrenzt. Die Taktart wird in Form eines Bruches geschrieben und steht als Taktangabe am Anfang eines Liedes rechts neben Notenschlüssel und Vorzeichen. Gebräuchliche Taktarten sind 4/4-Takt (= 4 Viertelnoten lang), 3/4-Takt oder 6/8-Takt.

Vortragsanweisungen in der Notenschrift

Sonderzeichen in der Notenschrift geben Hinweise, wie bestimmte Töne betont werden sollen.

Haltebogen: Die Note wird nicht neu angespielt

Bindebogen: gebundene Spielweise

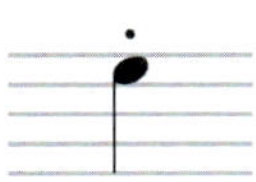

staccato: gestoßen

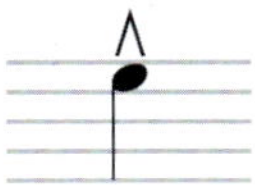

marcato: Akzent

tenuto: Ton in voller Länge

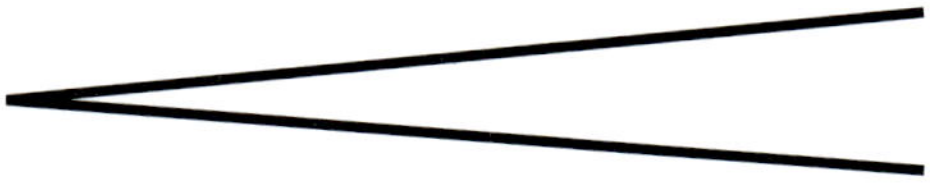

crescendo: allmählich lauter werdend

pp (pianissimo): sehr leise **p** (piano): leise **mp** (mezzopiano): mittelleise

decrescendo (oder diminuendo): allmählich leiser werdend

ff (fortissimo): sehr laut **f** (forte): laut **mf** (mezzoforte): mittellaut

Dirigieren als Methode

Die Tondauer, den Rhythmus und die Geschwindigkeit kann man durch Dirigieren sichtbar machen. Durch Handbewegungen können Sie den Kindern die Geschwindigkeit und den Takt eines Liedes anzeigen.

Bringen Sie auch den Kindern die Dirigierbewegungen bei. Dies hat den Vorteil, dass sie spielerisch den fließenden Rhythmus erfassen und auf Bewegungen übertragen, während sie ein entsprechendes Lied singen.

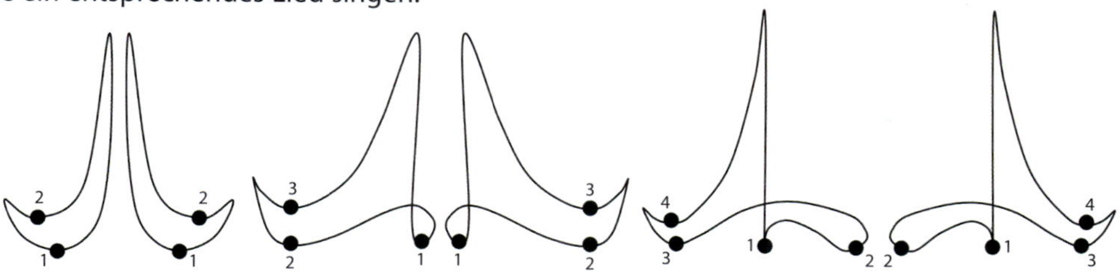

2/2-Takt **3/4-Takt** **4/4-Takt**

Akkorde

Als Akkord bezeichnet man den Zusammenklang von mehreren verschiedenen Tönen.

I	II	III	IV	V	VI	VII
Dur	Moll	Moll	Dur	Dur	Moll	Vermin-dert

Dreiklänge auf den 7 Stufen der C-Dur-Tonleiter

Dreiklänge

Dreiklänge sind spezielle Akkorde, in denen 3 Töne im Terzabstand zusammenklingen.
Dabei werden
ein Ton .... (Grundton = 1),
der übernächste .... (Terz = 3)
und wieder der übernächste .... (Quinte = 5)
„übereinander" gestellt.
(Der Abstand von einem Ton zum übernächsten heißt **Terz** – also auch vom 3. zum 5., oder vom 6. zum 8.)

Beispiele (alles anhand der C-Dur-Tonleiter):
(Der Pfeilrichtung folgen)

C – E – G bzw.

G	5
E	3
C	1

Ob dabei **ein Dur- oder ein Moll-Dreiklang** herauskommt, entscheidet sich daran, ob der Abstand vom unteren zum mittleren eine große Terz (2 Ganztonschritte) ist und vom mittleren zum oberen eine kleine Terz (1 ganzer + ein halber Tonschritt) ist

2 + 1½ = Dur

oder umgekehrt, die kleine Terz unten und die große Terz oben

1½ + 2 = Moll.

G } 1½
E } 2
C

C-Dur
„C"

A } 2
F } 1½
D

d-Moll
„d" oder
„dm" oder
„Dm"

Wenn wir auf jedem Ton einer Durtonleiter einen Dreiklang bilden, erhalten wir

Dur-Dreiklänge auf dem 1., 4. und 5.,

Moll-Dreiklänge auf dem 2., 3. und 6. Ton.

Für eine „einfache“ Liedbegleitung reichen die auf dem 1., 4. und 5. Ton in der Regel aus. Wir nennen sie deswegen **Hauptdreiklänge**.

C, F, G
dm, em, am

Zum Begleiten von notierten Kinderliedern sind meist die passenden Akkorde an den Notenlinien angegeben. Dur-Akkorde werden mit dem Großbuchstaben bezeichnet, C für C-Dur. Bei Moll-Akkorden wird ein kleines „m“ angehängt, also Cm für C-Moll (andere Schreibweisen: C- oder kleines c). Manchmal werden auch die Grifftabellen angezeigt.

Gebräuchliche Dreiklänge für die Kinderliedbegleitung:

Akkord	C	D	F	G	A	B	Dm	Em	Gm	Am	Hm
5. Ton	g	a	c	d	e	f	a	h	d	e	**fis**
3. Ton	e	**fis**	a	h	**cis**	d	f	g	**b**	c	d
1. Ton	c	d	f	g	a	b	d	e	g	a	h

Diese Dreiklänge klingen gut zusammen: Harmonische Akkordfolgen der gebräuchlichsten Kinderliedtonarten.

A-Moll	**Am** Dm **Am** E **Am**
D-Moll	**Dm** Gm **Dm** A **Dm**

C-Dur	**C** F **C** G **C**
G-Dur	**G** C **G** D **G**
D-Dur	**D** G **D** A **D**

Die Intervalle

Intervall: So nennt man den Abstand zwischen 2 Tönen. Je nachdem, welchen Abstand sie haben, werden sie anders benannt:

Quinte: Eine Quinte ist neben der Oktave das wichtigste Intervall. Sie ist von einem Grundton ausgehend der 5. Ton in einer Tonleiter. Die beiden Töne einer Quinte sind zusammen besonders wohlklingend. Die Quinte kann daher gut als Begleitung dienen, wenn wir Grundton und 5. Ton jener Tonart benutzen, in der unser Lied ist (➤ siehe auch S. 98).

Der Umfang einer Quinte beträgt zumeist 7 Halbtonschritte, also von C nach G, von D nach A. Beispiel: Ist der letzte Ton eines Liedes F, dann ist die Quinte dazu C. Spielt man ein Lied in der F-Dur-Tonlage, lautet die begleitende Quinte F-C.

1. Für Fortgeschrittene: Recherchieren Sie, was der Quintenzirkel ist und wozu dieses Werkzeug dient.

Kennt man zu jedem Intervall einen Liedanfang, kann dies helfen, eine Melodie zu entschlüsseln:

Intervall	Liedanfang
Prime	Hoch soll sie leben
Kleine Sekunde	Schneeflöckchen, Weißröckchen
Sekunde	Alle meine Entchen
Kleine Terz	Guten Abend, gute Nacht

2. Erstellen Sie Ihre persönliche Intervalltabelle mit Liedanfängen.

12.3 Anwendungsideen Notation

Notentanz

Praxis

In diesem Spiel können kleine Kinder spielerisch lernen, einen bestimmten Ton und davon abweichende Töne zu erkennen und herauszuhören.

Auf dem Boden des Bewegungsraums wird ein Seil (gespanntes Gummiband, Kreidestrich) gezogen: die G-Linie. Die Kinder hüpfen nun Tonhöhen, die die Spielleiterin rhythmisch auf einem melodischen Instrument erzeugt:

- Spielt die Fachkraft die Note G, springen alle Kinder auf das Seil.
- Spielt sie einen höheren Ton (= über dem G), suchen die Kinder einen entsprechenden Punkt in dem Raum über dem Seil. Der Punkt soll der gefühlten klanglichen Entfernung zum G entsprechen.
- Ist der Ton niedriger als G, hüpfen die Kinder in den Raum unter dem Seil, unter Beachtung der Entfernung vom Orientierungston G.
- Erkennen die Kinder G wieder? Oder die anderen Töne wie F (tiefer) oder A (höher)?
- Die Fachkraft oder die Kinder können weitere Varianten erfinden.

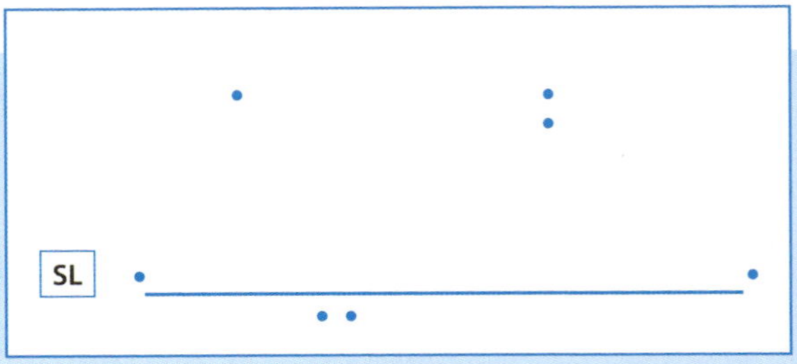

Aufstellungsbeispiel Notentanz

• = Kind SL = Spielleiter mit Xylofon ——— = Seil

Spielerische Notenwerte: Ganz-, Halb- und Viertelnoten

Drei Schüler (A, B und C) stellen sich nebeneinander auf. Alle zählen sehr langsam und gemeinsam: „1, 2, 3, 4, 1, 2, 3, 4 …" (etwa in der Geschwindigkeit des Tickens einer großen Standuhr).

Nun marschieren alle in dieser langsamen Geschwindigkeit im Gleichschritt los und zählen dabei gemeinsam weiter: „1, 2, 3, 4, 1, 2, 3, 4 …". Das Spiel geht weiter:

- Schüler A ist die **Viertelnote** und behält das Anfangstempo und vor allem seine Schrittlänge konsequent bei.
- Schüler B ist die **halbe Note**. Er macht jetzt in derselben Zeit nur halb so viele Schritte, die dafür doppelt so groß sind wie von A. Zum Üben können die beiden dies zunächst ohne C versuchen.
- Schüler C ist schließlich die **ganze Note**. Seine Schritte sind doppelt so lang wie die von B, er macht in derselben Zeit nur einen großen Schritt. Trotzdem bewegt er sich in der derselben Geschwindigkeit voran wie A und B. Koordination ist alles!

Dieses Spiel ist für Sie als Auszubildende gedacht oder für Kinder ab 10 Jahren.

13 Instrumentenkunde

13.1 Instrumente

Selbstklinger (auch: Idiofone): Das Instrument erzeugt den Ton aus sich selbst heraus, durch in Schwingung geratenes Material. Deshalb müssen die Instrumente aus hartem Material bestehen, z.B. Holz, Metall, Stein, Ton, Glas. Typische Selbstklinger sind z.B. Klanghölzer, Becken, Xylofon. Viele von ihnen werden entweder mit Schlägeln, Händen oder Fingern angeschlagen, gegeneinander geschlagen oder gerieben. Die Mehrheit dieser Perkussioninstrumente kann nur Geräusche produzieren, Xylofone und Steeldrums ermöglichen auch Tonhöhen.

Fellklinger, Fellinstrumente (auch: Membranofone): Der Ton wird erzeugt durch eine schwingende Membran (auch Fell genannt), die an den Seiten des Klangkörpers festgespannt ist. Die Tonhöhe ist abhängig von der Größe der Membranfläche (je größer, desto tiefer der Ton), von der Art und der Stärke des Materials und von der Spannung, mit der die Membran aufgezogen ist. Zu den Fellklingern gehören: Trommel, Bongo, Conga, Pauke, Tom-Tom u.v.m.

Luftklinger (auch: Aerofone): Dies ist eine andere Bezeichnung für Blasinstrumente, bei denen der Klang durch eine in Schwingung versetzte Luftsäule erzeugt wird. Die Instrumente bestehen aus Holz, Metall oder heutzutage auch aus Kunststoff. Zu den Blechblasinstrumenten zählen z.B. Trompete, Posaune, Tuba, Horn. Zu den Holzblasinstrumenten zählen Blockflöten, Querflöten, aber auch Klarinette und Saxofon (weil bei ihnen der Ton durch ein hölzernes Rohrblatt erzeugt wird).

Saitenklinger (auch: Chordofone): Ein Saiteninstrument verwendet zur Tonerzeugung eine oder mehrere Saiten, die zwischen 2 Punkten gespannt sind. Durch Zupfen, Streichen oder Anschlagen werden sie in Schwingungen versetzt. Diese werden auf einen den Klang verstärkenden Resonanzkörper übertragen. Verschiedene Tonhöhen werden entweder durch Abteilen der Saiten erreicht oder dadurch, dass für jeden Ton (mindestens) eine eigene Saite vorhanden ist. In jedem Fall gilt: Je dünner, je kürzer und je straffer gespannt die jeweilige Saite ist, desto höher erklingt der Ton. Streichinstrumente sind z.B. Geige, Bratsche, Cello, Kontrabass. Das Klavier ist ein Saitenklinger, bei dem die Saiten *angeschlagen* werden. Zupfinstrumente: Gitarre, Zither, Ukulele, Harfe, Laute, Cembalo u.a.

Stromklinger (auch: Elektrofone): Bei den Stromklingern unterscheidet man zwischen Instrumenten, die den Ton auf herkömmliche Weise erzeugen und ihn dann elektrisch verstärken (elektrische Gitarre oder E-Bass), und Instrumenten, die die Töne ausschließlich elektrisch erzeugen (Keyboards, Synthesizer).

Instrumente (Beispiele)

	Zum Selbstbauen	Für Kleinkinder
Selbstklinger	Längliche Holzreste zum Schlagen, zwei große Metallschrauben  Flaschenxylofon  Döschenrasseln  Glockenstab  Maracas (Rassel) 	Kinderkastagnette  Claves = Klangstäbe  Guiro-Ratsche  Glockenspiel  Maracas, Babyrassel  Regenrohr für Kinder  Glöckchenrassel  Schellenring 
Fellklinger, Fellinstrumente	Trommel (Tontopf mit Bespannung) 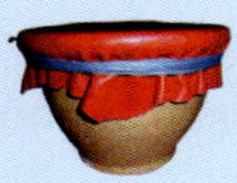	Spielzeugtrommel 
Luftklinger	Flaschenflöte  große Muschel  Bambusrohr, Luftballontülle 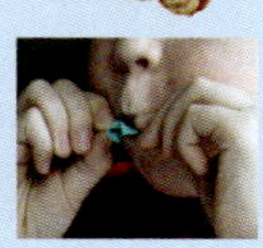	Kolbenflöte  Kazoo (Luftklinger mit einer Membran) 
Saitenklinger **(Streich-, Zupfinstrumente u. a., z. T. elektrisch verstärkt)**	Pappkartongitarre  Eierschneider 	Saitenspiel (Lyra) 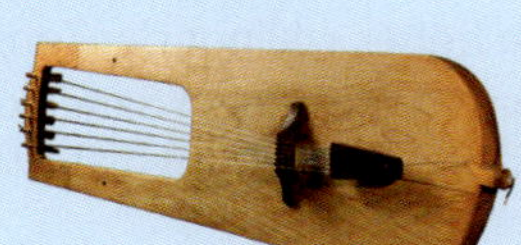

Für Elementar-, Schulkinder, Klassik, Orchester, Rock, Pop, Folk etc.

Kastagnette

Froschratsche

Glockenspiel (Metall)

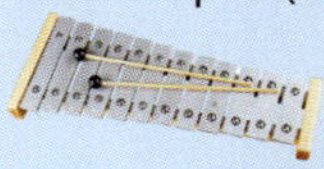

Kürbisrassel

Schellenring

Regenrohr

Kastagnetten, Fingerzimbeln

Metallofon

Xylofon

Maracas

Ei-Rassel

Kalimba

Cajon

Becken

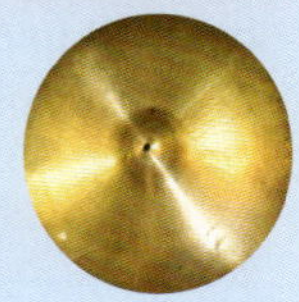

Vibraphon

Steeldrum

Schlagzeugset

Afrikanische Djembe

Bongos, Conga

Trommel, Pauke

Rohrflöte, Blockflöte

Afrikanische Tonflöte/Okarina

Bandoneon

Saxofon

Querflöte

Akkordeon

Tuba, Horn, Klarinette

Piccoloflöte

Orgel

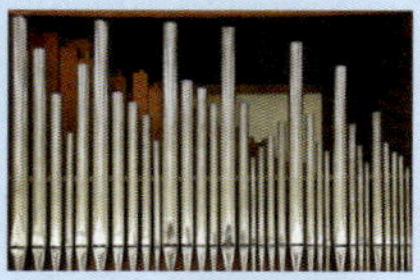

Ukulele

Tipp: www.kleine-ukulele-schule.de

Kinderharfe, Zither

Konzertgitarre

E-Bass, Synthesizer,

E-Gitarre

Geige, Cello

Kontrabass

Harfe

Flügel, Klavier

Praxis

13.2 Einfache Instrumente selbst herstellen

Wie Instrumente funktionieren, kann man gut verstehen, wenn man Instrumente selbst herstellt und ausprobiert. Diese „Instrumentenkiste" bietet sehr einfache, kindergartentaugliche Instrumente zum Selbstherstellen an.

Blasinstrumente: Luftballonflöte

Material: Luftballons

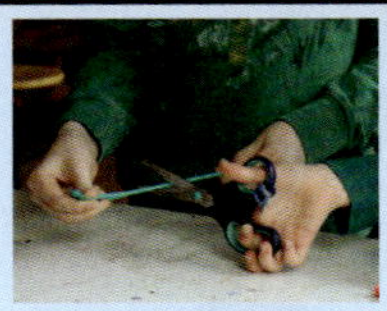

1

Die Luftballontülle (Mundstück) abschneiden.

2

Tülle auseinanderziehen und hineinpusten. Fertig ist die **„Luftballonflöte"**!

Schlaginstrumente: Multifunktionale Dosentrommel

Material:

Eine leere Dose (Kanten evtl. überklebt), Luftballon, Sand, Schlegel

1

Die Dose funktioniert bereits als Trommel!

2

Von einem Luftballon die Tülle abschneiden.

3

Den Luftballon (ohne Tülle) über die Dosenöffnung ziehen (als Membran).

4

Die Luftballonmembran mit Klebeband festkleben.

5

Fertig ist die **Dosentrommel**.

6

Alternative: Mit einem Stock über die Riffeln ratschen.

7

Alternative: Mit Draht verbunden wird sie zum **Dosentelefon**.

8

Mehrere Löffel Sand oder anderes Material einfüllen und verschließen.

9

Fertig ist die **Dosenrassel**.

Zupfinstrumente: Schuhkartongitarre

Material:
Schuhkarton mit Deckel, Gummibänder, Stifte

1

Auf den Deckel ein Schallloch vorzeichnen.

2

Ein Loch aus dem Deckel schneiden.

3

Deckel und Karton anmalen.

4

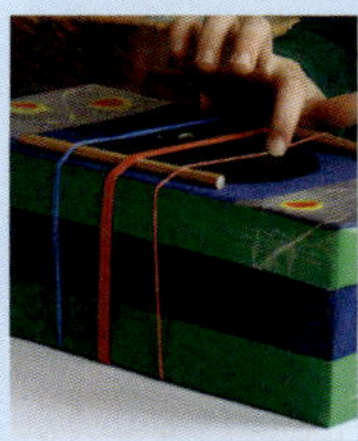

Gummibänder über das Schallloch ziehen und zupfen! Klingt besser, wenn Stifte dazwischengeklemmt werden. Durch Straffen der Gummibänder kann „gestimmt" werden.

5

Fertig ist die **Schuhkartongitarre**!

6

Hinterher kann man darin kleine Instrumente aufbewahren.

Schlaginstrumente: Trommelschlägel

Material:

Holzstab, Papier, Miniluftballon

1

Weiches Papier zerknüllen.

2

Papier zu einer Kugel formen.

3

Den Stab mit Kleber bestreichen.

4

Die Kugel auf Stab stecken.

5

Den Miniluftballon über die Kugel ziehen und …

6

… mit Klebeband am Holzstab befestigen.

7

Fertig ist der **Trommelschlägel**! Zum Trommeln …

8

und Ratschen.

Praxis

13.3 Instrumente im Kindergarten einsetzen

Säuglinge und Krippenkinder

Kinder im 1. Lebensjahr können aktiv mit Instrumenten spielen, z. B. mit Rasseln, Klappern, Glöckchen, die in Greifnähe hängen oder liegen. Mit Greifobjekten generell können sie sich beschäftigen, indem sie mit ihnen rhythmisch klopfen. Wenn die Fachkraft mit Zimbeln, Triangeln, Klangschalen u. a. interessante Klänge erzeugt, wird automatisch die Hörwahrnehmung der Kleinsten angeregt.

Kleinkinder

Ausprobieren: Wer kann so spielen, dass es sich wie Vogeltrippeln anhört? Oder wie Kaninchenhüpfer? Wie klingen Glitschtöne (Glissandi)? Wie klingt das Schlängeln einer Schlange? Wie klingt eine Murmel in der Trommel? Oder eine Glocke? Wer findet eine neue Art, Trommel zu spielen? Schlittenfahrt: Wir lassen eine Kugel über ein Glockenspiel rollen, probieren beide Richtungen aus.

Klänge oder Instrumente erraten: Augen zu! Ein Kind spielt (je nach Alter und Erfahrung) 1–3 Instrumente nacheinander. Wahlweise Klänge des Raums erklingen lassen (Stuhl, Gardine, Lichtschalter). Jetzt Augen auf – was habt ihr gehört?

Vormachen/Nachmachen: Der Spielleiter spielt auf einem Instrument etwas vor, ein Kind spielt es nach. Wahlweise spielen alle nach. Später kann auch ein Kind etwas vormachen, reihum. Das funktioniert auch als Frage-Antwort-Spiel. Dafür sollten 2 Instrumente vorhanden sein.

Elementarkinder

Dirigentenspiele: Ein Kind ist Dirigent, alle anderen haben Instrumente. Der Dirigent zeigt an, wie die Instrumente gespielt werden sollen, z. B.

- durch Armbewegungen (Hände zusammen = leise / Hände weit = laut),
- durch Schritte (schnell, langsam, dazu Pausen),

- indem er ein Instrument spielt und alle anderen Instrumente immer gleichzeitig spielen sollen,
- indem er die Hände und Arme bewegt, wenn die Rasseln spielen sollen, die Füße als Signal für die Trommel, die Hüften für die Ratsche usw.

Hüpf-Dirigieren: In der Kreismitte liegen 3 verschiedene Instrumente (leichtere Version: 2 Instrumente). Zusätzlich hält jedes Kind ein weiteres Exemplar von einem der 3 Instrumente in der Hand. Das Kind, das Dirigent ist, springt in der Mitte von einem Instrument zum anderen. Die Kinder außen beobachten, ob „ihr" Instrument dran ist. Wenn die Trommel gewählt ist, dürfen nur die Trommel-Kinder spielen usw.
Auf diese Weise lassen sich auch Klanggeschichten erzählen (z. B. „Morgen früh um sechs kommt die kleine Hex", überliefert).

Klanggeschichten: In der Klanggeschichte werden Tiergeräusche oder Naturgeräusche mit Instrumenten nachgeahmt. Das erfordert Fantasie, gutes Vorstellungsvermögen, differenzierten Einsatz der Feinmotorik und Aufmerksamkeit. Z. B. „Die Maus stapft durch den weichen Schnee, da trifft sie auf ein braunes Reh" oder Geistergeschichten. Diese Methode eignet sich auch für geräuschbetonte Lieder, z. B. „Das Lied vom Wecken", F. Vahle.

Refrains mit Instrumenten rhythmisch begleiten: Hier werden die Refrains mit Instrumenten untermalt. Es empfiehlt sich, nur bestimmte wiederkehrende Liedteile zu begleiten. Geeignete Lieder sind z. B. „Un poquito cantas", „What shall we do with the drunken sailor", „Pippi Langstrumpf", „Pipapo Piraten", „Die Vogelhochzeit", „Lasst uns froh und munter sein", „Der Cowboy Jim", „Der Katzentatzentanz", „Spuren im Sand/Schnee".
Diese Liedbegleitung lässt sich auch mit der Spielidee „Hüpf-Dirigieren" kombinieren, dann wird nur beim Refrain gehüpft.

Gemeinsam Rhythmen aufbauen. Dazu kann man Worte oder Silben zu Hilfe nehmen:

Wort (Beispiel)	Noten	Rhythmus										Instrument
		4	+	**1**	+	2	+	3	+	4	+	
Pa-pa-gei		x	x	**x**								Claves
Wild-ka-tze				**x**		x	x					Rasseln
Ene-mene-mu				**x**	x	x	x	x				Trommeln
Karl-Heinz		x		**x**								Ratsche
Son-ne	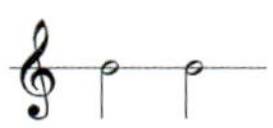			**x**				x				Fingerzimbeln

Je nach Alter und Erfahrung der Kinder reichen 2 oder 3 verschiedene Rhythmen. Übung macht den Meister! Eine kleine Band kann so eine singende Kindergruppe begleiten.

Mindmap: Instrumente

Instrumente

Forschen, neugierig sein
- Warum klingt der Bass tiefer als die Geige?
- Große & kleine Kartons auf Klangeigenschaften testen
- Holz-/Saiten-/Luft-…. Instrumente erfinden
- Tonverstärkung durch Hohlbehälter mit z. B. Schalloch (Stimmgabelversuch u. a.)
- Besuchen: Orchester/Band/Museum

Bass Cello Geige

Bewegen, Spielen
- Dirigentenspiel; Instrumente pantomimisch spielen/darstellen können
- Zaubergitarre: Instrument spannend vorführen

Sozial verhalten
- Warten, leise sein können
- Sich trauen zu experimentieren
- Rücksichtnahme auf kleine/ungeübte Kinder, gemeinsam üben
- Instrumente zurückbringen
- Instrumente sorgsam behandeln, pflegen, reparieren

Gestalten
- Herstellung von Instrumenten ➤ siehe Kap. 13.2
- Selbstbauinstrumente so verschönern, dass Klang nicht gedämpft wird
- Instrumentenmemory herstellen (Karten mit Instrumenten, auch für Hörspiele)

Hören
- Vergleich von Originalinstrumenten + Selbstbauinstrumenten
- CD mit Instrumentenklängen herstellen, dann raten
- Musikstücke & vertonte Kinderlieder anhören; analysieren, welche Instrumente eingesetzt wurden

Sprechen, Kommunizieren

Instrumente
- unterhalten sich
- streiten sich
- schmeicheln sich ein
- trauen sich nicht (mutig/unsicher), Rollenspiel

- Pantomime mit Instrument: raten, worüber kommuniziert wurde

Singen, Musizieren
- Instrumentenlieder singen/spielen
- Singen nach einem Grundrhythmus von Instrumenten
- Instrumente (Xylofon u. a.) spielen einfache Kinderlieder
- Musiker (Eltern) einladen und Instrumente vorführen/präsentieren und erkunden lassen
- Gitarrenkurs oder Ukulelekurs mit Kindern realisieren

Praxis

13.4 Planung eines Angebots: Zaubergitarre

Sachanalyse

Die Gitarre ist ein Saiteninstrument, deren typischer Klang durch 6 Saiten aus Nylon erzeugt wird (teilweise mit Kupfer/Messing umwickelt).

Hinführung

Die Fachkraft bringt ihre Gitarre in der Tasche mit. Die Kinder sitzen im Kreis. Sie legt die Gitarre in der Tasche in die Mitte und lässt die Kinder pantomimisch raten, was in der Tasche wohl drin sei. Sie beginnt und macht eine Bewegung wie Klavierspielen. Die Kinder entwickeln andere Ideen: Flöte, Trompete, Posaune, Gitarre, Geige.
Das Geheimnis wird nun gelüftet: Die Kinder dürfen vorsichtig die Gitarre aus der Tasche nehmen: Aha, dieses Instrument ist eine Gitarre!

Hauptteil

Die Fachkraft erzählt: „Das ist eine ganz besonders tolle Gitarre, nämlich eine Zaubergitarre, weil man mit ihr so schöne Töne ‚zaubern' kann."
- Vielleicht kann ein Kind zeigen, wie die Gitarre funktioniert?
- Die Pädagogin hält die Gitarre „falsch" herum, mit den Saiten zum Körper. Wenn keiner weiß, wie die Gitarre richtig herum gehalten wird …
- … beginnt sie, auf der Gitarre rhythmisch zu klopfen. Aha, man kann Trommelgeräusche machen.

- Sie kratzt mit dem Fingernagel auf der dicken E-Saite (dickste Saite).
- Sie dreht die Gitarre nun um und streicht über die Saiten (einzelne, mehrere, alle). Das klingt schön.
- Man kann ganz hohe Töne zaubern: Sie klimpert mit den Saiten hinterm Sattel – oh, Feentöne. Dann hinterm Steg – auch sehr schön.
- Die Fachkraft macht hohe und tiefe Töne, ‚Glitschtöne' (Glissandi).
- Nun legt sie die Gitarre in die Mitte und die Kinder können versuchen (nicht zu viele auf einmal), welche Töne die Gitarre sonst noch zaubern kann.
- Die Kinder probieren aus. Wenn sie sich nicht trauen, zeigt die Pädagogin das weitere Spektrum: hohe, tiefe, schnelle, langsame Töne, mehrere Töne gleichzeitig, hinterm Sattel. Mollakkord, Durakkord. Spanisch, rockig, balladenhaft.
- Die Kinder dürfen nun die Gitarre ausprobieren: Jeder darf sie mal halten, klopfen, die Saiten anschlagen.

Abschluss (Beispiel)

- Die Fachkraft erzählt: „Ich lerne gerade, mit der Gitarre Lieder für die Kindergruppe zu begleiten." Ganz stolz kann sie das erste Lied zeigen, das sie gelernt hat. Es muss auch nur auf einem einzigen Ton begleitet werden (z. B. „Wenn ich die Gitarre stimm", „Bruder Jakob", eigner Text zu „Ist ein Mann in Brunn' gefallen").
- Die Erzieherin beginnt erst mit dem Refrain und bittet die Kinder, mitzusingen und sie zu unterstützen: „Weil ich noch nicht alles ganz sicher kann."
- Wenn die Kinder alle kräftig mitsingen, singen sie das Lied der Restgruppe vor.

> Die ausführliche Planung eines musikalischen Angebots muss den Entwicklungs- und Interessenstand der einzelnen Kinder berücksichtigen und fordert daher fachliche Begründungen. Nach der Durchführung des Angebots ist eine Reflexion notwendig.

14 Tonträger, Aufführungen und Organisatorisches

14.1 Musik vom Tonträger und bei Aufführungen

Playback und Karaoke

Mitsing-Versionen sind auf vielen Kinderlieder-CDs erhältlich. Es handelt sich dabei meist um Reproduktionen von instrumentierten Kinderliedern, bei denen der Originalgesang nicht zu hören ist. Dieser soll durch den Gesang der Kinder ergänzt werden.

Ein Vorteil dieser Versionen ist, dass die Kinder lernen, ihren Gesang zur Begleitmusik zu koordinieren. Sie können den eigenen Gesang kontrollieren und an das Vorbild anpassen. Ein schnelles und bewundernswertes Gesangsergebnis ist machbar.

Ein möglicher Nachteil ist, dass Kinder eventuell verlernen, ihren eigenen Gesang für sich als präsentationsfähig wahrzunehmen und zu würdigen. Die Gefahr, dass sie sich zu sehr mit dem Originalsänger vergleichen und selbst als „nicht gut genug" empfinden, ist groß. Das könnte zu Blockaden führen und zu einem unerwünschten Grundgefühl „ich bin unmusikalisch, ich kann nicht singen".

Karaoke-Aufführungen sollten eher den älteren Kindern (späteres Schulalter) vorbehalten sein, da diese die wichtigsten grundlegenden Entfaltungsschritte für das Musizieren bereits durchlebt haben und in der Lage sind, ein persönliches Stimm-, Gesangs- und Präsentationsprofil zu entwickeln.

Aufführungen

Rollenspiele: Durch selbst initiierte Rollenspiele sind Kinder an „Aufführungen" gewöhnt. Beim Trockenlegen der Puppe werden jene Fingerspiele und Lieder ausprobiert – vorgeführt –, die das Kind selbst erlebt hat. Bei Kasperletheater, Miniaufführungen, spielerischen Gesangsauftritten à la Hitparade/DSDS handelt es sich um Vorführen, das viel Spaß macht und zum Weiterentwickeln motiviert - vor allem mit interessiertem kindlichem oder erwachsenem Publikum.
In solch spielerischem Bereich entscheidet das Kind selbst,

- was es sich zutraut,
- wo es sich weiterentwickeln möchte und
- wann es keinen Spaß mehr daran hat.

Die beobachtenden Fachkräfte und Eltern erfahren nebenbei viel darüber, was die Kinder gerade beschäftigt und was sie schon können.

Auftritte im kleinen Rahmen: Eine Weiterentwicklung der Rollenspiele sind Miniauftritte innerhalb der eigenen Kindergruppe oder der Kita: Man kann ein Lied mit Bewegungen, Begleitung, Verkleidung oder Tanz einüben und sich abschließend von anderen würdigen lassen.

Auftritte im größeren Rahmen: Ein Auftritt der Kindergruppe am Tag der offenen Tür oder zur Weihnachtsfeier der Einrichtung kann

- viele positive Aspekte beinhalten wie Förderung von Motivation, Belastbarkeit, Teamgeist, Konstruktivität,
- jedoch auch Gefahren bergen: Nicht immer verstehen die Eltern
  - den pädagogischen Wert,
  - das Prozesshafte.

  Überforderung und Stress könnten sensible Kinder belasten.

Öffentliche Auftritte von Kindern sollten so organisiert sein, dass Kinder, die nicht auftreten möchten oder sich überfordert zeigen, ohne Versagergefühl aussteigen oder ihren Auftritt minimalisieren können – und das, ohne die Aufführung zu gefährden. Sie sollten immer einen Plan B vorbereitet haben.

14.2 Musik, Urheberrecht und Recht am eigenen Bild

Praxis

Beim Musizieren mit Kindern in der Kita stellen sich mitunter auch rechtliche Fragen. Gerade etwa, wenn kleinere oder größere Feierlichkeiten anstehen, wie Geburtstagsfeiern, Weihnachtsfeiern etc., wird gerne und viel gesungen. Oftmals auch machen Kita-Kräfte oder die Eltern dabei Fotos oder Videoaufzeichnungen. Die wichtigsten in diesem Zusammenhang auftretenden rechtlichen Fragen sollen nachfolgend beantwortet werden (von Rechtsanwalt Prof. Dr. Achim Gmilkowsky LL.M.):

Frage: Ist das erlaubt?	Antwort
Singen eines Kinderliedes in der Kita	Ja, grundsätzlich erlaubt. Es muss aber differenziert werden: **1. Was wird gesungen?** *Traditionelles Liedgut* (Alle meine Entchen, Oh Tannenbaum u. Ä.) ist Allgemeingut. Jeder darf das uneingeschränkt und frei nutzen, singen, bearbeiten. Jüngere Werke (In der Weihnachtsbäckerei/R. Zuckowski o. Ä.) dürfen grundsätzlich ebenfalls uneingeschränkt gesungen werden. Möglicherweise aber sind dafür Lizenzgebühren an die GEMA* zu zahlen.

Frage: Ist das erlaubt?	Antwort
	Das hängt ab von der Frage: **2. Wer hört zu?** Nehmen z. B. an einer Kita-Weihnachtsfeier auch Personen teil, die nicht mit den Kindern verwandt sind, und/oder fehlt es an einer persönlichen Verbindung unter den Kita-Gästen, kann es sein, dass hierdurch die Feier zu einer „öffentlichen Aufführung" wird. In diesem Fall sollte unbedingt Rücksprache mit der GEMA* gehalten werden. Möglicherweise ist die Veranstaltung dann **lizenzpflichtig**. In der Regel ist eine Gebühr in Höhe von ca. € 20,00 an die GEMA zu zahlen. Sofern Betreuer und Kinder beim Singen „unter sich" sind, ist dies natürlich nicht nur erlaubt, sondern auch gebührenfrei. Das gilt grundsätzlich auch, wenn als Gäste nur Eltern und/oder engere Verwandte (Oma, Onkel usw.) teilnehmen. Je mehr Gäste jedoch teilnehmen und je weniger zwischen diesen eine persönliche Verbindung besteht, desto eher kann eine Gebührenpflicht bestehen. Das kann und sollte schnell und unproblematisch mit der GEMA abgeklärt werden (www.gema.de).
Fotokopieren von Liedertexten und Noten (für den Gebrauch in der Kita)	Ja, ist grundsätzlich erlaubt, aber in der Regel ebenfalls **gebührenpflichtig**. Um diese Gebührenpflicht müssen sich Kita-Mitarbeitende in *Hamburg*, *Bayern* und *Baden-Württemberg* nicht mehr kümmern: In Anerkennung der zentralen Bedeutung der musikalischen Bildung für die Kindesentwicklung haben diese drei Bundesländer Pauschalverträge mit der GEMA abgeschlossen. Auf deren Grundlage können Kitas für ihre Arbeit mit den Kindern die gewünschten Texte und Noten rechtssicher und ohne bürokratischen Aufwand fotokopieren und verteilen. (Stand Sommer 2024) Womöglich folgen weitere Bundesländer diesem Beispiel. Auch hier gibt die GEMA gerne Auskunft.
Fotografieren und Video-Aufnahmen (in der Kita)	Nein, grundsätzlich nicht erlaubt! **Jeder Mensch, auch jedes Kind, hat das ausschließliche Recht am eigenen Bild.** Jede Ablichtung (Foto, Video u. a) ist daher nur erlaubt, wenn der/die Abgebildete dafür eine Zustimmung erteilt hat. Diese Zustimmung muss auch die konkrete weitere Verwendung des Bildes umfassen (Vervielfältigung? Verbreitung? Internet? u. a.). Das trifft in der Praxis leider oftmals auf Unkenntnis, auf Unverständnis und durchaus auch auf Schwierigkeiten in der praktischen Handhabung. Rechtssicher bewegt sich hier jedoch nur, wer rechtzeitig, also namentlich *vor* den Aufnahmen, *vor* einer geplanten Veranstaltung/Aufführung etc. das Einverständnis *aller* Beteiligten einholt. Insbesondere braucht man die ausdrückliche Einwilligung der Eltern, dass ihre Kinder fotografiert bzw. gefilmt werden.

Frage: Ist das erlaubt?	Antwort
	Diese Einwilligung sollte (auch wenn dies einen gewissen Aufwand bedeutet), *schriftlich* eingeholt werden. Andernfalls drohen (in letzter Zeit durchaus auch häufiger) juristische Auseinandersetzungen zwischen Kita und Eltern. Das sollte vermieden werden, weil es unerfreulich werden und meist teuer sein kann.

*** GEMA = *Gesellschaft für musikalische Aufführungs- und mechanische Vervielfältigungsrechte*. Sie verwaltet in Deutschland die Nutzungsrechte aus dem Urheberrecht von über 90.000 Mitgliedern sowie von fast zwei Millionen Rechteinhabern aus aller Welt. www.gema.de**

14.3 Einen Musizierraum einrichten

In den meisten Kindergärten wird in der Großgruppe im Morgenkreis gesungen und eventuell auch musiziert. In vielen Kitas gibt es zusätzlich Räume, die für spezielle Aktivitäten eingerichtet sind, z. B. Bewegungsraum, Ruhe-/Schlafraum, Atelier oder Werkstatt. Wie aber sieht es mit dem Ausleben der musikalischen Bedürfnisse aus, die besonders intensiv im Lebensabschnitt vor der Schulzeit eines Kindes entfaltet werden sollen? Hier bietet sich die Einrichtung eines musizierfreundlichen Raums oder einer Musizierecke in der Einrichtung an.

❶ **Ist-Stand.** Fotografieren Sie am nächsten Praxistag in Ihrer Einrichtung jenen Raum, der für das Musizieren mit den Kindern genutzt wird. Bringen Sie die Fotos zum Unterricht mit.

❷ **Planung.** Stellen Sie sich vor, Ihre Kita soll einen Musizierraum bzw. eine Musikecke speziell für das Musizieren bekommen. Überlegen Sie in kleinen Gruppen: Wie sollte ein geeigneter Bereich eingerichtet sein, damit er den Kindern einen selbstständigen, unkomplizierten, kreativen und spontanen Zugang zur Musik und zum Musizieren ermöglicht? Entscheiden Sie sich entweder für Krippe oder Elementarbereich. Bedenken Sie mit, dass auch Eltern den Raum/die Instrumente nutzen können sollten, sie könnten mit den Kindern beispielsweise in der Abholphase spielerisch tätig sein.
a) Fertigen Sie Skizzen Ihres idealen musizierfreundlichen Funktionsraums an.
b) Denken Sie auch an den Bereich im Freien: Soll hier auch ein besonderer Bereich reserviert werden?

❸ **Plakat gestalten.** Bevor Kinder den Musikraum betreten, sollten die Regeln für die Raumbenutzung besprochen sein. Fertigen Sie daher in der Klasse ein Plakat mit wortlosen Abmachungen an, die die Kinder verstehen können. Die Regeln können spielerisch und mit viel Spaß gelernt werden.
- Wir gehen achtsam mit Instrumenten und Materialien um (beim Holen, Spielen und Zurückbringen der Intrumente und Materialien passen wir immer gut auf).
- Fotos oder Symbole zeigen an, wohin was gehört.
- Wir gehen rücksichtsvoll miteinander um.
- Wir hören aufeinander und respektieren unsere Bedürfnisse.
- Wir zeigen durch Signale oder (Hand-)Zeichen die Art der Spielweise an (laut, leise, lang, kurz, sanft, einer, alle).

Mindmap: Musizierraum Kita

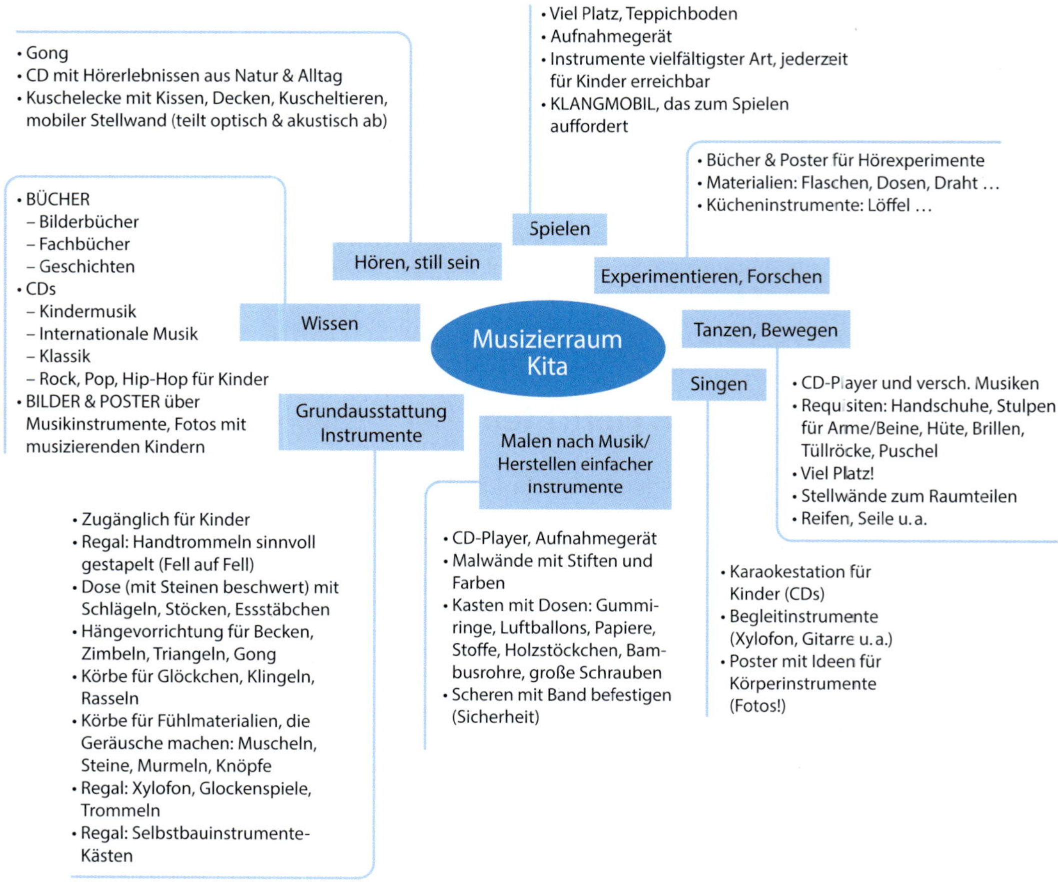

Praxis 14.4 Organisatorisches in der Einrichtung

Meist übernehmen Kinder gern kleine Aufgaben, die wichtig für den Ablauf der musikalischen Angebote sind. Selbstständigkeit und die Bereitschaft, mitzudenken und aktiv mitzuarbeiten, werden so spielerisch gefördert. Nebenbei kann sich die Fachkraft etwas entlasten, wenn sie diese kleinen Jobs bei den Kindern langsam einführt und positiv besetzt. Die Kinder nicht überfordern.

Jeder in der Arbeitsgruppe übernimmt für eine bestimmte Zeit die Verantwortung für einen Bereich (mit Namensliste).

Kind	Aufgabe
Peer	Sitzkreis organisiereren
Steffen	CD-Player bedienen
Ida	Instrumente holen und zurückbringen
Mona	Protokollführer
Lasse	Dirigent
...	• Technik: PC, Keyboard • Arbeitsruhe, Ruhewächter • Zeitmanagement, Zeitwächter • Aufräumen • ... • ... • ...

❶ Ergänzen Sie die Aufgabenbereiche in der obigen Tabelle und überlegen Sie, was davon bereits in Ihrer Kindergartengruppe übernommen werden kann.

❷ Um die Lagerorte von den verschiedenen Instrumenten mit den Kindern einzuüben, bieten sich diese Spiele an:

Instrumentensuchspiel

Die Kinder sichten den Instrumentenfundus in den Regalen, Körben, Kästen, an den Haken in der Kita.

Dann dürfen 2 Kinder ca. 4–6 verschiedene Instrumente entnehmen und sich den jeweiligen Ort merken. Die anderen Kinder der Spielgruppe dürfen nun die Instrumente an den Ort zurücklegen.

Instrumente-Memory

Von jedem Instrument werden 2 Fotos gemacht (Variante: Abbildungen gezeichnet oder aus Prospekten ausgeschnitten). Ein Foto wird am Lagerungsort des Instruments gut sichtbar befestigt. Die Zweitfotos werden auf den Teppich im Raum gelegt. Nun können die Instrumente entnommen werden.

Am Ende einer musikalischen Spielrunde werden die Instrumente wieder ins Regal zurückgelegt. Ob der richtige Ort gefunden wurde, bestätigt das identische Foto.

Praxis

14.5 Planung eines Angebots: allgemeine Gliederung

Als Gerüst für die schriftliche Ausarbeitung einer Angebotsplanung kann folgende Gliederung dienen.

	Vorher
1. Einleitung Angaben zum Praxisplatz	
2. Wahl, Begründung und Zielsetzung des Themas *Thema:* Nennen Sie das Thema des Bildungsangebots. *Zuordnung:* Begründen Sie die Zuordnung zum Bildungsbereich der Kita-Bildungsempfehlungen (Ihres jeweiligen Bundeslands). *Themenbegründung:* Begründen Sie nachvollziehbar die Auswahl des gewählten Themas. Wie ist es dazu gekommen? In welchem Bezug steht es zu den Kindern? Dafür sollen von Ihnen mindestens 2 der angeführten Begründungsquellen eingesetzt werden. Beobachtungen sollen in Form konkreter Situationsbeschreibungen erfolgen. Mögliche Begründungsquellen: • Langzeitbeobachtung • Einzelbeobachtungen • Gruppenbeobachtung • Gespräch mit Kindern • Erkundungsfragen • eigene Interessen und Fähigkeiten *Zielsetzung:* Stellen Sie dar, welche Kompetenzen der Kinder erweitert oder erworben werden. Beziehen Sie Ich-Kompetenzen, Sozialkompetenzen, Sachkompetenzen und lernmethodische Kompetenzen ein, die passgenau auf dieses konkrete Bildungsangebot bezogen sind. *Zusammensetzung der Kindergruppe:* Führen Sie die Namen, das Alter und das Geschlecht der Kinder auf und erläutern Sie, wie es zu der Gruppenzusammensetzung gekommen ist. *Einbettung des Bildungsangebots:* Machen Sie die Einbettung der Aktivität in die laufende pädagogische Arbeit mit den betreffenden Kindern deutlich. Entweder ist die dargestellte Aktivität dabei ein Teil der laufenden Arbeit oder durch die Aktivität ergeben sich weitere Handlungsweisen und Anknüpfungspunkte mit den Kindern. Eine *Ideensammlung* verdeutlicht dabei die Offenheit in Ihrer Planung.	
3. Planung **Darstellung der vorbereitenden Tätigkeiten** *Sachanalyse*: Stellen Sie konkrete thematische Sachinformationen dar. Was gibt es Wichtiges zu dem Thema zu sagen, was konnte inhaltlich dazu herausgefunden werden?	

Materialvorbereitung: Stellen Sie dar, was Sie für das Bildungsangebot diesbezüglich vorbereiten müssen. *Raumplanung*: Führen Sie auf, wo das Angebot stattfinden soll und welche Vorbereitungen Sie vor Ort noch treffen müssen. *Zeitplanung*: Führen Sie auf, welcher Zeitpunkt im Tagesablauf für Ihr Vorhaben von Ihnen für sinnvoll erachtet wird und welche Absprachen dafür nötig sein werden. **Darstellung und Begründung des geplanten Ablaufs** *Verlaufsplanung mit Fachbezug:* Stellen Sie die konkrete Planung des Aufbaus des Bildungsangebots dar: • den Einstiegsimpuls • den Hauptteil • den Abschluss • die geplante Weiterarbeit mit den Kindern Erläutern Sie die einzelnen Schritte Ihres Vorgehens durch fachbezogene Planungsgesichtspunkte und didaktische Prinzipien als Begründung für den geplanten Ablauf.	
4. Durchführung a) Beschreiben Sie ausführlich den real erfolgten Ablauf des Bildungsangebots. Berücksichtigen Sie dabei: • eine Schilderung des tatsächlichen Verlaufs • aufgetretene Veränderungen oder Störungen • das Verhalten von den Kindern und Ihnen selbst • beispielhafte Äußerungen der Kinder b) Beschreiben Sie die Auswertung des Bildungsangebots mit den Kindern.	**Nachher**
5. Auswertung a) Reflektieren Sie Ihre Planung und die erfolgte Durchführung im Hinblick auf die Zielsetzung. Geben Sie Begründungen für Abweichungen von der Planung und Veränderungsideen für zukünftige Durchführungen. b) Benennen Sie die Inhalte, die Sie in der Präsentation vertieft darstellen möchten. **Hinweis:** Die vertiefte Reflexion erfolgt im Prüfungsgespräch (Präsentation), schriftliche Stichpunkte sollten außerhalb dieser Dokumentation unbedingt festgehalten werden, um sie später einsetzen zu können.	
6. Schlusserklärung „Ich versichere hiermit, dass ich die Hausarbeit selbstständig angefertigt und keine anderen als die von mir angegebenen Quellen und Hilfsmittel verwendet habe. Die daraus wörtlich oder inhaltlich entnommenen Stellen sind als solche gekennzeichnet." -- Unterschrift des Schülers/der Schülerin	
7. Anhang Durchführungsbestätigung der Praxis, ggf. ausführliche Beobachtungsprotokolle, Skizzen	

15 Musik aus weniger bekannten Welten

15.1 Musik als Erkundungsfeld für Diversität

Wir leben in einer Kultur, die zunehmend multikulturell ist. Viele Kinder haben einen familiären Migrationshintergrund und wachsen mit mehreren Kulturen oder Sprachen auf. Die unbeschwerte **Offenheit** und das Interesse, das Kinder von Natur aus allen Mitmenschen entgegenbringen, sollte bereits in der frühen Kindheit bewusst erhalten werden. Besonders musikalische Hervorbringungen der unterschiedlichen Nationen und Kulturen (oder auch Zeiten) bieten hier ein **Erkundungsfeld**, das markante Eigenheiten unterschiedlicher Musikkulturen wahrnehmbar macht.

Beispiele: typische Klangfolgen der chinesischen Musik, Rhythmen aus Lateinamerika, Reggae, Samba, orientalische oder irische Folklore, afrikanische Trommelrhythmen mit Kalimbaklängen, Sitarmelodien aus Indien oder Bluesschemata aus Amerika – all das ist bereits in vielen Kinderliedern versteckt.

Je früher und selbstverständlicher Kinder die musikalische Vielfalt der ganzen Welt kennenlernen, desto seltener empfinden sie Musik aus anderen Kulturen als fremd oder ungewohnt. Ihr Musikgeschmack kann sich so auf der Basis einer vielfältigen Grundbildung heraus entwickeln.

Kinder kommen nicht mit Vorurteilen auf die Welt - sie erlernen sie. Um dies zu vermeiden, müssen Eltern und vorschulische Fachkräfte in diesem Bereich besonders achtsam sein, um alle Kinder selbstbewusst, weltoffen, sensibel und stark zu erziehen.

➤ siehe „Bruder Jakob" (mehrsprachig) in Kap. 5.4.3

Unsere multikulturelle und globalisierte Musikwelt

Die interessanten Akzente heutiger Rock-, Pop-, Hip-Hop- oder Folk-Musik kommen aus allen Kulturen dieser Welt. Während Blues und der Rockrhythmus vorwiegend afrikanische Wurzeln hatten, gibt es zunehmend Einflüsse aus den orientalischen und asiatischen Kulturbereichen und es kommt zu sehr interessanten Mixturen. Wir mögen dies und fragen nicht nach Nationalität. Vor allem entscheiden der spontane emotionale Zugang zur Musik, individuelle Hörgewohnheiten und Geschmack, ob man sich die Musik anhört oder gar nach ihr tanzt. Hier zeigen sich fast alle Menschen international aufgeschlossen – in diesem Bereich ist unsere Welt seit Langem auf dem Weg der Globalisierung.

1 **Plakataktion.** Jeder Schüler notiert seinen aktuellen Lieblingshit.

a) Notieren Sie:

- Warum gefällt er besonders gut?
- Welchen Rhythmus hat der Song? Rock, Latin, Reggae, Samba, Swing oder Elemente daraus?
- In welcher Sprache wird er gesungen? Verstehen Sie den Inhalt des Textes?
- Welche Nationalität hat der Sänger/die Sängerin/Gruppe?

b) Auf einem Plakat werden 2 Kategorien vorgegeben:

- deutschsprachige Musik ohne internationale Bestandteile
- Musik mit internationalen Bestandteilen

Jeder Schüler bekommt einen Klebepunkt für sein Lied aus a) und klebt ihn unter die zutreffende Aussage. Diskutieren Sie das Ergebnis.

Liedbeispiel: andere Sprachen kennenlernen

Im Lied „In Paule Puhmanns Paddelboot" von Fredrik Vahle (siehe nächste Seite) geht es um eine Weltreise, bei der Elementarkinder spielerisch und musikalisch „Guten Tag" und „Auf Wiedersehen" in verschiedenen Sprachen lernen können. Ein Zusammengehörigkeitsgefühl mit Menschen aus verschiedenen Ländern kann durch Singen und darstellendes Spiel hergestellt werden:

- Das gemeinschaftliche Paddelboot könnte in der Kita ein Teppich, eine Stuhlgruppe oder eine große Badewanne sein.
- Die Kinder können mit den Armen im Rhythmus des Liedes paddeln oder mit selbst hergestellten Papp-Paddeln.

In Paule Puhmanns Paddelboot (Fredrik Vahle)

2. In Portugal, da winkte uns
die Anabela zu.
Die fragte: „Darf ich mit euch mit?",
„Na klar, was denkst denn du!"
Bom dia, Adeus!
Guten Tag, auf Wiedersehn!

3. In Spanien war es furchtbar heiß,
da stieg der Pedro zu.
Der brachte Apfelsinen mit,
die aßen wir im Nu.
Buenas dias, hasta la vista!
Guten Tag, auf Wiedersehn!

4. Und in Italien war'n wir auch,
da kam die Marinella.
Die brachte Tintenfische mit
auf einem großen Teller.
Buon giorno, Arrevideerci!
Guten Tag, auf Wiedersehn!

5. Als wir in Kroatien war'n,
kam einer angeschwommen
und der hieß Janko Jeszovsek.
Wir ham' ihn mitgenommen.
Dobar dan, do videnja!
Guten Tag, auf Wiedersehn!

6. Und rund um den Olivenbaum,
da tanzten wir im Sand.
Wir nahmen den Wasili mit,
das war in Griechenland.
Kalimera, jassu, jassu!
Guten Tag, auf Wiedersehn!

7. Dann fuhr'n wir weiter übers Meer,
bis hin in die Türkei.
Von da an war'n auch Ahmet und
die Ayse mit dabei.
Merhaba, güle, güle!
Guten Tag, auf Wiedersehn!

8. Und als wir dann nach Hamburg kamen,
stand Paule Puhmann da
und rief: „Verflixt und zugenäht,
mein Paddelboot ist da!"
Guten Tag, auf Wiedersehn!
Und alle riefen Paule Puhmann zu:

Bom dia, Adeus! Buenas dias, hasta la vista! Buon giorno, Arrevideerci!
Dobar dan, do videnja! Kalimera, jassu, jassu! Merhaba, güle, güle!

15.2 Feste feiern mit Liedern aus anderen Kulturen

Eltern einbinden. Die Eigenheiten einer Kultur kann man auf Festen besonders deutlich wahrnehmen. Wenn also im Kindergarten Eltern aus den verschiedenen Ländern ihr Wissen zu speziellen Feiern mit einbringen, kann dies viele positive Effekte haben. Da dabei vielfach das Musizieren und Tanzen eine Rolle spielt, ist die Musikerziehung ein passender Rahmen dafür.

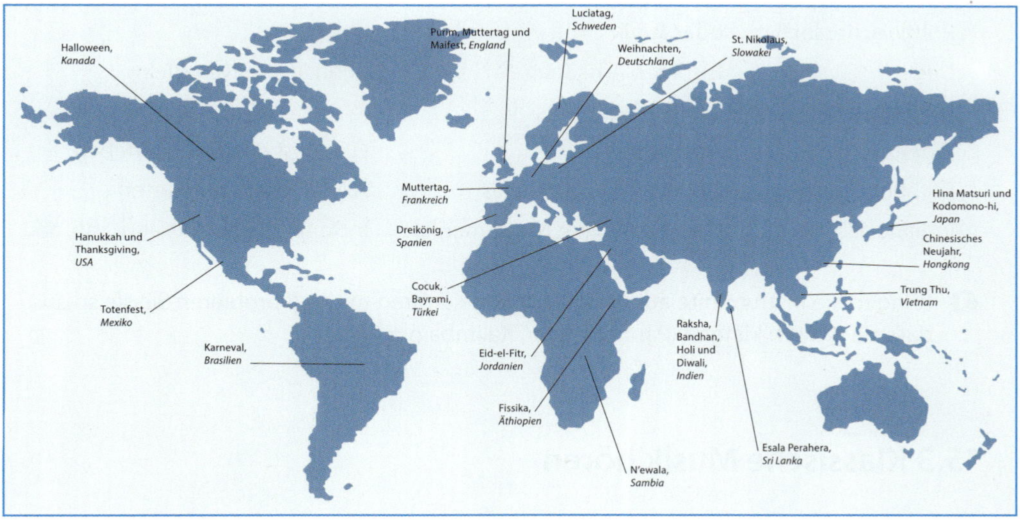

» *Singen ist die Muttersprache des Menschen.* «

Prof. Hermann Rauhe, Musikwissenschaftler

Der Klang der Sprachen. Damit die Kinder frühzeitig eine Offenheit für die Klänge aller Sprachen entwickeln können, sollten auch Kinderlieder aus anderen und sehr unterschiedlichen Kulturbereichen gehört, gesungen, getanzt und gespielt werden. Tipp: Das Projekt „Wir Kinder vom Kleistpark“ www.wirkindervomkleistpark.de

Bekanntes entdecken. Die Melodien von Kinderliedern sind auf der ganzen Welt sehr einfach und zum Teil auch sehr ähnlich (z. B. wird oft die Rufterz – „Hal-lo“, „Ma-ma“ – verwendet). Auch die Rituale (zu Kindergeburtstagen, Namenstagen, Frühlingsbeginn oder Erntedank) weisen oft Schnittmengen von Übereinstimmungen auf. Dazu kommen interessante Unterschiede, die man spielerisch herausarbeiten kann.

Tanzen. Jedes Kind auf der Welt versteht die Sprache der Musik. Dies gilt auch für die Volks- und Folkloretänze. Sie haben sich aus den einfachen Tanzformen der Naturvölker herausgebildet und weisen je nach Nationalität Eigenheiten auf. Dies ist eine optimale Ausgangbasis für die Kindergruppe, denn es kann jedem Alter der Kinder und Anlass entsprechend Musik mit Bewegung gefunden werden.

> Es ist notwendig, dass Sie sich über fremde kulturelle Eigenheiten, Grenzen und Möglichkeiten informieren und diese respektieren. Dies gilt auch für Ihre eigenen.

❶ Diskutieren Sie die Aussagen des obigen Merksatzes.

❷ Die Tabelle nennt Begriffe, bei denen es zu Diskriminierung kommen kann. Ergänzen Sie mit dem Wissen Ihrer Arbeitsgruppe.

Diskriminierende Bezeichnung	Akzeptable Bezeichnung	Beispiele in …
„Eskimo" (bedeutet „Rohfleischesser")	Inuit (bedeutet „Mensch") oder Jupik	Anne Kaffeekanne (F. Vahle)
„Neger"	Farbiger, Afrikaner	Zehn kleine Negerlein
„Negerkuss"	Schokokuss	
„Zigeuner"	Sinti, Roma	Lustig ist das Zigeunerleben
„Rothaut"	Ureinwohner Amerikas	Alle Kinder lernen lesen
„Indianer"	Indigene Völker Nordamerikas	Indianer heißen wir, ahu, ahu, ahu

❸ Bringen Sie Instrumente aus verschiedenen Kulturen mit und probieren Sie sie so aus, dass sie typisch klingen (Panflöte, Sitar, Kalimba o. a.).

15.3 Klassische Musik hören

Situation: Ein Gespräch über Klassik

Mirja ist verwundert: „Was sollen kleine Kinder mit klassischer Musik anfangen? Klassik habe ich das erste Mal bewusst in der 3. Klasse gehört. Meine Musiklehrerin hatte eine CD aufgelegt von Georg Friedrich Händel, die ‚Wassermusik', und danach ‚Die Moldau' von äh, ich weiß nicht [Smetana]. Wir hatten die Aufgabe, herauszuhören, mit welchen musikalischen Mitteln die unterschiedlichen Erscheinungsformen von Wasser dargestellt wurden. Das war ganz schön schwierig. Die Musik fand ich nicht schlecht, aber sehr kompliziert und ungewohnt."

Ihre Klassenkameradin antwortet: „Ja, weiß ich auch nicht. Wir haben in der 5. Klasse mal nach klassischer Orchestermusik mit Wasserfarben gemalt. Aber weißt du was, ich hatte neulich eine Mutter in der Kita, die begeistert erzählte, dass ihre 3-jährige Tochter immer nur Musik von Mozart hören möchte. Sie tanzt sogar dazu!"

❶ Welche Musikrichtungen und Musikarten kennen Sie? Ist Musik dabei, die für Kinder nicht geeignet ist? Diskutieren, sortieren und begründen Sie.

Klassische Musik wird durchaus nicht in jeder Familie gehört und ist deshalb auch nicht jedem Kind vertraut. Trotzdem spricht vieles dafür, dass schon kleine Kinder ausgesuchte klassische Musik hören und kennenlernen sollten. Denn viele bekannte klassische Komponisten haben Musikstücke speziell für Kinder komponiert, die so gut die kindliche Interessenslage und Seele ansprechen, dass Kinder von dieser Musik ergriffen werden. Dies äußert sich sehr unterschiedlich: Kinder lauschen fasziniert und bewusst den neuen, interessanten Klängen, entwickeln Fantasien, bewegen sich und tanzen zu speziellen Passagen. Sie nehmen die Musik unmittelbar mit allen Sinnen auf.

Klassik bildet. Dieser Überzeugung sind nicht nur die Neurobiologen – Forscher Prof. M. Spitzer oder Prof. B. Hüther -, sondern z.B. auch die Musikpädagogin Dorothee Kreusch-Jacob beschreibt die positiven Auswirkungen von klassischer Musik auf kleine Kinder wie folgt:

- Klassik wirkt stimulierend auf das Gehirn.
- Psychologen haben herausgefunden, dass klassische Musik die Verschaltungen im Gehirn stärkt, somit u.a. das logische Denken stimuliert.
- Komplexe Musik wie Klassik fördert durch ihre Vielschichtigkeit das räumlich-zeitliche Vorstellungsvermögen.
- Das bewusste Hören von komplexer Musik kann den Hörer innerlich bewegen und zu starken Gefühlen führen (Gänsehaut-Effekt).

(aus: Kinder für Musik begeistern, 2009)

1. Welchen Bildungsbereichen (aus den Bildungsplänen für Kitas) lassen sich die Effekte des Anhörens klassischer Musik zuordnen?
2. Recherchieren Sie zuhause klassische Musikstücke für die Praxis, die Ihnen persönlich gefallen. Warum finden Sie sie passend für den Kindergartenalltag? Begründen Sie.

Praxis

Musiktitel	Aktivität	Ziel
Klassische Musik einfach nur hören, dabei entspannen	Darüber sprechen	Gefühle und Empfindungen werden gelebt. Kinder lernen, darüber zu kommunizieren.
„Die Moldau" (Smetana)	Eine große Plastikplane ausbreiten. Kinder greifen die Plane, spannen sie und bewegen sie so, dass unterschiedliche Wasseroberflächeneffekte nachempfunden werden.	Musik ist eine Metapher zur Natur. Die Vorstellung von Wasserbewegungen wird versucht, mit der Plane (synchron zur Musik) nachzuempfinden und zu erzeugen. Abstimmung der Bewegungen in der Gemeinschaft.
„Peter und der Wolf" (Prokofjew)	Bewusstes Zuhören und Verfolgen einer musikalischen Geschichte	Vorstellungskraft. Moderne, z.T. dissonante (unharmonische) Musik wird gehört und nachvollzogen.
„Eine kleine Nachtmusik" (Mozart)	Kinder versuchen, Dirigentenbewegungen zu erfinden bzw. nachzumachen.	Bewusstes Hören, besonders von Rhythmus und evtl. vom Einsatz von Instrumenten.

Wassermusik (Händel)
Die Moldau (Smetana)
Notturno Nr. 1 (Haydn)
Forellenquintett (Schubert)
Eine kleine Nachtmusik (Mozart)
Liebestraum Nr. 3 (Liszt)
Klassische Musik
Concerto Nr. 3 (Telemann)
Karneval der Tiere (Saint-Saëns)
Träumerei (Schumann)
Serenaden-Quartett (Haydn)
Der Frühling (Vivaldi)
Eine kleine Nachtmusik (Mozart)
Für Elise (Beethoven)
Peter und der Wolf (Prokofjew)
Peer Gynt Suite Nr. 1 (Grieg)

Sachwortverzeichnis

H

I

K

L

M

N

O

P

Q

R

S

T

U

V

W

Z

Literaturverzeichnis

Seite 3: Hamburger Institut für Berufliche Bildung (Hrsg.): Bildungsplan Berufsfachschule für Sozialpädagogische Assistenz (BFS SPA), Hamburg 2012

Seite 4: Behörde für Arbeit, Soziales, Familie und Integration (Hrsg.): Hamburger Bildungsempfehlungen für die Bildung und Erziehung von Kindern in Tageseinrichtungen, Hamburg 2012

Seite 8: Köthe, Rainer: Was ist was – Band 08 Akustik, Tessloff, Nürnberg 2006, S. 18
Duden Basiswissen Schule Musik. Bibliographisches Institut GmbH, Berlin 2011, S. 47

Seite 10: Netdoktor.de, Redaktion Dr. med. Nina Buschek (Abruf 01.04.2010)

Seite 11: Brüggemann, Axel: Wie Krach zu Musik wird. Beltz, Weinheim 2013

Seite 24: Hannon, Erin E./Schellenberg, Glenn E., in: Musikpsychologie – das neue Handbuch. Hrsg. Bruhn, Herbert et al. Rowohlt, Reinbek 2008, S. 131

Seite 35: Mohr, Andreas: Stimmbildung mit Kindern. Vortrag bei der Lohmann-Stiftung, Wiesbaden 1996
Hammer, Sabine: Stimmtherapie mit Erwachsenen, Springer, Berlin 2012, S. 28
Nitsche, Paul: Die Pflege der Kinder- und Jugendstimme. Schott, Mainz 1970

Seite 37-40: Friedrich, Gerhard/Galgoczy, Viola: Mit Kindern Stimme und Gesang entdecken. Beltz, Weinheim 2010, S. 18–22

Seite 42: Cramer, Anette: Kinder fördern durch Sprechen und Singen. Südwest, München 1995, S. 26f.

Seite 43: Bruhn, Herbert/Kopiez, Reinhard/Lehman, Andreas C. (Hrsg.): Musikpsychologie – das neue Handbuch. Rowohlt, Reinbek 2008, S. 133 f.

Seite 51: www.audiva.de/Info-kleinkinder-haben-das-absolute-gehoer.html?hidden/information/kleinkinder-haben-das-absolute-gehoer

Seite 53: Ruisinger, Sybille (OT: Dürr, Thomas/Rieke, Andreas/Beck, Michael/Schmidt, Michael B.), Musikverlag EMI Quattro GmbH, Hamburg: SOS Kinderalarm (MfG)

Seite 54: Zuckowski, Rolf (Zitat): Dokumentation Kinderlieder-Kongress 2011, Hrsg. KinderKinder e. V., Hamburg
Bardill, Linard (Zitat): Dokumentation Kinderlieder-Kongress 2008, Hrsg. KinderKinder e. V., Hamburg

Seite 59: Hintze, Gesa/Hoedtke, Eleonore: Das kann ich schon – das lerne ich noch, Musik Klasse 1/2 sowie Musik Klasse 3/4, Verlag an der Ruhr, Mühlheim an der Ruhr 2007

Seite 61: Protokoll Kinderliedermachertreffen Kiel 2011 (M. Meyer-Göllner)

Seite 80: Reuver, Birte, Hamburg www.hoppla-kindermusik.de/: Der Bummbär

Seite 82: Reuver, Birte/Meinig, Ute, Hamburg: Katzenkinder auf Entdeckungstour

Seite 87: Reuver, Birte, Hamburg: Pustekuchen

Seite 92: Reuver, Birte, Hamburg: Jeh joh – Meine beiden Hände

Seite 93: Reuver, Birte/Reuver, Leonie, Hamburg: Dein Körper

Seite 105: Flöde, Wolfgang: Praxisbuch Rhythmik im Elementarbereit. Schubi Lernmedien, Braunschweig 2006, S.11 f.

Seite 107: Reuver, Birte, Hamburg: Rhythmik mit Luftballons

Seite 109: Reuver, Birte, Hamburg: 10 kleine Luftballons

Seite 113: Hering, Wolfgang/Trio Kunterbunt, Groß-Gerau www.wolfganghering.de: Wer will fröhliche Kinder seh'n

Seite 127: Reuver, Birte/Meinig, Ute, Hamburg: Es gibt was Gutes

Seite 147: Eschner, Uwe, Nindorf: Akkorde

Seite 170: Vahle, Fredrik, Aktive Musik Verlagsgesellschaft mbH, Dortmund: In Paule Puhmanns Paddelboot

Seite 173: Kreusch-Jacob, Dorothee: Kinder für Musik begeistern, Droemer/Knaur, München 2009

Danksagung

Ute Meinig dankt den folgenden Personen für ihre fachlichen Anregungen und die wertvolle Unterstützung bei der Erarbeitung dieses Buchs: Sonja Dargatz, Dr. Wolfgang Schiffner, Prof. Dr. inv. Achim Gmilkowsky, Elke Weiß, Cornelia Averhoff, Petra Burghardt, Sabine Gienow, Sabine Prengel, Wenke Hamann, Andris Meinig und nicht zuletzt Birte Reuver.

Lösungsvorschlag zu Kapitel 5.4.1 Qualitätskriterien für Kinderlieder

4 Ist ein Kinderlied wertvoll, auch wenn es im Studio von Profis produziert wurde? Dazu hilft es, sich die Unterschiede zu verdeutlichen. Tragen Sie in Gruppenarbeit zusammen, welche Unterschiede zwischen einem Kinderlied bestehen, das den Kindern von Ihnen selbst („live") vorgesungen oder von einem Tonträger (indirekt) vorgespielt wird.

Selbst vorgesungen	Vom Tonträger vorgespielt
Blickkontakt zu Kindern, sie fühlen sich direkt und persönlich angesprochen	Kein direkter Blickkontakt, macht das Lied unverbindlicher für Kinder
Gestik und Mimik regen die Kinder an mitzumachen	
Das Selbstsingen durch die Kinder kann leichter nachgeahmt werden	Es kann eventuell mitgesungen werden
Sänger/-in kann während des Singens auf Situation eingehen – leiser, langsamer, lauter, schneller, betonter	
Kinder hören zu, gehen mit, machen mit	Kinder hören zu, hören weg, sobald es langweilig wird
Imperfekte/r Präsentation oder Gesang	Perfekte Präsentation, steriler Gesang infolge studiotechnischer Bearbeitung und Verbesserung
Gesang ist überall und jederzeit möglich	Es müssen Abspielgerät und evtl. Energieversorgung sichergestellt sein. Tonträger muss griffbereit und intakt sein. Das gewünschte Lied muss leicht auffindbar sein (Titelindex)
Stimme ist natürlich	Stimme ist eventuell manipuliert durch Stimmmodulator oder kann künstlich wirken (Mickeymaus-Stimme). Gesang ist oft nicht nachahmbar, regt dadurch nicht zum Selbstsingen an
Sparsame, einfache Instrumentenbegleitung	Häufig Begleitung durch Synthesizer-Orchester oder Band-Arrangements. Entmutigt Kinder, selbst zu singen, wenn Begleitung fehlt
	Karaoke-Version ermöglicht mitzusingen, sofern der Einstieg klappt
Lied wird eventuell fehlerhaft gesungen	Lied ist „richtig" gesungen
Der emotionale Ausdruck des Singens wird direkt erfahrbar, da die ganze Person wahrnehmbar ist	Der emotionale Ausdruck des Singens ist nur zum Teil erfahrbar. Ausdruck ist oft plakativ oder steril, da im Studio bearbeitet
...	...

Bildquellenverzeichnis

dpa-Picture-Alliance GmbH, Frankfurt am Main: S. 33/2

Grafische Produktion Neumann, Rimpar: S. 33/1

iStockphoto.com: S. 15/2 (Luevanos); 57/2 (diego servo); 70 (skynesher); 80 (Bill Grove); 88/2 (miappv); 112 (skynesher); 152/20 (Wendy55); 153/6 (timoekat); 153/19 (JIANG HONGYAN); 153/30 (Cagri Oner); 153/34 (ayzek); 156 (fatihhoca)

Krausen, Scott, Mönchengladbach: S. 8

mauritius images GmbH, Mittenwald: S. 1/1 (mauritius images/Image Source); 153/27 (John Philip Young)

Meinig, Ute, Hamburg: S. 7/1; 7/2; 13/1; 13/2; 15/1; 16; 29; 34/1; 34/2; 55; 71; 95; 97; 106/1; 106/2; 106/3; 117; 118; 131; 140; 152,1–7, 9, 10, 12, 13, 16, 17, 21, 22; 153; 154; 155; 161

Shutterstock Images LLC, New York, USA: S. 1/2 (Dean Drobot); 1/3 (Stocklite); 1/4 (Oksana Shufrych); 9/2 (mama_mia); 11 (Capifrutta); 12 (PeopleImages.com - Yuri A); 57/1 (Ground Picture); 63 (Oksana Kuzmina); 103 (Kzenon); 114 (Valmedia); 134 (markwar); 136 (Lexi Claus); 152/14 (Monique Pouzet); 152/15 (Michael Dechev); 152/18 (Miriam Doerr Martin Frommherz); 152/23 (Renato Di Prinzio); 153/3 (stockphoto-graf); 153/7 (KRIACHKO OLEKSII); 153/13 (Stefan Rotter); 153/18 (JIANG HONGYAN)

stock.adobe.com: S. 9/1 (topfmodel); 9/3 (chris-m.); 14 (Khrobostov); 24 (Chantal S.); 41 (Off-screen); 42 (Johanna Goodyear); 88/1 (jeancliclac); 110/1 (Stebidus); 110/2 (Jürgen Fälchle); 110/3 (Slidelab); 121 (Sergey Khamidulin); 126 (gile68); 128 (rvika); 130/1 (Anatoliy Samara); 144 (Ilya Akinshin); 152/8 (Vladimir Jotov); 152/11 (creatix); 152/19 (jacky); 153/1 (medic); 153/5 (jacky); 153/9 (Rainalde Roick); 153/10 (Pgo); 153/20 (Teamarbeit); 153/22 (dd); 153/23 (Africa Studio); 153/24 (ILYA AKINSHIN); 153/25 (jacky); 153/28 (PRILL Mediendesign); 153/29 (Jürgen Fälchle); 153/31 (Klaus Eppele); 153/32 (alephocomo1); 153/33 (scalaphotography); 158 (ILYA AKINSHIN); 171 (entelechie)

wikipedia.org: S. 132/1 (https://upload.wikimedia.org/wikipedia/commons/f/fb/Scriabin-Circle.svg) wikipedia.org: S. 132/2 (https://upload.wikimedia.org/wikipedia/commons/7/77/Scriabin_keyboard.svg)

Zwerg, Dorothea, Greifswald: S. 143

Passend zum Buch: Audiodateien „Musizieren mit Kindern“ (Downloadmaterial)

Von Ute Meinung und Birte Reuver
Bestellnummer D04777001 www.handwerk-technik.de
10 Lieder aus dem Schülerbuch 3. Auflage, gesungen und gespielt,
mit 4 zusätzlichen Kinderliedern samt Text/Noten,
inkl. 14 Vertonungsbeispielen/Playbacks

Lied: Klapper-Klopf-Schepper-Rap (Meinig)	**Kapitel 2**
Lied: Singe immer wieder (Meinig)	**Kapitel 4**
Lied: Sonne scheine (Meinig)	**Kapitel 5**
Lied: Der Bummbär (Reuver)	**Kapitel 6**
Lied: Pustekuchen (Reuver)	**Kapitel 6**
Lied: Jeh joh - Meine beiden Hände (Reuver)	**Kapitel 7**
Lied: Dein Körper (Reuver)	**Kapitel 7**
Lied: Papiermusik (Meinig)	**Kapitel 7**
Lied: Es gibt was Gutes (Meinig, Reuver)	**Kapitel 9**

NEU in der Sammlung 3. Auflage 2024: 4 Lieder
„Ich schau aus dem Fenster“ (Meinig) –
„Das Durcheinander“ (Meinig) –
„Spuren im Sand“ (Reuver) –
„Kai und der Hai“ (Reuver)

ISBN 978-3-582-**67415**-9 Bestell-Nr. 4777

(separat erhältlich: Audiodateien zum Buch, Best.-Nr. D04777001)
Buch auch als E-Book und ebook inside erhältlich.

Verlag Handwerk und Technik GmbH,
Lademannbogen 135, 22339 Hamburg; Postfach 63 05 00, 22331 Hamburg – 2024
E-Mail: info@handwerk-technik.de – Internet: www.handwerk-technik.de

Herstellung: Hildegard Graf, 82110 Germering
Satz und Layout: Roman Bold & Black, 50672 Köln
Umschlagmotive: Fotolia Deutschland, Berlin, © www.fotolia.de: 2 (Ilya Akinshin),3 (Abe Mossop); iStock.com, Dublin, Irland: 1 (fatihhoca), 6 (hounddog1), 7 (Prill Mediendesign & Fotografie); Meinig, Ute, Hamburg: 4, 5
Hintere Umschlagseite: Akkordtabellen Keyboard und Gitarre, Demichiel, Patrick, Graz: 1, 2
Akkordtabelle Ukulele: Reuver, Birte, kleine Ukulele-Schule, PSST-Music, Nürnberg: 3
Druck: Beltz Grafische Betriebe GmbH, 99947 Bad Langensalza

Akkordtabelle für Keyboard

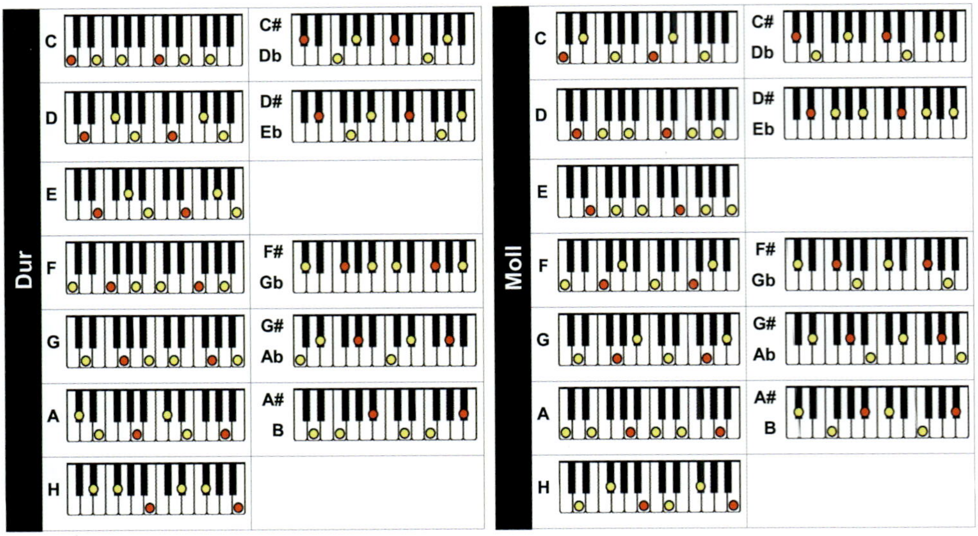

Grundton

kein Grundton, ein Ton im Akkord

Akkordtabelle für Gitarre

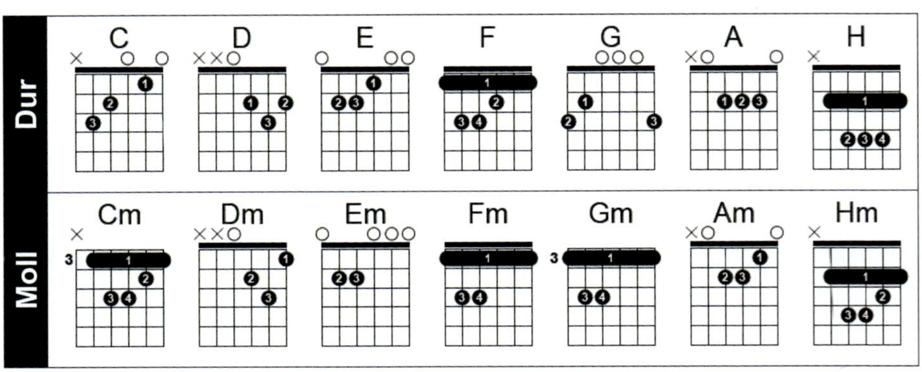

Akkordtabelle für Ukulele (Saitenstimmung: G - C - E - A)

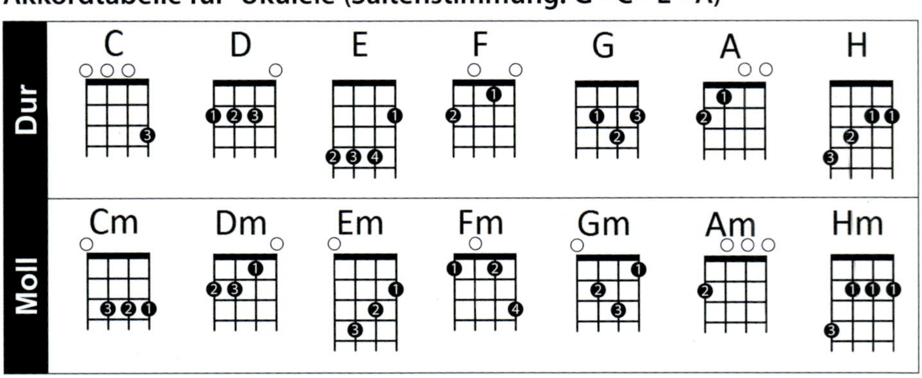

X: Saite stoppen

O: leere Saite

1: Zeigefinger
2: Mittelfinger
3: Ringfinger
4: kleiner Finger